Mit der Vergangenheit leben –
Feste und Feiern in Düsseldorf 1945–1955

Veröffentlichungen aus dem Stadtarchiv Düsseldorf

Band 6

Frank Wintgens

Mit der Vergangenheit leben

Feste und Feiern in Düsseldorf
1945–1955

Düsseldorf 1996

Schriftleitung: Dr. Clemens von Looz-Corswarem,
Stadtarchiv Düsseldorf

Umschlagentwurf: Nina Graef

Die vorliegende Arbeit ist im Rahmen des Projektes
„45 ff. Kriegsende: Kontinuität und Neubeginn" entstanden.

Ohne das starke finanzielle Engagement der Stiftung Kunst und Kultur Nordrhein-Westfalen und der Stadtsparkasse Düsseldorf hätte dieses Thema nicht bearbeitet und das vorliegende Buch nicht veröffentlicht werden können. Diesen Institutionen sei Dank gesagt.

© Landeshauptstadt Düsseldorf
Selbstverlag des Stadtarchivs Düsseldorf
Heinrich-Ehrhardt-Str. 61, 40468 Düsseldorf
1. Aufl., Düsseldorf 1996

Herstellung: Boss-Druck, Kleve

ISBN 3-926490-05-5

# Inhalt

Vorwort 9

**I. Von der Trümmerstadt zur Metropole –
Düsseldorf zwischen 1945 und 1955** 11

**II. Feste und Feiern als Abbild
der gesellschaftlichen Wirklichkeit** 21
    1. Zur Theorie des Festes 21
    2. Feste und Feiern in Düsseldorf 26

III. Tradition und Heimatliebe – Die Düsseldorfer Volksfeste 33
    1. Das Große Düsseldorfer Schützen- und Volksfest 33
        1.1. Der Schützenvater Georg Spickhoff
            und der Umgang mit der Vergangenheit 48
    2. „Gegen Griesgram und Muckertum" –
       Der Düsseldorfer Karneval 56
    3. Das Düsseldorfer Martinsfest 71
    4. Vergangenheitsverklärung und Zivilisationsangst:
       Der Begriff der Heimat 79

**IV. Zwischen Erinnern und Verdrängen – Die schwierige
Auseinandersetzung mit dem Nationalsozialismus in Düsseldorf** . . 95
    1. Die Verpflichtung gegenüber den Opfern:
       Das geschuldete Gedenken während der Besatzungszeit 95
        1.1. Märtyrer für ein neues Düsseldorf 101
        1.2. „Nie wieder!" – Das Gedenken an die Judenvernichtung
            und die Absage an den Krieg 108
        1.3. Die Unschuld der deutschen Kultur
            und die demokratische Vergangenheit 120
    2. „Wir sind wieder wer": Das gewandelte
       Gedächtnis in den frühen 50er Jahren 133
        2.1. „Im Tode sind wir alle gleich" –
            Die große Gemeinschaft der Opfer 133
        2.2. „Nie wieder?" – Das Heldentum der deutschen
            Soldaten und die wahren Opfer des Krieges 147
        2.3. Demokratische Anknüpfungspunkte 160

2.4. Unerwünschte Ermahnungen 165
2.5. Das Bekenntnis zu Europa und der Wunsch
     nach internationaler Gleichberechtigung 172

Resümee 183

Anhang

Chronik der Ereignisse 185
Quellen und Literatur 192
Abkürzungen 201
Abbildungsnachweis 202
Namensindex 203

Vorwort

Die vorliegende Untersuchung von Frank Wintgens beschäftigt sich mit einem Kapitel der Düsseldorfer Nachkriegszeit, das im Spiegel der Feste und Feiern der Jahre 1945 bis 1955 die geistige Verarbeitung der jüngsten Vergangenheit von Krieg und Unrechtzeit unter dem Nationalsozialismus in der damaligen Gegenwart von Trümmern und Wiederaufbau beschreibt und analysiert. Es sind die Anlässe von Gedenkfeiern, aber auch die heiterer Volksfeste – die Düsseldorfer Schützen-, Heimat-, Martins- und Karnevalsfeste vor allem –, die einerseits als Kraftquell eines großen Teils der Bevölkerung gesehen werden können, andererseits aber auch für Politiker und andere Verantwortliche Gelegenheit boten, die Erfahrungen der noch nachwirkenden jüngsten Geschichte einer breiteren Öffentlichkeit verständlich und nachdenkenswert zu machen. In der vielfach als befreiend empfundenen Rückkehr zum traditionellen Brauchtum bot sich nach 1945 Gelegenheit, bei Feier- und Festansprachen die demokratischen Werte des Bürgers im Alltag neu und fester zu verankern bzw. in besonderen Gedenkfeiern, „Feiern als Veranstaltungen der gesellschaftlichen Reflexion", wie der Autor sagt, sich zu ihnen zu bekennen.

Wie weit dies im einzelnen wirklich geschehen ist, verfolgt Herr Wintgens in seiner Studie am Beispiel vielfältiger Feier- und Festtypen des Düsseldorfer Lebens in der ersten Nachkriegszeit. Die Untersuchung befördert nicht immer – wie könnte es anders sein! – angenehme Sachverhalte zu Tage, aber die kritische Analyse ist aufgrund einer einleitend dargelegten klaren Begrifflichkeit entwickelt und in einer methodisch und quellenkritisch interessanten Weise durchgeführt. Auf dieser Grundlage enthält die Arbeit aufschlußreiche Beschreibungen und Interpretationen zu den ersten Düsseldorfer Trauerkundgebungen für die Opfer des Nationalsozialismus, zur Heine-Ehrung von 1947 und zum Gedenkkonzert für Karlrobert Kreiten zwei Jahre zuvor. Ebenso werden die „Heimholung" des Reiterstandbildes Jan Wellems am 25. November 1945 oder die Wiederaufnahme der Karnevals- und Schützenfeste 1945 und in den darauffolgenden Jahren ausführlich geschildert.

Selbst für den Zeitgenossen, der die ersten Jahre nach dem Krieg in Düsseldorf miterlebt hat, ergeben sich aus der Arbeit von Frank Wintgens eine Reihe neuer und nachdenkenswerter Aspekte, die die eigenen Erinnerungen erweitern können – Erinnerungen, die nicht nur einer jüngeren Generation, sondern oft auch den Älteren erst wieder ins Gedächtnis zurückgerufen werden müssen.

Die Studie ist im Rahmen des Projekts „45ff", das die Stadt Düsseldorf und die „Stiftung Kunst und Kultur des Landes Nordrhein-Westfalen" zum 50. Jahrestag des Kriegsendes 1995 gemeinsam durchgeführt haben, nach sorgfältigen Archiv-

arbeiten angefertigt worden. Mögen ähnliche Untersuchungen auch für andere Städte erarbeitet werden, damit ein Feld des Vergleichs erschlossen werden kann.
Der Landeshauptstadt Düsseldorf und der „Stiftung Kunst und Kultur des Landes Nordrhein-Westfalen" ist für die Förderung der Untersuchung, die mein Kollege Prof. Dr. Hein Hoebink von der Heinrich-Heine-Universität betreut hat, besonders zu danken. Dank gebührt auch dem Kulturdezernenten, Herrn Hans-Heinrich Grosse-Brockhoff, und der Stadtsparkasse Düsseldorf, durch deren großzügige Unterstützung die Drucklegung der Arbeit finanziell ermöglicht wurde. Dem Stadtarchiv Düsseldorf und seinem Leiter, Herrn Dr. Clemens von Looz-Corswarem, sei für die Aufnahme der Studie in die Schriftenreihe des Stadtarchivs herzlich gedankt.

Es wäre wünschenswert, wenn die Veröffentlichung dieses Bandes nicht den Schluß-, sondern vielmehr den Anfangspunkt einer fruchtbaren Kooperation zwischen Stadt und Universität bildete, auf daß der vorliegenden Untersuchung weitere folgen können. In diesem Sinne wünsche ich dem Buch viele Leser und eine lebhafte Diskussion!

Die Arbeit wurde von der Philosophischen Fakultät der Heinrich-Heine-Universität als Dissertationsschrift angenommen.

Düsseldorf, im Januar 1996　　　　　　　　　　　　　　Prof. Dr. Kurt Düwell

I. Von der Trümmerstadt zur Metropole – Düsseldorf zwischen 1945 und 1955

„Jedem Düsseldorfer ging das Herz auf, wenn vom St. Lambertus-Turm die Kirchenfahnen wehten und die Farben unserer Vaterstadt. Die ‚Musik', ein buntchoriges Gemisch von Orgeln, Bläsern, Ausrufern und Dampfpfeifen, schallte über den Strom, und am Abend strahlten die vielen tausend bunten Lichter herüber (...)."[1]

Als diese, einem Artikel über „Kirmes und Schützenfest" entnommene, von nostalgischen Klängen getragene Beschreibung am 25. Juli 1945 in der zweiten Ausgabe der „Neuen Rheinischen Zeitung für Düsseldorf" (NRZ) erschien, stellte sie, genau wie im Untertitel bezeichnet: *„eine Erinnerung"* dar. Vierzehn Wochen waren vergangen, seitdem in Düsseldorf die Kampfhandlungen beendet und die Stadt von amerikanischen Truppenverbänden besetzt worden war (17. April 1945); vierzehn Wochen, die einer zwölf Jahre währenden Terrorherrschaft und annähernd sechs Jahren mörderischen Kriegstreibens gefolgt waren, deren Auswirkungen das Leben der Einwohner noch lange massiv beeinflussen sollten.

Wie dem, aufgrund seiner aus der unmittelbaren Erlebnisnähe resultierenden Anschaulichkeit oft zitierten ersten Bericht der Düsseldorfer Stadtverwaltung aus dem Jahre 1946 zu entnehmen ist, war *„von der ehemals so schönen und eleganten Stadt (..) nur noch ein Trümmerhaufen übrig geblieben. Mehr als die Hälfte des Wohnraumes war zerstört. In den Straßen und den Häuserruinen häufte sich etwa zehn Millionen Kubikmeter Schutt. Ein großer Teil der öffentlichen Gebäude war vernichtet oder schwer beschädigt. Die Industriewerke lagen still."*[2] Die Versorgung mit Nahrung, Kleidung, Heizmitteln und anderen Notwendigkeiten des täglichen Bedarfs war katastrophal. Die städtische Infrastruktur war weitgehend zusammengebrochen. Durch die Luftbombardierungen der Alliierten war die Hälfte des Verkehrsnetzes zerstört worden, seit März keine Straßenbahn mehr gefahren, sämtliche Rheinbrücken waren gesprengt, wichtige Zugangsstraßen, Straßenbrücken, Tunnel und Schiffahrtswege beschädigt oder unbefahrbar.

Obwohl über 15.000 Soldaten Düsseldorfer Herkunft umgekommen, fast 6.000 Menschen durch Artilleriebeschuß und Fliegerangriffe getötet und nahezu zwei Drittel der bei Kriegsbeginn in Düsseldorf Wohnenden evakuiert oder in Gefan-

---

[1] Neue Rheinische Zeitung für Düsseldorf – Bergisches Land – Niederrhein (im Folgenden zitiert als: NRZ), 1. Jg., Nr. 2, 25. Juli 1945.
[2] Düsseldorf baut auf. Jahresbericht der Stadtverwaltung Düsseldorf für 1945/46. Erstattet vom Oberstadtdirektor der Landeshauptstadt Düsseldorf, Düsseldorf 1946, S. 3.

genschaft geraten waren,[3] herrschte ein enormer Wohnungsmangel. Wer nicht als Obdachloser in umfunktionierten Luftschutzbunkern und -baracken einen Schlafplatz fand, (über)lebte in Kellern, Schuppen, Gartenlauben und halbverbrannten Häusern. Da gerade einmal sieben Prozent aller Wohnungen vollständig intakt geblieben waren, mußten nicht selten bis zu sechs Personen in einem Zimmer zusammenrücken.[4]

Angesichts dieser Umstände überrascht es nicht, wenn die Not in Wut gegen die ehemaligen Machthaber umschlug. Bereits im Juli 1945 waren – revolutionären Aktionen vergleichbar – *„mindestens 50 % des von alten Kämpfern und Terroristen belegten Wohnraumes"* durch Nichtparteiangehörige enteignet worden, wobei die früheren Besitzer nicht selten aus ihren Wohnungen geprügelt wurden und nur die allernötigsten Habseligkeiten mitnehmen konnten. Obwohl durch keinerlei Anordnungen autorisiert, legitimierte der Beigeordnete Dr. Peter Paul Fuchs dieses Vorgehen in einem am 10. Juli 1945 während der ersten Sitzung des Vertrauensausschusses gehaltenen Referats zur Wohnsituation trotz rechtlicher Bedenken als einen *„Akt des Staatsnotstandes"*, dessen *„ethische Berechtigung"* nicht übersehen werden könne.[5] Fuchs' Vortrag wurde mit „Bravo"-Zurufen der anderen Ausschußmitglieder quittiert, doch schon am gleichen Tag verurteilte Regierungspräsident Eduard Sträter die willkürlichen Beschlagnahmungen in einem von der Militärregierung angeordneten Schreiben an Oberbürgermeister Walter Kolb als unrechtmäßig. Die durchgeführten Maßnahmen widersprächen dem demokratischen Grundsatz der Rechtsgleichheit aller Bürger und führten überdies nicht zu einer Milderung des Wohnungsnotstandes, sondern lediglich zu einer Verlagerung des Problems: *„Die Folge dieser Entwicklung ist Rechtlosigkeit, und auf dem Gebiete des Wohnungswesens die Begründung des Faustrechts."* In Zukunft werde kein eigenständiges Handeln deutscher Bürger oder Behörden mehr geduldet.[6]

Die Wohnungssituation blieb angespannt und verschlechterte sich noch zusehends angesichts der rasch und gegen alle Warnungen einsetzenden Rückwanderung zahlreicher Evakuierter, Kriegsheimkehrer und Flüchtlinge. Allein im ersten Jahr

---

[3] Dem offiziellen Stand aus dem Jahre 1952 zufolge waren 15.683 Düsseldorfer Soldaten gefallen und 5.863 Menschen durch insgesamt 243 Bombenangriffe und sonstige Gefechtshandlungen gestorben. Von den 1939 gezählten 550.000 Einwohnern Düsseldorfs befanden sich zu Kriegsende noch rund 185.000 in der Stadt. Vgl. Stadtarchiv Düsseldorf (im Folgenden zitiert als: StAD) XXIII 591: Aufstellung über Schäden an historischen Bauwerken (etwa 1950), Zusammenstellung über Fliegerangriffe auf Düsseldorf; Aufstellung von Zahlen über Opfer der Stadt Düsseldorf durch feindliche Fliegerangriffe und durch Feindbeschuß vom 15. Mai an bis zum Ende des Krieges vom 28. Juni 1952; nicht paginiert. Ferner: Peter Hüttenberger, Düsseldorf unter britischer Besatzung, in: Düsseldorf. Geschichte von den Ursprüngen bis ins 20. Jahrhundert, hrsg. von Hugo Weidenhaupt, Bd. 3, S. 659–721, hier: S. 660.

[4] Vgl. Volker Zimmermann, In Schutt und Asche. Das Ende des Zweiten Weltkrieges in Düsseldorf, hrsg. von der Mahn- und Gedenkstätte Düsseldorf und dem Stadtarchiv Düsseldorf, Düsseldorf 1995, S. 98.

[5] Vgl. StAD: Niederschriften über die Sitzungen des Vertrauensausschusses vom 10. Juli 1945 – 29. November 1945, Bd. 73, 1. Sitzung vom 10. Juli 1945, S. 66–72, Zitate: S. 66/67.

[6] StAD IV 4890: Maßnahmen gegen Anhänger und Einrichtungen der ehemaligen NSDAP 1945/46; Schreiben von Sträter an Füllenbach vom 10. Juli 1945; nicht paginiert.

nach der Beendigung des Krieges zählte die Stadt fast 200.000 Heimkehrer und Zugewanderte.[7] Dies geschah vor allem deshalb, weil Düsseldorf – und insbesondere die Vororte – trotz aller Zerstörungen und Versorgungsprobleme im Vergleich zu Köln und den Zentren des Ruhrgebiets relativ unversehrt geblieben war und sich somit hier das Leben „*schneller als in vielen anderen Großstädten (regte), in denen man noch hoffnungslos resignierte*"[8].

Nazidiktatur und Krieg hatten jedoch nicht nur materielle Verwüstungen hinterlassen. Die zwölf Jahre lang proklamierten Ideale und Werte hatten ihre Gültigkeit über Nacht eingebüßt. Viele der bisherigen Repräsentanten der Stadt waren durch ihre Tätigkeit in der Vergangenheit korrumpiert worden. So verwundert es nicht, daß, obwohl der Unrechtsstaat beseitigt werden konnte, das Gefühl für Recht und Ordnung vielfach verloren gegangen war. „Hoffnungslosigkeit, Zukunftsangst und der tägliche Kampf ums Überleben hatten die Hemmungsschwelle vieler Menschen nahezu auf den Nullpunkt sinken lassen."[9]

Die insbesondere in den ersten Friedensmonaten registrierte „*steile Aufwärtskurve der Gewaltverbrechen*"[10], ungezählte Betrügereien, Raubüberfälle, Plünderungen und Notdiebstähle sowie die besorgniserregende Zunahme von Geschlechtskrankheiten zeugten von der grundlegenden Zerrüttung familiärer Beziehungen und der durch die Kriegserfahrungen und -entbehrungen ohnehin schon fortgeschrittenen Auflösung tradierter moralischer Normen. Allein zwischen dem 16. Oktober und dem 15. November 1945 verzeichnete der Polizeibericht zwei Mordversuche, fünfzehn Raubüberfälle, 143 Viehdiebstähle, 242 Geschäftseinbrüche, 458 sonstige Einbrüche, 351 Fahrrad- sowie 40 Felddiebstähle,[11] eine Aufzählung, die auch ohne eine einzurechnende Dunkelziffer nicht gemeldeter bzw. vermerkter Delikte ein bezeichnendes Bild liefert und die Redaktion der „NRZ" zu folgendem Kommentar veranlaßte:

„Wo man um sich blickt, sieht man den Verfall der Moral. (...). Es ist ein Freibeutertum entstanden, und von diesem Geist sind nicht nur asoziale Elemente erfaßt, die es immer gab, sondern leider großenteils auch Menschen, die sich früher geschämt hätten, einem anderen Reste des Eigentums einfach wegzunehmen oder ihn auf andere Weise (..) zu

---

[7] Jahresbericht der Stadtverwaltung 1945/46; S. 4.
[8] Ebd.
[9] Günter Klingner, In Not und Verzweiflung eine Flut von Verbrechen. Polizei und Kriminalität im Spiegel der Nachkriegszeit, in: 1946 Neuanfang: Leben in Düsseldorf. Katalog zur Ausstellung vom 2. März – 14. September 1986 im Stadtmuseum Düsseldorf, hrsg. vom Stadtmuseum Düsseldorf und der „Rheinischen Post" zum 40jährigen Bestehen der Landeshauptstadt Düsseldorf, des Landes Nordrhein-Westfalen und der „Rheinischen Post", Düsseldorf 1986, S. 59–64, hier: S. 61.
[10] Jahresbericht der Stadtverwaltung 1945/46, S. 33.
[11] StAD IV 809: Amt für Kulturelle Angelegenheiten (Amt 31): Verschiedenes; Lagebericht des Polizei-Obersten Rost für die Zeit vom 16. Oktober – 15. November 1945, Bl. 195–197. Zur Zerrüttung der Moral vgl. auch: Hüttenberger, Düsseldorf unter britischer Besatzung, S. 662ff.

> *betrügen und zu schädigen. (…). Zeiten der Not und des Elends verdeutlichen jene bittere Sentenz der ‚Dreigroschenoper', daß ‚erst das Fressen kommt und dann die Moral'."*[12]

Um an dieses „Fressen" überhaupt zu gelangen, sahen sich viele Düsseldorfer dazu gezwungen, ihren Bedarf auf dem Schwarzmarkt zu „organisieren". Da die offiziell gewährte Lebensmittelzuteilung für „Normalverbraucher" im Juli/August 1945 pro Tag gerade einmal 1.134 Kalorien betrug, die nach dem Hungerwinter 1946 sogar wieder auf 1.000 Kalorien herabgesetzt werden mußte,[13] blieb der Bevölkerung nichts anderes übrig, als ihre letzte Habe gegen Brot, Kartoffeln, Gemüse und Fleisch einzutauschen. Obwohl offizielle Stellen zum Zwecke der Abschreckung mit *„exemplarischen Strafen"* gegen alle Beteiligten drohten,[14] gab es kaum jemanden, der nicht wenigstens einmal gegen die geltenden Gesetze verstieß. Wann immer sich die Gelegenheit bot, begaben sich die Einwohner der Stadt auf „Hamsterfahrt" in ländliche Gebiete oder versuchten mit dem Handel von „Lucky Strikes" und „Chesterfields" ihre Not zu lindern.
Da die Polizei, die nach Aussage des späteren Bürger- und Oberbürgermeisters Georg Glock das *„Schmerzenskind"* der Stadt darstellte,[15] aufgrund zahlreicher Entlassungen ehemaliger Parteigenossen und ihrer – gegenüber vielen, ganze Stadtteile kontrollierenden Banden – mangelnden Bewaffnung zunächst nicht in der Lage war, die Anzahl der Verbrechen entscheidend zu begrenzen oder der Täter habhaft zu werden, konnte die öffentliche Sicherheit bis Ende 1945 nicht garantiert werden. Erst im Frühjahr des darauffolgenden Jahres trat eine Besserung der Lage ein.[16]

Um die vielfältigen Schwierigkeiten nicht alleine bewältigen zu müssen, waren die Besatzungsmächte (zunächst die Amerikaner, ab dem 12. Juni 1945 – nach der Aufteilung Deutschlands in vier Zonen – die Briten) von Anfang an daran interessiert, die Düsseldorfer an der Organisation des täglichen Lebens zu beteiligen. Zu diesem Zweck wurde ein nach berufsständischen Gesichtspunkten zusammengestellter „Vertrauensausschuß" ernannt, dem 32 Mitglieder angehörten, die meist schon vor dem Jahre 1933 in der Kommunalpolitik tätig gewesen waren und als „unbelastet" galten. Diesen Ausschuß, die Keimzelle der späteren politischen Selbstverwaltung, werteten die Briten im November 1945 zur Stadtvertretung auf, aus der im Oktober 1946 der Stadtrat hervorging. Zur Einschrän-

---

[12] NRZ, 1. Jg., Nr. 34, 17. November 1945. Der Artikel ist mit der bezeichnenden Zeile *„Mehr Selbstschutz!"* überschrieben.
[13] Vgl. StAD IV 1491: Verbraucherstatistik 1945–1949; Bericht über die Lebensmittelzuteilung in der 78. Periode, Juli/August 1945 sowie: Hugo Weidenhaupt, Kleine Geschichte der Stadt Düsseldorf, Düsseldorf 1976⁶, S. 197.
[14] StAD IV 809: Lagebericht des Polizei-Obersten Rost für die Zeit vom 16. Oktober – 15. November 1945, Bl. 196.
[15] StAD: Niederschriften über die Sitzungen des Vetrauensausschusses, Bd. 73, 1. Stadtverordnetenversammlung vom 29. November 1945, S. 225.
[16] Vgl. Jahresbericht der Stadtverwaltung 1945/46, S. 32 ff.

kung der Befugnisgewalt des Oberbürgermeisters wurde am 1. April 1946 die Neue Deutsche Gemeindeordnung eingeführt, die die bisher geltende Rheinische Städteordnung von 1856 außer Kraft setzte. Von nun an war der Oberbürgermeister ausschließlich Vorsitzender des aus freien Wahlen hervorgegangenen Stadtrates. Leiter der Verwaltung wurde der Oberstadtdirektor, dem jede parteiliche Bindung und Betätigung untersagt wurde.

Waren die ersten beiden Oberbürgermeister, Wilhelm Füllenbach und Walter Kolb, von den Besatzungsmächten ernannt worden, trat der spätere Ministerpräsident von Nordrhein-Westfalen, Karl Arnold (CDU), sein Amt am 29. Januar 1946 als erster gewählter Vorsitzender der Stadtvertretung an. Am 26. Oktober 1946 wurde er vom Stadtrat wiedergewählt, der sich aufgrund des Ergebnisses der am 13. Oktober 1946 abgehaltenen ersten Kommunalwahlen in der britischen Zone zusammensetzte. Stellvertreter Arnolds wurde Georg Glock (SPD), während Walther Hensel als neuer Oberstadtdirektor die Nachfolge des nach Frankfurt am Main wechselnden Walter Kolb antrat. Zum Stadtdirektor und damit Stellvertreter Hensels wählte der Stadtrat Reiner Rausch (SPD). Als Arnold von seinem Amt am 4. Juli 1947 zurücktrat, um Ministerpräsident des Landes Nordrhein-Westfalen zu werden, folgte ihm Josef Gockeln (CDU) nach, dessen Amtszeit bis zum Herbst 1956 währte.[17]

Zu den Kommunalwahlen waren erstmals die von den Briten zugelassenen politischen Parteien angetreten, bei denen es sich um die neugegründete CDU, die SPD, die KPD, die FDP und das Zentrum handelte. Als stärkste Partei konnte sich auf Anhieb die CDU etablieren, die bei einem Wahlergebnis von 47,2 % der gültig abgegebenen Stimmen aufgrund des angewandten Mehrheitswahlrechts 40 von insgesamt 51 Sitzen im Rat erhielt. Die SPD (31 %) entsandte acht, die KPD (12,3 %) zwei und das Zentrum (5,7 %) einen Vertreter.[18]

Die Zunahme der politischen Aktivitäten stieß bei den Bürgern auf nur begrenztes Interesse. Das an den durchweg geringen Wahlbeteiligungen ablesbare geringe öffentliche Echo ist vor allem auf die Tatsache zurückzuführen, daß es nach wie vor die größte Sorge der Bevölkerung war, nicht zu verhungern oder zu erfrieren. Auch wenn ein nach zwanzig Jahren erstmals wieder in Düsseldorf weilender Schweizer der Stadt bereits im Juni 1946 bescheinigte, *„lebendig und liebenswert wie ehedem"* zu sein, und überdies versicherte, *„den Pulsschlag der großen Stadt, die eine Zukunft haben will und haben wird"*, zu verspüren,[19] ließen die Schlagzeilen der Zeitungen ein weitaus nüchterneres Abbild der Wirklichkeit zum Vorschein treten. Dort wurde *„Ungeschminktes über die Versor-*

---

[17] Vgl. Hüttenberger, Düsseldorf unter britischer Besatzung, S. 689ff; Walther Hensel, 3 x Kommunalpolitik 1926–1964. Ein Beitrag zur Zeitgeschichte, Köln/Berlin 1970, S. 62–73; dort auch interessante biographische Bemerkungen zu den Männern der ersten Stunde.
[18] Vgl. Hüttenberger, Düsseldorf unter britischer Besatzung, S. 689ff.
[19] Rheinische Post. Zeitung für Christliche Kultur und Politik (im Folgenden zitiert als: RP), 1. Jg., Nr. 30, 12. Juni 1946.

gungslage"[20] offenbart, die *„Schreiende Not unseres Alltags"*[21] beklagt und über Hungerdemonstrationen berichtet, die mehr als 80.000 Verzweifelte auf die Straßen trieben.[22] Tatsächlich führten vor allem der extrem kalte Winter 1946/47 und die im folgenden Jahr anhaltende Versorgungskrise zu einem Anstieg der Krankheiten und Todesfälle. Während des gesamten Jahres 1947 standen der mittlerweile wieder 450.000 Personen zählenden Einwohnerschaft gerade einmal 350 Herrenanzüge, 203 Wintermäntel für Frauen, 1.559 Säuglingsjäckchen und rund 11.300 Paar Lederschuhe zur Verfügung, eine Menge, die der Verteilung der Güter „mehr den Charakter einer Verlosung als den der Berücksichtigung nach Bedürftigkeit" verlieh.[23]

Im Gegensatz zu den schier unüberwindbar erscheinenden Problemen der Daseinsfürsorge erlebte der kulturelle Betrieb sofort nach Kriegsende einen raschen Aufschwung, der – gemessen an der bloßen Zahl der Veranstaltungen – bereits von den Zeitgenossen als wahre *„Hochflutwelle"*[24] bezeichnet wurde. In einer Zeit, in der die Not in der Stadt „fast unerträglich"[25] war, stellten die Vorführungen im Opernhaus, Schauspielhaus und in den „Kammerspielen", aber auch Kinos, Varietés und Tanzlokalen ein regelrechtes Refugium dar, in dem *„ein gutes Geleit für ein Stück des harten Weges aus dem Tal der Entmutigung zu neuer Lebensbejahung"*[26] gegeben wurde. Trotz erheblicher organisatorischer Probleme nahmen bereits im Verlauf des Jahres 1945 das Opernhaus – provisorisch als Konzertsaal und Bühne für Theateraufführungen eingerichtet –, die „Kammerspiele" sowie das „Neue Theater" in der Friedrichstraße den Spielbetrieb auf. Seit dem 2. März 1946 hob sich dreimal pro Woche der Vorhang in der „Volksbühne", die im Gesolei-Saal der Henkelwerke in Holthausen eingerichtet worden war; im Dezember des gleichen Jahres begannen die Aufführungen im „Kom(m)ödchen", dem von Kay und Lore Lorentz gegründeten, ersten deutschen politischen Kabarett nach dem Zweiten Weltkrieg.[27]

Künstlerische Bedeutung verliehen den Darbietungen nicht zuletzt die Verantwortlichen. Bereits im Oktober 1945 konnte der renommierte Musikdirektor Heinrich Hollreiser von der Münchener Staatsoper als zukünftiger Leiter des städtischen Orchesters sowie der Oper engagiert werden. Die im Dezember voll-

---

[20] RP, 1. Jg., Nr. 75, 16. November 1946.
[21] RP, 1. Jg., Nr. 77, 23. November 1946.
[22] Vgl. *„Hungerdemonstrationen. Kundgebung der 80.000 in Düsseldorf – Protestreiks und Elendszüge überall"*, RP, 2. Jg., Nr. 25, 29. März 1947.
[23] Hensel, 3 x Kommunalpolitik, S. 83. Zur Ernährungsnot siehe auch: Dokumentation zur Geschichte der Stadt Düsseldorf, Bd. 1: Nach dem Zweiten Weltkrieg, 1945–1949, hrsg. vom Pädagogischen Institut der Landeshauptstadt Düsseldorf, Düsseldorf 1981, S. 26–53 (Text und Dokumente).
[24] Bernhard Werres, Düsseldorf zur Jahreswende 1945/46, Düsseldorf 1945, S. 4.
[25] Weidenhaupt, Kleine Geschichte der Stadt Düsseldorf, S. 198.
[26] NRZ, 1. Jg., Nr. 13, 5. September 1945.
[27] Vgl. Dokumentation zur Geschichte der Stadt Düsseldorf, Bd. 1: Nach dem Zweiten Weltkrieg, 1945–1949, S. 130/31.

zogene Ernennung des bereits vor 1933 als Schauspieler im Dumont-Lindemann-Ensemble gefeierten Wolfgang Langhoff zum Generalintendanten der Städtischen Bühnen garantierte eine kritische Auseinandersetzung mit der jüngsten Vergangenheit.[28] Als Langhoff nach nur zehnmonatiger Amtszeit in den sowjetisch besetzten Teil Berlins gegangen war, wo er 1947 die Leitung des Deutschen Theaters übernahm,[29] wurde im Frühjahr desselben Jahres die sensationelle Nachricht verkündet, daß Gustaf Gründgens seine Nachfolge antreten werde. GG – wie Gründgens nach Angabe von Walther Hensel allgemein von Freund und Feind genannt wurde[30] – blieb bis Ende 1954 in seiner Vaterstadt und verlieh dem Düsseldorfer Theater trotz aller Diskussionen um seine Person ein weit über die Stadt hinaus anerkanntes künstlerisches Format.[31]

Wolfgang Langhoffs geäußerte Zuversicht, der Bevölkerung mittels der Kultur einen *„gewaltigen Impuls"* zu geben, *„der das Schwere überbrücken"* könne,[32] wurde nicht enttäuscht. Konnte bereits für die letzten Kriegsjahre eine „hektische, groteske Amüsiersucht"[33] konstatiert werden, war der Publikumsandrang zu den verschiedensten Veranstaltungen der Nachkriegszeit schlicht überwältigend. Wie aus Besucherstatistiken hervorgeht, verzeichneten die städtischen Theater 1946 eine Besucherquote von durchschnittlich 95%; oft mußten Interes-

---

[28] Als aktiver Kommunist war Langhoff im März 1933 von den Nazis verhaftet und ins Konzentrationslager Börgermoor verschleppt worden. Nach seiner Entlassung aus der KZ-Festung Lichtenburg gelang ihm 1935 die Flucht in die Schweiz, wo er im gleichen Jahr das Buch „Die Moorsoldaten" verfaßte. Dort schilderte er seine Erlebnisse in Düsseldorf und im KZ. Der Bericht avancierte zu einem der Aufsehen erregendsten Werke der Exilliteratur. Vgl. Deutscher Gewerkschaftsbund/Kreis Düsseldorf (Hrsg.), Verfolgung und Widerstand in Düsseldorf 1933 bis 1945. Ein Stadtführer, Düsseldorf 1989, S. 94. Ferner: Hensel, 3 x Kommunalpolitik, S. 145.

[29] Laut Hüttenberger, Düsseldorf unter britischer Besatzung, S. 678, erfolgte Langhoffs Wechsel nach Berlin nicht ganz freiwillig. Anfangs durchaus als „Akt der Wiedergutmachung und zugleich der demonstrativen Distanzierung vom Nationalsozialismus" interpretierbar, stieß Langhoffs Ernennung zunehmend auf Kritik. Dies vor allem, weil er begann, das Personal der Städtischen Bühnen politisch zu überprüfen und zudem unbequeme Stoffe, wie das von Friedrich Wolf geschriebene Stück „Professor Mamlock", inszenierte, in dem es um den Beginn der Kommunisten- und Judenverfolgung im Jahre 1933 geht. Zu „Professor Mamlock" vgl. auch: Freiheit. Das Blatt des schaffenden Volkes (im Folgenden zitiert als: Freiheit), 29. Jg., Nr. 26, 28. Mai 1946.

[30] Vgl. Hensel, 3 x Kommunalpolitik, S. 146.

[31] Aufgrund seiner engen Beziehung zu Göring gab es von Anfang an heftige Auseinandersetzungen um die Berufung Gründgens'. Betonte das bürgerliche Lager seine herausragenden künstlerischen Fähigkeiten, verlangten insbesondere die Kommunisten einen überzeugenden Beweis seiner inneren Abkehr vom Nationalsozialismus. Vgl. exemplarisch RP, 2. Jg., Nr. 23, 19. März 1946 und Freiheit, 29. Jg., Nr. 24, 25. März 1946.

[32] Rede Wolfgang Langhoffs zur Gründung des „Kulturbundes zur demokratischen Erneuerung" am 30. Mai 1946 in den Düsseldorfer Kammerspielen, zit. nach: Carl Lauterbach, Aus Trümmern der Geist der Humanität. Der „Kulturbund zur demokratischen Erneuerung" in Düsseldorf 1945–1947, in: 1946 Neuanfang, S. 264–269, hier: S. 265.

[33] Peter Hüttenberger, Düsseldorf in der Zeit des Nationalsozialismus, in: Düsseldorf. Geschichte von den Ursprüngen bis ins 20. Jahrhundert, hrsg. von Hugo Weidenhaupt, Bd. 3, S. 421–657, hier: S. 646.

senten wegen Platzmangels abgewiesen werden.[34] Dieser Zustrom kann nur durch den Umstand erklärt werden, daß, „wer der Realität täglich in ihre schiefmäulige Fratze schauen mußte, (..) gesteigerte Lust am Schein, den Wunsch nach Ablenkung von der Mühsal des Alltags (entwickelte)"[35].

Mit dem Beginn der Währungsreform am 20. Juni 1948 fand die im Kulturleben gesuchte Entspannung allmählich eine Ergänzung im wirtschaftlichen Bereich. Schlagartig öffneten sich die Lager mit Gebrauchsgütern. Die Versorgungslage besserte sich schneller als gedacht, und bereits zu Anfang des Jahres 1949 konnte – auch aufgrund des zurückgewonnenen Vertrauens in die neue Währung – von einer Normalisierung der Verhältnisse gesprochen werden.[36] Probleme bereitete hingegen weiter die Wohnungsnot. Obwohl sich in Düsseldorf ab 1949 eine starke Wohnbautätigkeit entfaltete, konnte der gesteigerte und stetig zunehmende Bedarf – 1950 zählte die Stadt wieder mehr als eine halbe Million Einwohner[37] – nicht gedeckt werden. Erst im Januar 1968 wurden die letzten Reste der Wohnraumbewirtschaftung abgeschafft,[38] lange nachdem das „Wirtschaftswunder" sich eingestellt hatte.

„Wirtschaftswunder" und „Wiederaufbau" sind die Schlagwörter zur Kennzeichnung der 50er Jahre in Deutschland. Auch für Düsseldorf ist die „Auf-geht's!"-Euphorie jener Zeit unverkennbar, der Wille und Wunsch, *„im alten Glanz, in alter Pracht und Herrlichkeit"*[39] aufzuerstehen. Da jedoch viele Betriebe der Stahl- und Maschinenindustrie, die die Stadt vor dem Krieg strukturell geprägt hatten, der Demontage zum Opfer fielen, mußten neue Branchen und Unternehmen gefördert werden. Auf Anregung und unter tätiger Einflußnahme der im Herbst 1945 eingerichteten städtischen Wirtschaftslenkungsstelle, aus der im Januar 1947 das Wirtschaftsplanungsamt hervorging, siedelten sich in den folgenden Jahren vor allem Betriebe der chemischen, feinmechanischen und Elektro-

---

[34] Vgl. Düsseldorfer Amtsblatt, 1. Jg., Nr. 9, 6. März 1946. Ferner: Dokumentation zur Geschichte der Stadt Düsseldorf, Bd. 1: Nach dem Zweiten Weltkrieg, 1945–1949, S. 130/31.
[35] Reinhard Kill, Überfrühling der Künste. Kultur und Unterhaltung in der Nachkriegszeit, in: 1946 Neuanfang, S. 257–263, hier: S. 260. Henning Rischbieter hat zudem darauf hingewiesen, daß der Kulturhunger des Publikums auch auf einen ökonomischen Tatbestand zurückzuführen ist. Da man für Reichsmark legal fast nichts mehr kaufen konnte – fünf Reichsmark entsprachen gerade einmal dem Gegenwert einer Zigarette! – gaben die Menschen ihr Geld für Kino- und Theaterbesuche aus. Diese These wird durch den nach der Währungsreform schlagartig einsetzenden Rückgang der Besucherzahlen eindrucksvoll untermauert. Vgl. Henning Rischbieter, Bühnenhunger, in: 45 ff. Kriegsende: Kontinuität und Neubeginn (Broschüre), hrsg. von der Landeshauptstadt Düsseldorf und der Stiftung Kunst und Kultur des Landes Nordrhein-Westfalen, Düsseldorf 1995, S. 124–137, hier: S. 126/27.
[36] So: Hensel, 3 x Kommunalpolitik, S. 97.
[37] Genau genommen wurden 501.800 Menschen gezählt. Vgl. Hugo Weidenhaupt, Die Stadtgeschichte Düsseldorfs in den 50er Jahren, in: Hugo Weidenhaupt, Aus Düsseldorfs Vergangenheit. Aufsätze aus vier Jahrzehnten, Düsseldorf 1988, S. 298–304, hier: S. 299.
[38] Vgl. Dokumentation zur Geschichte der Stadt Düsseldorf, Bd. 1: Nach dem Zweiten Weltkrieg, 1945–1949, S. 6.
[39] Werres, Düsseldorf zur Jahreswende 1945/46, S. 2.

wirtschaft an. Die Niederlassung zahlreicher Banken, Versicherungen, Wirtschaftsverbände und Verlage sowie Unternehmen aus dem Modesektor unterstützte den grundlegenden wirtschaftlichen Schwerpunktwandel von der Industrie zum Dienstleistungsbereich.[40]

Große Auswirkungen auf die wirtschaftliche Entwicklung hatten auch die Gründung der Nordwestdeutschen Ausstellungsgesellschaft m.b.H, NOWEA, sowie der Ausbau des Flughafens. Anknüpfend an die alte Düsseldorfer Ausstellungstradition, gelang es der Anfang 1947 gegründeten NOWEA, die Stadt bald wieder zu einem Zentrum des Messe- und Ausstellungswesens aufsteigen zu lassen. Dabei kam es den in den Gebäuden am Ehrenhof veranstalteten Ausstellungen zugute, daß ihnen – entgegen der bis dahin üblichen Globalmessen – die Konzeption der Fachmesse zugrunde lag.[41] Auf diese Weise wurde sowohl die Anzahl der Ausstellungen als auch die Beteiligung internationaler Anbieter erhöht. Der 1949 nach zähen Verhandlungen mit den Briten und konkurrierenden Städten des Ruhrgebiets aufgenommene Flugverkehr vom Flughafen in Lohausen übertraf bald selbst die Erwartungen der kühnsten Optimisten. Schon im ersten Betriebsjahr wurden fast 70.000 Passagiere befördert, eine Zahl, die ständig zunehmen sollte.[42] Die gelungene Anbindung an den internationalen Luftverkehr steigerten Prestige, Wirtschaftsvolumen und Attraktivität der Stadt. Dies spiegelte sich im Fremdenverkehr wider, der nach anfänglichen Stockungen zu einem der herausragendsten Wirtschaftsfaktoren avancierte. Mitte 1953 verfügte die Stadt wieder über die gleiche Unterbringungskapazität wie in der Vorkriegszeit.[43]

Die Tourismusbranche ließ jedoch nicht nur die städtischen Einnahmen steigen. Broschüren des Werbe- und Verkehrsamtes, Ausstellungskataloge und Prospekte von Reiseunternehmen proklamierten selbstbewußt das in den 50er Jahren gepflegte Selbstverständnis Düsseldorfs. Neben der Kennzeichnung als *„Maler-, Mode- und Mostertstadt"*[44] beanspruchte man die Stellung als Architektur-, Kunst- und Finanzzentrum Westdeutschlands. Häufig verwendete Attribute zur Charakterisierung des Düsseldorfer Lebens waren *„modern"*, *„elegant"*, *„pulsierend"*, *„tatkräftig"*, *„international"* und *„heiter"*.[45] Gerne verwies man auf die zahlreichen Sehenswürdigkeiten und Wahrzeichen der Stadt, pries die mondänen Einkaufspassagen mit der Königsallee als *„Venus unter den Straßen"*[46] und sonnte sich im Glanz seiner überregional bekannten Volksfeste. Die Beinamen „Tochter Europas", „Schreibtisch des Ruhrgebiets" und „Klein-Paris" hatten einen höheren Stellenwert als die Ernennung zur Landeshauptstadt, die bereits im August

---

[40] Vgl. ausführlich: Hensel, 3 x Kommunalpolitik, S. 125–132.
[41] Vgl. ebd., S. 137/38.
[42] Vgl. ebd., S. 132–136.
[43] Vgl. ebd., S. 140.
[44] Werbe- und Verkehrsamt der Stadt Düsseldorf (Hrsg.), Düsseldorf, die elegante, gastliche Stadt am Rhein, Düsseldorf 1950, S. 1.
[45] Vgl. stellvertretend: ebd. sowie: Werbe- und Verkehrsamt der Stadt Düsseldorf (Hrsg.), Düsseldorf. Eine Welt für sich – offen für die Welt, Düsseldorf 1959.
[46] Düsseldorf, die elegante, gastliche Stadt am Rhein, S. 12.

1946 ausgesprochen worden war, und aufgrund der damit verbundenen zusätzlichen Anforderungen lange Zeit eher als Bürde denn als Würde empfunden wurde.

„Düsseldorf erfüllt alle Wünsche" lautete 1955 die Überschrift eines Artikels im „Düsseldorfer Wochenspiegel", dem offiziellen Wochenprogramm der Stadt – eine Titelzeile,[47] die mehr als den Stolz über das vorhandene Konsumgüterangebot zum Ausdruck brachte. Innerhalb von zehn Jahren war es der Stadt gelungen, die – materiellen – Trümmer des Krieges zu beseitigen und zu einem der bedeutendsten Wirtschafts-, Kunst- und Einkaufszentren Nordrhein-Westfalens und des angrenzenden Umlandes aufzusteigen. Das ehemals vorherrschende Bewußtsein, noch einmal mit dem Leben davon gekommen zu sein, hatte sich zu einem *„machtvollen Streben in die Zukunft"*[48] verwandelt. Inwieweit korrelierte jedoch der wirtschaftliche Wiederaufbau mit der Aufarbeitung der Vergangenheit? War der ökonomische Aufschwung mit einer Bereitschaft zur Reue verbunden oder führten Marshall-Plan und zunehmendes „Wir-sind-wieder-wer!"-Gefühl zu einer Verdrängung der Erinnerung? Standen Wohlstandsmehrung und die Bejahung der demokratischen Staatsordnung in einer wechselseitigen Beziehung? Diese und andere Fragestellungen zu untersuchen, werden Gegenstand der folgenden Kapitel sein, in denen anhand der Analyse von Düsseldorfer Festen und Feiern das Verhältnis von Politikern, Vereinen und Bürgern zum Nationalsozialismus, aber auch deren Standort in der damaligen Gegenwart erläutert werden soll.

---

[47] Düsseldorfer Wochenspiegel. Offizielles Wochenprogramm der Landeshauptstadt Düsseldorf, 8. Jg., Nr. 23, 1.–15. Dezember 1955, S. 3.
[48] Wolf Strache, Düsseldorf. Metropole am Niederrhein, Stuttgart 1959, S. 3.

II. Feste und Feiern als Abbild der gesellschaftlichen Wirklichkeit

1. Zur Theorie des Festes

Gegen Ende des Jahres 1945, rund sieben Monate, nachdem der Zweite Weltkrieg beendet worden war und die Bewohner der deutschen Städte alle Kräfte daran setzten, das tägliche Überleben zu sichern, in einer Zeit bitterster Not also, gab das Verkehrsamt der Stadt Düsseldorf eine schmale Broschüre heraus, die den Titel „Düsseldorf zur Jahreswende 1945/46" trug. In ihr wurde jedoch keineswegs von den Beschwernissen des Alltags berichtet, sondern vielmehr die Pracht und Schönheit der vaterstädtischen Feste heraufbeschworen. Die Düsseldorfer Bürgerschaft, so hieß es, sei *„nicht gewillt, auf ihre Feiertage zu verzichten, nachdem sie dem arbeitsfrohen Alltag ihre Kräfte gewidmet hat."*[49] Übereinstimmend mit dieser Behauptung äußerte der nach seinen Wünschen für das kommende Jahr befragte Vorsitzende des Düsseldorfer St.-Sebastianus-Schützenvereins, Georg Spickhoff, zu Silvester 1946 die Hoffnung, *„daß das alte Düsseldorfer Brauchtum (..) bald wieder sich frei entfalten könne"*. Zur Untermauerung dieses Ansinnens bediente sich der „Schützenvater" eines historischen Arguments. Wie die Geschichte nämlich gezeigt habe, sei *„die rheinische Freude am heiteren Lebensgenuß allein, die die alten Düsseldorfer während der nur zu häufigen Wiederkehr unglücklicher Zeiten vor hoffnungsloser Verzagtheit hat bewahren können. (...). Nach Kriegszeiten und Epidemien waren es gerade die wiederaufleben den Volksfeste, die unsere Vorfahren die Sorgen und Leiden vergessen ließen und ihnen die Lust zu neuem Leben und die Freude zur Arbeit wiedergaben."*[50]

Spickhoff hielt es geradezu für eine existentielle Notwendigkeit, in der zerstörten Stadt wieder Feste zu feiern und bekundete damit eine Auffassung, die – ohne sich auf eine bestimmte Region oder geschichtliche Situation zu begrenzen – von den Ergebnissen der modernen Festforschung gestützt wird: Feste und Feiern nehmen „eine unersetzliche Stelle im seelischen Haushalt des einzelnen wie der gesellschaftlichen Institutionen ein" und sind „unerläßliche soziale Einrichtungen zur individuellen wie gesellschaftlichen Bewältigung der Wirklichkeit"[51]. Als „primäre Kulturphänomene"[52] aller menschlichen Gesellschaften befriedigen

---

[49] Werres, Düsseldorf zur Jahreswende 1945/46, S. 3.
[50] RP, 1. Jg., Nr. 85, 30. Dezember 1946. Ausführlich zu Georg Spickhoff siehe Kap. III.1.1.
[51] Winfried Gebhardt, Fest, Feier und Alltag. Über die gesellschaftliche Wirklichkeit des Menschen und ihre Deutung, Frankfurt/Main 1987, S. 11.
[52] Paul Hugger, Das Fest – Perspektiven einer Forschungsgeschichte, in: Paul Hugger (Hrsg.), Stadt und Fest. Zu Geschichte und Gegenwart europäischer Festkultur, Unterägeri-Stuttgart 1987, S. 9–24, hier: S. 9. Allgemein zum Gegenstand siehe auch: Gerhard Heilfurth, Fest und Feier, in: Wilhelm Bernsdorf (Hrsg.), Wörterbuch der Soziologie, Stuttgart 1969², S. 275–277.

Feste Wünsche und Bedürfnisse, die im täglichen Einerlei nicht ausgelebt werden können. „Der Mensch fühlt sich seinen Alltagszwängen enthoben und in einen sinnvollen Seinszusammenhang hinein gestellt."[53]

„Das Fest ist etwas Besonderes", ließe sich als Tenor der Festforschung formulieren. Was genau aber ist unter einem Fest zu verstehen? Welche Eigenschaften muß ein Ereignis besitzen, um „Fest" oder „Feier" genannt zu werden? Welche Umstände rechtfertigen die Veranstaltung eines Festes? Wodurch unterscheiden sich Feste und Feiern von alltäglichen Begebenheiten? Und vor allem: Auf welche Weise nehmen Feste und Feiern Einfluß auf das alltägliche Geschehen?

Feste und Feiern bilden den Gegenpol zum Alltag, der nach Max Weber als „Bereich der materiellen Bedarfsdeckung, des gewohnten und des plan- und zielgerichteten Handelns"[54] definiert ist. Im Gegensatz dazu handelt es sich beim Fest um eine Begebenheit, die ob ihrer Komplexität einer allgemein gültigen Begriffsbestimmung entbehrt. Zu vielfältig ist allein die Palette von Anlässen, die von besinnlichen Gedenkstunden bis zu pompös inszenierten Nationalfeiern reicht, im privaten Kreis begangene Geburtstags- und Tauffeiern genauso einschließt wie öffentliche, mitunter von mehreren hunderttausend Menschen besuchte Volksfeste und Jahrmärkte.

Die Problematik einer einheitlichen Begriffsbildung findet ihren Niederschlag in einer Vielzahl von Theoriebildungen zum Wesen des Festes, die sich in vier Schulen unterteilen lassen.[55] Die erste Gruppe von Erklärungsansätzen läßt sich auf Sigmund Freud und Emile Durkheim zurückführen und begreift das Fest als Flucht aus dem Alltag. Durch die Übertretung geltender Normen und Regeln erleben Gemeinschaft und Individuen für einen begrenzten Zeitraum die Befreiung von alltäglichen Zwängen, deren exzesshafte Formen die physische und psychische Regeneration der Gesellschaft bewirken.

> *„Ein Fest ist ein gestatteter, vielmehr ein gebotener Exzeß, ein feierlicher Durchbruch des Verbotes. Nicht weil die Menschen infolge einer Vorschrift froh gestimmt sind, begehen sie die Ausschreitungen, sondern der Exzeß liegt im Wesen des Festes; die festliche Stimmung wird durch die Freigebung des sonst Verbotenen erzeugt."*[56]

---

[53] Hans-Joachim Simm (Hrsg.), Feiern und Feste. Ein Lesebuch, Frankfurt/Main 1988, S. I.
[54] Max Weber, Wirtschaft und Gesellschaft. Grundriß der verstehenden Soziologie, Tübingen 1976^5, S. 659, zit. nach: Gebhardt, Fest, Feier und Alltag, S. 35.
[55] Die folgende Unterteilung wurde in Anlehnung an Gebhardt, Fest, Feier und Alltag, S. 36–44, vorgenommen. Zur Ergänzung wurden Hermann Bausinger, „Ein Abwerfen der großen Last ..." Gedanken zur städtischen Festkultur, in: Hugger (Hrsg.), Stadt und Fest, S. 251–267 sowie: Michael Maurer, Feste und Feiern als historischer Forschungsgegenstand, in: Historische Zeitschrift, Bd. 253, 1991, S. 101–130 (hier finden sich zahlreiche Literaturangaben zur historischen Festforschung) herangezogen.
[56] Sigmund Freud, Totem und Tabu. Einige Übereinstimmungen im Seelenleben der Wilden und der Neurotiker, Frankfurt/Main 1962^3, S. 157. Einen Schritt weiter als Freud geht Roger Cail-

Diesem früh formulierten und viele Anhänger findenden „klassischen" Festbegriff steht jene Auffassung diametral gegenüber, die im wesentlichen von Josef Pieper und Karl Kerényi geprägt wurde. Demnach ist das Fest als Veranstaltung der Ruhe zu begreifen, die den Menschen Zeit und Raum zur Besinnung bietet. Durch das Begehen eines Festes wird nicht versucht, den Alltag zu vergessen, sondern im Gegenteil die alltägliche Ordnung als sinnvoll erfahren. Entgegen der dem Freud'schen Festbegriff innewohnenden destruktiven Motivation interpretiert Pieper das Fest als Affirmation des menschlichen Daseins:

> *„Genau genommen, ist es übrigens zu wenig, die Zustimmung zur Welt eine bloße Vorbedingung und Voraussetzung des Festes zu nennen. In Wirklichkeit ist sie weit mehr, sie ist die Substanz des Festes selbst. In seinem essentiellen Kern ist das Fest nichts anderes als die Darlebung dieser Zustimmung.*
> ***Ein Fest feiern heißt: die immer schon und alle Tage vollzogene Gutheißung der Welt aus besonderem Anlaß auf unalltägliche Weise begehen.***"⁵⁷

Eine dritte Schule, als deren repräsentative Vertreter Gerhard M. Martin und Harvey Cox genannt werden können, ist bestrebt, die in den ersten beiden Theorien grundsätzliche Trennung von Alltag und Fest zu überwinden und fordert daher die Vereinigung beider Lebensbereiche zum festlichen Alltag. Zu diesem Zweck soll sowohl die während des Festes vollzogene Infragestellung – wenn nicht Aufhebung – der sozialen Ordnungen als auch die erfahrene Festfreude in das Arbeitsleben hinübergerettet, der Alltag zum Sonntag werden:

> *„Alltagsbewußtsein und Festerfahrung gehören konstitutiv zusammen. (...). Alltag soll ‚Sonntag' werden, bedeutet, daß Freiheit und*

---

lois, Théorie de la fête, in: La Nouvelle Revue Francaise, 27. Jg. 1939, Nr. 315, S. 863–882 (Teil 1) und 28. Jg. 1940, Nr. 316, S. 49–59, der den Krieg als Entsprechung des Festes bezeichnet. Genau wie das Fest sei der Krieg eine Zeit des Exzesses. Gemeinsame Merkmale seien intensivster Kräfteverschleiß, Eintauchen des Individuums in einen alle Aufmerksamkeit beanspruchenden Gesamtvorgang, Aufhebung aller gesellschaftlichen Schranken und rauschhafte Verschwendung. Diese Interpretation ergänzt Odo Marquard, Moratorium des Alltags. Eine kleine Philosophie des Festes, in: Walter Haug, Rainer Warning (Hrsg.), Das Fest, München 1989, S. 684–691, der Caillois' Thesen grundsätzlich unterstützt, jedoch anfügt, daß die Vorstellung des „totalen Festes", wie sie in der Gleichsetzung von Fest und Krieg zum Ausdruck kommt, die Gefahr der Auslöschung des Alltags beinhalte, statt ihn – wie wünschenswert – sinnvoll zu ergänzen.

57 Josef Pieper, Zustimmung zur Welt. Eine Theorie des Festes, München 1963, S. 52 (Hervorhebung im Original). Den „schöpferischen" Aspekt von Festen, für die in besonderen Fällen „mehrere Jahre lang die Kräfte gesammelt" werden, hebt eindrucksvoll Karl Kerényi, Die Religion der Griechen und Römer, München/Zürich 1963, S. 69 hervor. Vgl. auch Karl Kerényi, Vom Wesen des Festes, in: Ders., Antike Religion, München/Wien 1971, S. 43–67.

*Freude den Alltag zunehmend durchdringen, ihn wie ein Ferment durchsetzen sollen."*⁵⁸

Die sich auf Theodor W. Adorno und Max Horkheimer berufende letzte Tendenz schließlich deutet das im Zeichen kapitalistischer Produktion stehende Fest der Moderne als Herrschaftsinstrument der politischen und ökonomischen Entscheidungsträger. Nur wenn es gelinge, die autoritären Traditionen abzuschaffen und den steigenden Konsumzwang bürgerlicher Feste einzudämmen, könne das Fest wieder zum Ort freier Selbstbestimmung werden. Sei dieses Ziel erreicht, werde das Fest den Alltag nicht nur durchdringen, sondern geradezu zum Gegenbild der gesellschaftlichen Ordnung erstehen.⁵⁹

Die scheinbare Unversöhnlichkeit der kurz skizzierten Theoriebildungen resultiert vor allem aus den verschiedenen Deutungsansätzen, die dem Fest eine bestimmte gesellschaftliche Funktion zusprechen. Die Problematik, die von diesen Interpretationen, die dem Fest vermeintlich notwendig erscheinende Aufgaben zuweisen, herrührt, besteht darin, daß *das Fest* mit bestimmten Attributen identifiziert wird, die in Gefahr stehen, verabsolutiert zu werden.
Dieser Befund darf jedoch nicht darüber hinwegtäuschen, daß jede der vorgestellten Schulen unverzichtbare Aspekte zur Analyse von Festen und Feiern herausgearbeitet hat. Grundlegend für alle Theoriebildungen ist das gegenseitige Verhältnis von Fest und Alltag. Egal, ob dem Alltag für eine Zeitlang entflohen oder seine Vorschriften dauerhaft überwunden werden sollen: Das Fest ist nicht ohne den Alltag denkbar genauso wie der Alltag ohne die Institution des Festes nicht zu bewältigen ist. Wie sich in der Untersuchung zeigen wird, tritt der exzesshafte Charakter von Festen insbesondere bei großen Volksfesten zu Tage, bei denen die Teilnehmenden die Gesetze des Alltags tatsächlich außer Kraft setzen, während beispielsweise in Gedenkfeiern versucht wird, sich der Schwere der alltäglichen Wirklichkeit bewußt zu werden und aus Leistungen bzw. Versäumnissen in der Vergangenheit konkrete Handlungsanweisungen für die Gegenwart und Zukunft abzuleiten.
Sind – wie zu sehen sein wird – die Ergebnisse der neomarxistischen Schule unabdingbar für die Bewertung des von Heimatvereinen immer wieder bedauer-

---

[58] Gerhard M. Martin, Fest und Alltag. Bausteine zu einer Theorie des Festes, Stuttgart-Berlin-Köln-Mainz 1973, S. 27 und S. 51. Vgl. auch: Harvey Cox, Das Fest der Narren. Das Gelächter ist der Hoffnung letzte Waffe, Gütersloh 1977.

[59] Horkheimer und Adorno hatten – bezugnehmend auf die Festkultur seit der Aufklärung – das Fest als einen von den Herrschenden eingeführten Genuß gedeutet, mit dessen Hilfe die Beherrschten manipuliert und von ihren wahren Interessen abgelenkt werden sollen. Max Horkheimer/Theodor W. Adorno, Dialektik der Aufklärung. Philosophische Fragmente, Frankfurt/Main 1971, S. 95/96. Daran anknüpfend verdammten ihre Adepten die Feste in der modernen Konsumgesellschaft, in denen eine „schöpferisch impotente, leistungsorientierte und gelangweilte Masse" das „Soll der Leistungsgesellschaft erfüllt, den Lobpreis dieser Gesellschaft als Eigenwert stilisiert und alle Abweichler sanktioniert". Zitat: Ina-Maria Greverus, Brauchen wir Feste?, in: Werk und Zeit, Heft 5, 1977, S. 19/20. Vgl. auch: Lienhard Wawrzyn, Feste. Die Zerstörung der Zumutungen des Alltags, in: Werk und Zeit, Heft 5, 1977, S. 36–39.

ten Traditionsverlustes moderner Feste, übernehmen die Karnevalisten unbewußt die Forderung von Gerhard M. Martin, einen Bruchteil der während der „tollen Tage" herrschenden Freude und Ausgelassenheit in das Alltagsleben hinüber zu retten.

Angesichts dieses Sachverhalts ist es das Anliegen der folgenden Darstellung, einzelnen Interpretationen zum Wesen des Festes *keine* führende Rolle einzuräumen, sondern vielmehr die Bestandteile der entwickelten Festtheorien als Grundlage zu berücksichtigen, um der ungeheuren Spannbreite der Festkultur, die höchst widersprüchliche Elemente und Motive vereinigt, gerecht zu werden.

Eine weitere Hilfe zur Strukturierung der zahlreichen Feste besteht in der Differenzierung zwischen Festen und Feiern. Zwar geht auch diese Methode von Idealtypen aus, doch gelingt es ihr, die Fülle der Ereignisse stärker begrifflich zu sondern, sowie allgemein anzutreffende Eigenschaften, Formen und Inhalte von Festen und Feiern herauszuarbeiten.[60]

Dem äußeren Erscheinungsbild nach sind Feste durch leichte Musik und Tanz, üppige Banketts und reichhaltigen, in hellen Farben gehaltenen, Festschmuck gekennzeichnet, während sich Feiern bevorzugt durch eine andachtsvolle und ernste Atmosphäre, bedeutungsschwere Symbolik, feierlich-pathetische Rhetorik und dunkle Kleidung auszeichnen. Exemplarisch für das Fest ist das Lachen sowie die Fröhlichkeit der Teilnehmer, die sich bis zur Ekstase steigern kann. Anlässe für Feste sind oft unbestimmt; sie werden spontan und ohne vorherige Festlegung des Verlaufs oder der inhaltlichen Ausfüllung begangen. „Die festliche Gestimmtheit ist die des freien Schwebens, der Alltag ist von einem abgefallen, man bewegt sich in einem zweckfreien Raum, man lebt."[61]

Demgegenüber ist die Feier der Ort der Besinnung sowie der kollektiven Wertesetzung und -bestätigung. Feiern werden geplant oder gestiftet und sind durchweg auf ein konkretes (historisches) Ereignis bezogen, dessen Tradition und Bedeutung für Gegenwart und Zukunft allen Beteiligten bewußt ist und in der Regel gebilligt wird. In der Feier wird die alltägliche Gegenwart reflektiert. Strenge Verhaltensvorschriften bestätigen oder überhöhen gar die soziale Rangordnung der Alltagswelt, deren Bedeutungsschwere offenbar und gerechtfertigt wird. Feiern lassen dem Leben und Handeln einer Gruppe Sinn zukommen und führen zu einer Stärkung des Gemeinschaftsgefühls.

Auch Feste vermitteln das Erlebnis der Einheit. Was dort jedoch bewußt vollzogen wird, bahnt sich hier aufgrund des emotional aufgeladenen Eintauchens in die unmittelbare Gegenwart seinen Weg. Verstöße gegen geltende Vorschriften, die Aufhebung der Sexualnormen sowie der bestehenden Herrschaftsverhältnisse

---

[60] Exemplarisch und sehr ausführlich vorgeführt wird die idealtypische Differenzierung zwischen Festen und Feiern in: Gebhardt, Fest, Feier und Alltag, S. 45–73. Dieser Ansatz findet Unterstützung von: Wolfgang Lipp, Gesellschaft und Festkultur. Großstadtfeste der Moderne, in: Hugger (Hrsg.), Stadt und Fest, S. 231–249. Kritsch hingegen: Bausinger, „Ein Abwerfen der großen Last…", S. 252.
[61] Gebhardt, Fest, Feier und Alltag, S. 56.

erleichtern das gegenseitige Aufeinanderzugehen und lassen alltägliche Routinen vergessen.

2. Feste und Feiern in Düsseldorf

Obwohl etliche Übergänge, Verbindungen und Berührungspunkte feststellbar sind, stellt die idealtypische Unterscheidung zwischen Festen und Feiern, die als eigenständige Möglichkeiten der Alltagsbewältigung begriffen werden, ein hilfreiches Instrument zur Analyse der zu beschreibenden Festwirklichkeit in Düsseldorf dar. Der reich gespickte Festkalender der Stadt kam und kommt der von einem ihrer bekanntesten Schriftsteller, Hans Müller-Schlösser, beschriebenen Wesensart der Einwohner sehr entgegen:

> *„Der Düsseldorfer hat von Hause aus eine heitere Lebensauffassung, er ist vergnügungssüchtig bis zum Leichtsinn, lebt seinen Schlendrian bis zur Faulheit, er läßt sich keine grauen Haare wachsen um den kommenden Tag, er genießt das Heute."*[62]

Angesichts dieser Charaktereigenschaften ist es wenig verwunderlich, daß sich die Düsseldorfer bereits wenige Monate nach der Kapitulation wieder dem Feiern zuwandten und trotz der in sämtlichen Lebensbereichen vorhandenen Nöte und Entbehrungen Feste zu veranstalten wußten. Allein für das Jahr 1945 sind fünf bedeutende Veranstaltungen zu nennen: eine offizielle Trauerkundgebung für die Opfer des Nationalsozialismus und eine Morgenfeier zu Ehren Heinrich Heines im Oktober, ein Gedenkkonzert für den vom Volksgerichtshof zum Tode verurteilten und 1943 hingerichteten Pianisten Karlrobert Kreiten am 21. November sowie als Höhepunkte das erste Martinsfest am 10. November und die festliche Wiederaufstellung des Jan-Wellem-Reiterstandbildes auf dem Marktplatz am 25. November.
Diesen Anlässen folgten im nächsten Jahr unter anderem das erste Schützenfest, die erste Maifeier, das erste Osterfest, die erste Fronleichnamsprozession sowie zahlreiche, meist in städtischer Regie veranstaltete Gedenkfeiern, darunter für Leo Statz, Karl Leberecht Immermann und die noch am 16. April 1945, einem Tag vor dem Einmarsch der amerikanischen Truppen, durch Erschießung getöteten Franz Jürgens, Theodor Andresen, Karl Kleppe, Josef Knab und Hermann Weill.[63]

Wie bereits diese unvollständige Aufzählung der in den ersten beiden Nachkriegsjahren durchgeführten Veranstaltungen zeigt, läßt sich das Spektrum der

---

[62] Hans Müller-Schlösser, Der Düsseldorfer, in: Ders., Die Stadt an der Düssel, Düsseldorf 1977³ (erstmals: 1937), S. 9–18, hier: S. 9.
[63] Sämtliche in diesem Kapitel erwähnten Feste und Feiern werden ausführlich im Hauptteil beschrieben und analysiert.

Feierlichkeiten in die beiden Typen „Feste" und „Feiern" unterteilen, wobei mehrere Untergruppen erkennbar sind. Den herausragenden Platz unter den Festen nehmen die vaterstädtischen Brauch- und Heimatfeste ein. Das große Schützen- und Volksfest der St.-Sebastianer, der Düsseldorfer Karneval, als dessen zentrale Veranstaltungen das Hoppeditz-Erwachen, die Malkasten-Redoute und nicht zuletzt der Rosenmontagszug gelten, sowie das traditionelle Martinsfest wurden und werden mit viel Aufwand betrieben und zählen zu den Aushängeschildern der Stadt. Mit Ausnahme des Karnevals, der erst mit einiger Verzögerung wieder zum Leben erwachte, waren es jene Volksfeste, die die Zeitgenossen während der ersten Nachkriegsjahre *„aus dumpfer Resignation"* befreiten *„und ihren vielen dunklen Tagen ein paar schimmernde Kerzen der Freude und des Glaubens an eine erträglichere Zukunft"*[64] aufsteckten. Sie boten die Möglichkeit, im Chaos zu alten Lebensgewohnheiten zurückzukehren, rührten an tiefe, aufgewühlte Heimatgefühle und gaben dem Bedürfnis nach Tradition und Gemeinschaft Ausdruck. Diese Feste wurden ergänzt durch weitere Brauchtumsfeiern der Schützen, Malkastenfeste sowie den von den beiden Heimatvereinen „Alde Düsseldorfer" und „Düsseldorfer Jonges" inszenierten Veranstaltungen, zu denen etwa der ab 1950 regelmäßig organisierte Radschlägerwettbewerb auf dem Marktplatz zählt.

Ein Gefühl der Zusammengehörigkeit vermittelten auch die aufgrund des christlichen Kalenders stattfindenden Feste. Obwohl unmittelbar nach Kriegsende die *„restlose Aufhebung aller religionsfeindlichen Massnahmen der nationalsozialistischen Regierung"*[65] verfügt worden war, dauerte es jedoch noch eine Weile, bis die Bevölkerung in gewohnter Weise Ostern, Pfingsten, Christi Himmelfahrt und Weihnachten feiern konnte. Auf rege Beteiligung stießen vor allem die ersten Fronleichnamsprozessionen in den Jahren 1946 und 1947, während das Oster- und das Weihnachtsfest nicht nur wegen der allgemeinen Not im familiären Kreis begangen wurden. Auch wenn die „Rheinische Post" im Dezember 1947 den *„Geist der Weihnacht"* beschwor, dessen Inhalt es sei, *„Liebe zu schenken"* und Bedürftigen zu helfen,[66] trugen die kirchlichen Hochfeste nur geringfügig zum Wandel des öffentlichen Bewußtseins bei und entwickelten sich im Zeichen des Wirtschaftswunders zu willkommenen Anlässen, der neuen Konsumlust zu frönen.[67]

---

[64] RP, 2. Jg., Nr. 60, 30. Juli 1947. Diese, auf das zweite Nachkriegs-Schützenfest bezogene Aussage ist geradezu typisch für die aus den Volksfesten gezogene Hoffnung auf eine sorglosere Zukunft und ließe sich in abgeänderter Form beliebig oft zitieren.

[65] StAD IV 3460: Schriftwechsel: Oberbürgermeister – Amt für Kulturelle Angelegenheiten (Amt 31); Schriftwechsel Stadtdechant Döhmer – OB Füllenbach. Döhmer forderte vehement die Bewilligung der Fronleichnamsprozession, *„für die es bisher niemals einer polizeilichen Erlaubnis bedurft hat"* und die vom überwiegenden Teil der Bevölkerung gewünscht werde. In Köln und Bonn erlaubt, wurde die Genehmigung der Düsseldorfer Prozession von der Militärregierung aufgrund der *„Gefährdung der öffentlichen Sicherheit"* nicht erteilt; nicht paginiert.

[66] RP, 2. Jg., Nr. 102, 24. Dezember 1947.

[67] Die christlichen Feste und Feiern werden im Hauptteil nur am Rande betrachtet. Dies geschieht vor allem, weil sie – sieht man von den Gottesdiensten ab – zum überwiegenden Teil nicht in der Öffentlichkeit begangen wurden und werden.

Einen Sonderstatus nahmen die in städtischer Regie organisierten Feste ein, die ausschließlich zu besonderen Anlässen und nicht regelmäßig stattfanden. Zu ihnen gehörten unter anderem das Niederrheinische Musikfest im Jahre 1947 und der anläßlich der gewonnenen Fußballweltmeisterschaft im Juli 1954 arrangierte Empfang für den Torhüter Toni Turek, Masseur Erich Deuser und Sportarzt Dr. Karl Loogen, der sich zu einem spontanen Volksfest ausweitete.

Bezeugten die Feste den *„starke*[n] *und unbeugsame*[n] *Lebenswille*[n] *der Düsseldorfer, ihre Stadt wieder zu dem zu machen, was sie einst war"*[68], zeichneten sich die Feiern als Veranstaltungen der gesellschaftlichen Reflexion aus, in denen die Geschehnisse der jüngsten und älteren Geschichte in Erinnerung gerufen und damit zur individuellen wie kollektiven Auseinandersetzung aufgefordert wurde. Überblickt man die zwischen 1945 und 1955 in Düsseldorf stattgefundenen Feiern, springt nach dem Ende der Besatzungszeit eine deutliche Zäsur ins Auge. Nach dem Zusammenbruch des NS-Regimes folgte zunächst eine Phase der öffentlichen Erinnerung und mentalen Aufarbeitung des Geschehenen. Dies spiegelte sich in einer Vielzahl von Gedenkfeiern für die Opfer des Nationalsozialismus wider. Außer den bereits erwähnten Gedenkveranstaltungen in den Jahren 1945 und 1946 seien als Beispiele die Erinnerungsfeiern für Heinrich Müller, Adalbert Probst, Johannes Maria Verweyen, die drei Maler Julio Levin, Peter Ludwigs und Franz Monjau, die 1947 durchgeführte „Antifaschistische Woche" sowie die jährlich stattfindenden „Feiern der Befreiten" und „Wochen der Brüderlichkeit" genannt. Herausragendes Ereignis war die am 9. November 1946 in der Kasernenstraße vollzogene Enthüllung der ersten Gedenktafel auf deutschem Boden für die Schrecken der „Reichskristallnacht". Auf den Tag genau acht Jahre zuvor war dort die Düsseldorfer Synagoge in Flammen aufgegangen.

Spätestens mit der Gründung der Bundesrepublik trat jedoch eine Verschiebung des öffentlichen Gedenkens ein. Nach der von den Besatzungsmächten verordneten und oft nicht freiwilligen intensiven Beschäftigung mit dem Nationalsozialismus in den kurzen Jahren der Trümmerkultur „wurde es um dieses Thema in den 50er Jahren merklich stiller"[69]. Mit den frühzeitigen Erfolgen des Wiederaufbaus verstärkte sich die Neigung, Schuldgefühle zu verdrängen und Verantwortung abzulehnen. Dies fand seine Entsprechung in einer zunehmend artikulierten Sichtweise, „die die Betrachtung der eigenen Nöte (Zerstörung, Kriegsopfer, Kriegsgefangenschaft, Flucht und Vertreibung, Verlust der Ostgebiete, deutsche Teilung) gänzlich von der Frage nach dem ihnen vorangegangenen und sie bedingenden Geschehen trennte."[70]

---

[68] Düsseldorfer Wochenspiegel, 2. Jg., Nr. 15, 1.–15. August 1949, S. 2.
[69] Peter Reichel, Zwischen Dämonisierung und Verharmlosung: Das NS-Bild und seine politische Funktion in den 50er Jahren. Eine Skizze, in: Axel Schildt, Arnold Sywottek (Hrsg.), Modernisierung im Wiederaufbau. Die westdeutsche Gesellschaft der 50er Jahre, Bonn 1993, S. 679–692, hier: S. 681.
[70] Detlef Garbe, Äußerliche Abkehr, Erinnerungsverweigerung und „Vergangenheitsbewältigung": Der Umgang mit dem Nationalsozialismus in der frühen Bundesrepublik, in: Schildt, Sywottek (Hrsg.), Modernisierung im Wiederaufbau, S. 693–716, hier: S. 706.

Fand die jährlich zum Gedenken an die Opfer der Reichspogromnacht abgehaltene Synagogenfeier nahezu unter Ausschluß der Öffentlichkeit statt, stießen die Gedenkfeiern zu Ehren der ehemaligen „39er" und des 5. Ulanen-Regiments auf das Wohlwollen der Düsseldorfer Bevölkerung und einflußreicher Politiker. Überwältigende Resonanz fanden die 1953 organisierte „Kriegsgefangenengedenkwoche" sowie die zahlreichen Vertriebenentreffen, bei denen das „Recht" auf die deutsche Heimat im Osten „*immer und immer wieder (..) in die Welt*" hinausgerufen wurde.[71]

Auf vergleichbares Interesse wie die Kundgebungen und Feierlichkeiten der Landsmannschaften stießen die jeweils unter der Schirmherrschaft des Oberbürgermeisters stehenden Dichterfeiern. Sowohl die 1949 abgehaltene Goethefeier als auch die Feierstunde zu Ehren Friedrich Schillers im Jahre 1955 fanden im gut gefüllten Robert-Schumann-Saal statt. Dagegen stellten die aus Anlaß des hundertjährigen Jubiläums der Revolution von 1848 organisierten dreitägigen Erinnerungsfeierlichkeiten trotz der Beteiligung von Schützen und Heimatvereinen eine Enttäuschung dar.

Dichterfeiern und Revolutionsgedenken, aber auch eine Gedenkstunde zu Ehren des ersten Reichspräsidenten, Friedrich Ebert (1950), eröffneten den städtischen Behörden die Möglichkeit, „*die grossen demokratischen Traditionen und Ideale*"[72] der deutschen Vergangenheit in Erinnerung zu rufen und überregionale Aufmerksamkeit zu erregen. Insbesondere die zahlreichen Feierstunden zur Würdigung Heinrich Heines verdeutlichen aber neben der schmerzhaften Auseinandersetzung mit dem Nationalsozialismus vor allem den Willen, das Ansehen der Stadt zu mehren.[73]

Die Untersuchung des Zusammenwirkens von Intention, Beteiligung und Rezeption von bzw. bei öffentlichen Festen und Feiern bildet demnach das methodischkonzeptionelle Grundgerüst des Vorhabens, die gesellschaftliche Befindlichkeit und Wirklichkeit einer städtischen Gemeinschaft in der Nachkriegszeit anhand ihrer Festtage aufzuzeigen. Wie bereits aus der kurzen Übersicht der durchgeführten Veranstaltungen hervorgeht, waren die Anlässe zu Festen und Feiern sehr heterogen. Verschiedene Veranstaltungsformen und inhaltliche Gestaltungen geben Aufschluß über die beabsichtigte Wirkung der Feierlichkeiten. Gerade bei Gedenkfeiern und Denkmalweihen läßt sich die Absicht der Veranstalter erkennen, bestimmten Anliegen eine Bühne zu verschaffen und geplante Reaktionen hervorzurufen. Aber auch die Organisation der Volksfeste oblag der Federführung ausgewählter Gremien und Persönlichkeiten. Ein Großteil der Thematik und Stoßrichtung des Düsseldorfer Brauchtums wurde von einer Hand voll Männern vorgegeben. Anhand der Beschreibung biographischer Details sowie der Tätigkeiten der für die Veranstaltung der heimatlichen Feste Verantwortlichen

---

[71] Dieser Appell wurde anläßlich des am 8. April 1951 in Düsseldorf stattfindenden „Heimattages der Pommern" von Walter Stubbe, einem damaligen Mitglied des Bundesvorstandes der pommerschen Landsmannschaften, geäußert. RP, 6. Jg., Nr. 82, 9. April 1951.
[72] StAD IV 3483: Erinnerungsfeier 1848/1948, Bl. 6.
[73] Siehe dazu ausführlich: Kap. IV.1.3.

lassen sich zum einen die enge personelle Verflechtung zwischen den Heimatgesellschaften und zum anderen die weitreichenden Beziehungen zwischen Vereinen und Politik aufzeigen, die es den Traditionsgemeinschaften ermöglichen, das kulturelle Klima der Stadt maßgeblich zu beeinflussen.

Zum Zwecke dieser Ausführungen werden eine Vielzahl von Akten des Düsseldorfer Stadtarchivs herangezogen, in denen sich zahlreiche, nicht für die Öffentlichkeit bestimmte, Informationen zur Planung, Gestaltung und Intention von Festen und Feiern finden.

Aufschlußreiche Angaben zur Durchführung und Zielsetzung der Volks- und Heimatfeste enthalten die von den Vereinen regelmäßig herausgegebenen Zeitschriften, zu denen das von den „Düsseldorfer Jonges" monatlich veröffentlichte Periodicum „Das Tor", die „Jan-Wellem-Heimatblätter", das Vereinsorgan der Bürgergesellschaft „Alde Düsseldorfer", und die Düsseldorfer „Schützenzeitung" zählen. Diesen Heften sind zudem interessante Einzelheiten zur Binnenstruktur der Heimatgesellschaften zu entnehmen.

Der Erfolg eines jeden Festes hängt zu einem nicht geringen Bestandteil von der Anzahl der Besucher ab. „Je massenhafter, desto besser!", lautet die Devise,[74] nach der sich Veranstalter richten und die ein reiches Presseecho garantiert. Die Bedeutung der Öffentlichkeit ist jedoch nicht nur anhand von Zahlen festzumachen. Schon aus Kapazitätsgründen ist die durchschnittliche Frequentierung einer Kirmes nicht zu vergleichen mit dem Besucherzuspruch für eine Gedenkfeier. Hingegen läßt sich die Empfänglichkeit und Aufgeschlossenheit der Bevölkerung für bestimmte vermittelte Inhalte und Werte interpretieren. Wenn – wie geschehen – die aus Anlaß des Gedenkens an das erste Zusammentreten der Düsseldorfer Gemeindevertretung im Jahre 1955 veranstaltete Gedenkfeier auf weitaus geringeres Interesse als der unmittelbar folgende „Tag der Danziger" stieß,[75] wirft dies ein bezeichnendes Licht auf die Meinungen und Einstellungen der Düsseldorfer Bürger sieben Jahre nach der Beendigung des Krieges.

Da mangels persönlicher Augenzeugenberichte in Erinnerungen, Chroniken und Filmen jedoch nicht die individuelle Motivation der teilnehmenden Festbesucher untersucht und geschildert werden kann, stellen die zeitgenössischen Berichterstattungen in diversen Tageszeitungen ein unerläßliches Hilfsmittel zur Erforschung der Düsseldorfer Festwirklichkeit dar. In ihnen werden sowohl die Teilnahme als auch die Anteilnahme bei zahlreichen Veranstaltungen dokumentiert.

---

[74] Andreas C. Bimmer, Besucher von Festen. Beiträge zur systematischen Erforschung, in: Konrad Köstlin, Hermann Bausinger (Hrsg.), Heimat und Identität. Probleme regionaler Kultur, Neumünster 1980, S. 81–90. Wie Bimmer richtig feststellt, werden Festbesucher in der Regel ausschließlich als quantitative Größe behandelt. Im Mittelpunkt der Berichterstattung über Feste und Feiern stehen die Festhandlung oder allenfalls prominente Festteilnehmer. Einen aufschlußreichen Beitrag zur Besucherforschung hat Herbert Schwedt, Stadtfest und Stadtstruktur, in: Günter Wiegelmann (Hrsg.), Gemeinde im Wandel. Volkskundliche Gemeindestudien in Europa, Münster 1979, S. 167–172 geliefert, in dem er die Ergebnisse einer Umfrage zur Mainzer Fastnacht in den Jahren 1973–76 in Bezug auf die Motivation und demographischen Merkmale der Teilnehmenden auswertet.

[75] Vgl. Kap. IV.2.2 und Kap. IV.2.4.

Sie werfen ein Licht auf den jeweils vollzogenen Aufwand, berichten über Festabfolgen und zitieren aus öffentlichen Festreden, die oftmals nicht in den Akten zu finden sind. Darüber hinaus werden Inhalte und Formen beendeter Feste und Feiern kommentiert, wodurch – je nach politischer Orientierung – in der Stadt vorhandene Strömungen und Anschauungen zu Tage treten.

Im thematischen Zentrum des Interesses steht die Frage nach der gesellschaftlichen Auseinandersetzung mit dem Nationalsozialismus. Dieser hat das Leben der Menschen – ob gewollt oder nicht – in den ersten Jahren nach der Befreiung entscheidend mitbestimmt. In materieller Hinsicht waren sowohl die Zerstörungen als auch der Mangel an Nahrungsmitteln die Folge des von den Nazis entfachten und ganz Europa überziehenden Krieges. Viele der in der Bevölkerung vorherrschenden Vorstellungen und Auffassungen waren während des „Dritten Reiches" geprägt worden und behielten – mit Ausnahme des offiziell geächteten Antisemitismus' – auch in der Bundesrepublik Deutschland ihre Gültigkeit. Ungeachtet der umfangreichen Entnazifizierungsmaßnahmen der Besatzungsmächte, die bekanntlich mehr zur kollektiven Schuldabwehr, denn zur Selbstbesinnung beitrugen,[76] gehörte der zum ideologischen Kern des Nationalsozialismus zählende Antikommunismus zum Gründungskonsens der Republik. Dieser und andere „Deck-Erinnerungen"[77], die sich etwa auf die Bombardierung von Dresden oder die Vertreibung der Deutschen aus Ostmitteleuropa bezogen, förderten die zunehmende Verharmlosung von nationalsozialistischen Verbrechen als „Verteidigung des Vaterlandes" gegen die Gefahr des Bolschewismus.
Diese Tendenz fand ihren Widerhall auch in der Festkultur. Wie bereits angedeutet wurde, ließ das öffentliche Interesse an der Vergangenheitsbewältigung um so deutlicher nach, je offensichtlicher sich die Greueltaten der Nazis mit dem Hinweis auf die Leistungen des Wiederaufbaus kompensieren und zurückdrängen ließen. Anhand der Untersuchung Düsseldorfer Feste und Feiern zwischen 1945 und 1955 sollen dieser Bewußtseinswandel und das ambivalente Verhältnis der Düsseldorfer zur demokratischen Staatsordnung aufgezeigt werden. Zur unterstützenden Einordnung der ermittelten Befunde werden die überlieferten Reden und Ansprachen der jeweiligen Festredner sowie die relevanten Mahnmal- und Gedenktafeltexte einer kritischen Sprachanalyse unterzogen. Hierbei wird davon ausgegangen, daß der Gebrauch von Sprache die öffentliche Bewußtseinsbildung widerspiegelt und in seiner differenzierenden Form Wertvorstellungen mitbestimmt.

---

[76] Zu der Durchführung und den Ergebnissen der Entnazifizierung in der britischen Zone vgl.: Wolfgang Krüger, Der Persilschein oder wie aus braun weiß wird. Die Entnazifizierung in Nordrhein-Westfalen, in: 1946 Neuanfang, S. 90–96.
[77] Dieser treffende Begriff wurde kreiert von: Wolfgang Benz, Nachkriegsgesellschaft und Nationalsozialismus. Erinnerung, Amnesie, Abwehr, in: Dachauer Hefte. Studien und Dokumente zur Geschichte der nationalsozialistischen Konzentrationslager, 6. Jg., Heft 6, November 1990: Erinnern oder Verweigern – Das schwierige Thema Nationalsozialismus, S. 12–24, hier: S. 13.

Als ein Beitrag zur modernen Stadtgeschichte beabsichtigt die Ausarbeitung, dreierlei herauszustellen: die elementare Bedeutung von Festen und Feiern für den emotionalen Gleichgewichtszustand von Individuen und Gesellschaft, die wechselseitige Beziehung von Alltags- und Festwirklichkeit sowie den Stellenwert der Festkultur für eine Stadtgemeinschaft am Wendepunkt.

III. Tradition und Heimatliebe – Die Düsseldorfer Volksfeste

1. Das Große Düsseldorfer Schützen- und Volksfest

„Darüber kann man nicht schreiben,
das muß man erleben."[78]

„So was Lächerliches! Benehmen sich wie die Kinder, diese Schützen!"[79], schimpfte ein Straßenbahnfahrer im Juni 1948, als der anläßlich des Gerresheimer Schützenfestes veranstaltete Festzug die Fahrbahn blockierte und den Verkehr vorübergehend zum Erliegen brachte. Mit dieser Meinungsäußerung vertrat der Fahrer eine Minderheitenposition, die nicht unwidersprochen hingenommen werden konnte. Und so beeilte sich die „Rheinische Post" empört festzustellen, daß die Schützenfeste auf eine lange Tradition zurückblicken könnten und es zudem *„die besten, die treuesten Bürger"* seien, *„die sich in die Züge der Schützen einreihen."* Der Entschiedenheit dieser Stellungnahme hätte es allerdings nicht bedurft, galt das Schützenbrauchtum doch seit jeher als *„Keim= und Kultstätte des Lokalpatriotismus"*[80], dessen Kundgebungen, Aufmärsche und Feste sich der regen Beteiligung der gesamten Bürgerschaft sicher sein konnten.
Dementsprechend stieß die rasche Reorganisation des Düsseldorfer Schützenlebens nach dem Zweiten Weltkrieg auf große Begeisterung. Obwohl die Militärregierung zunächst alle Vereinstätigkeiten, insbesondere das Tragen von Orden und Ehrenzeichen sowie das Auftreten in militärischer Marschordnung untersagt und den Gesellschaften befohlen hatte, sämtliche Waffen und Munitionsbestände abzuliefern, trafen bereits im Spätsommer des Jahres 1945 vereinzelte Angehörige der verschiedenen Gesellschaften zusammen, um sich – laut Interpretation des Schützenchronisten Hermann Kleinfeld – „gerade in dieser Notzeit aus dem Ge-

---

[78] Das Tor. Düsseldorfer Heimatblätter (im Folgenden zitiert als: Das Tor), 15. Jg., Nr. 22, August 1949, S. 55. Die folgenden Ausführungen beziehen sich – mit wenigen Ausnahmen – ausschließlich auf die vom St.-Sebastianus-Schützenverein 1316 e.V. veranstalteten Feste sowie dessen Geschichte. Als ältester und mitgliederstärkster Verein sowie Ausrichter des Großen Schützen- und Volksfestes hat er nicht nur die Richtlinien für das gesamte Düsseldorfer Schützenleben vorgegeben, sondern über zahlreiche Kontakte zu anderen Heimatvereinen und Politikern auch erheblichen Einfluß auf die kulturellen Aktivitäten der Stadt ausgeübt.
[79] RP, 3. Jg., Nr. 49, 16. Juni 1948. Dort auch das folgende Zitat.
[80] Eduard Czwondzinski, Epilog zu Kirmes und Schützenfest, in: Jan-Wellem-Heimatblätter. Monatsschrift für Düsseldorf, Niederrhein und Bergisches Land (= Vereinszeitung des Heimatvereins „Alde Düsseldorfer e.V."; im Folgenden zitiert als: Heimatblätter), 1. Jg., Nr. 4, August 1926, S. 86–88, hier: S. 87.

fühl der Zusammengehörigkeit heraus neue Kraft zu holen."[81] Nachdem am 13. August des gleichen Jahres die Ernennung Georg Spickhoffs zum kommissarischen Chef erfolgt war, setzte dieser seine ganze Überzeugungskraft ein, um bei der britischen Besatzungsmacht die Wiederzulassung des Vereinslebens zu erwirken. Einem am 12. November 1945 verfaßten Schreiben an das Headquarter of the Military Government, in dem Spickhoff auf die jahrhundertalte Geschichte des Vereins hinwies, dessen Schützenfest im Jahre 1673 sogar englische Brautwerber beigewohnt hätten, und zudem betonte, daß die Schützen stets Gegner der Nazis gewesen seien, wurde am 2. Januar 1946 eine positive Antwort beschieden. Unter der Auflage, daß der Verein sich nicht politisch betätigen dürfe, erteilten die Briten die Erlaubnis zur Wiedergründung. Der St.-Sebastianus-Schützenverein Düsseldorf von 1435 wurde zum ersten zugelassenen Schützenverein in der britischen Zone.[82]

Allerdings hatte er seine Teilnahme an heimatlichen Brauchtumsfeierlichkeiten keineswegs von der Autorisierung durch die Besatzungsmacht abhängig gemacht. Wie selbstverständlich nahmen Abgeordnete der Sebastianer Anfang November 1945 an einer Versammlung teil, in der über die Wiederaufstellung des Jan-Wellem-Reiterstandbildes beraten wurde. Und als das Monument nur wenige Wochen später in einer feierlichen Zeremonie auf den Marktplatz zurückgebracht wurde, bildeten die in traditionellen Uniformen gekleideten Schützen mit Fahnenschwenker, Musikcorps und „Goldener Mösch" den Abschluß des Festzuges.[83]

Diesem ersten öffentlichen Auftreten folgte im darauffolgenden Jahr die Wiederaufnahme der satzungsmäßig vorgeschriebenen Festtage. Am 20. Januar 1946 feierte die Bruderschaft erstmalig nach dem Krieg das Titularfest, welches alljährlich zu Ehren des Schutzpatrons begangen wird.[84] Beim traditionellen Festgottesdienst in der Lambertuskirche wies Pfarrer Josef Sommer auf die schweren Entbehrungen der Vergangenheit hin und betete „für die gefallenen und vermißten Kameraden und die bei Luftangriffen und Artilleriebeschuß umgekommenen Angehörigen in der Heimat"[85].

---

[81] Hermann Kleinfeld, Die Geschichte des St. Sebastianus Schützenverein Düsseldorf 1316 e.V von 1933 bis 1990, in: Stadtsparkasse Düsseldorf (Hrsg.), St. Sebastianus Schützenverein Düsseldorf 1316 e.V. Eine Chronik zum 675jährigen Bestehen, Düsseldorf 1991, S. 59–119, hier: S. 70.

[82] Vgl. ebd., S. 72 sowie: Horst Morgenbrod, Die Liebe zur Heimat war ungebrochen. Das Wiedererwachen der Brauchtums- und Heimatvereine, in: 1946 Neuanfang, S. 343–351, hier: S. 344. Zum Inhalt des Schreibens siehe auch Kap. III.1.1.

[83] Zur Versammlung vgl.: NRZ, 1. Jg., Nr. 30, 3. November 1945; zum Festzug: StAD XXIII 295: Jan Wellem-Denkmal; Festfolge für die feierliche Einholung des „Jan Wellem"; nicht paginiert. Mit dem Umhertragen der „Goldenen Mösch", des goldenen Spatzes – einer auf einer Stange thronenden, vergoldeten Vogelfigur – wird alljährlich eine Woche vor Beginn des Schützenfestes der Beginn der Festtage angekündigt.

[84] Das Titularfest wird jährlich am 20. Januar zu Ehren des Heiligen Sebastian mit einem Festgottesdienst in der St. Lambertus-Kirche begangen. In der damaligen Stiftskirche war dem Verein am 20. Januar 1435 durch Adolf II. von Jülich-Berg die Erneuerungsurkunde seiner Statuten überreicht worden.

[85] Kleinfeld, St. Sebastianus Schützenverein, S. 73.

Stand das erste Titularfest noch ganz im Banne der Kriegsvergangenheit, zeugte der Verlauf des am 4. Mai 1946 gefeierten Stephanien-Gedenktags von einer deutlich optimistischeren Stimmung. Zwar wurde auch dieser Feiertag genutzt, um die historische Tradition und Bedeutung des Anlasses in Erinnerung zu rufen;[86] die sich an das festliche Hochamt anschließende Feier im „Haus der Altstadt" jedoch wies den Weg in die Zukunft. Wie nämlich der anwesende Oberbürgermeister Arnold in seiner Ansprache herausstellte, sei es „*nicht säbelrasselnder Preußengeist*", der die Schützen beseele, sondern vielmehr „*wahrer Friedensgeist und der Geist des Aufbaus*". In einer Zeit, in der viele nicht wüßten, wie sie den nächsten Tag überleben sollten, übernähmen die Schützen die Aufgabe, Hoffnung zu vermitteln und Freude zu schenken. „*Heimatliebe schließt auch die Not anderer mit ein*"[87], lauteten die Schlußworte Arnolds, mit denen er nicht nur seine persönliche Verbundenheit zum heimatlichen Brauchtum unterstrich, sondern auch bekundete, daß das Wirken der St.-Sebastianer unverzichtbar zur Linderung der seelischen Not sei.

Obwohl sich die Schützen also auf die Fürsprache politisch hochrangiger Persönlichkeiten verlassen konnten, waren die Vorbereitungen zum ersten Nachkriegsschützenfest mit erheblichen Schwierigkeiten verbunden. Denn trotz aller Sympathiebekundungen lehnte der Hauptausschuß den Antrag des Vereins, wieder ein Schützenfest abhalten zu dürfen, am 11. Juni 1946 mit der Begründung der allgemeinen Notlage ab, die derlei Festlichkeiten nicht gestatte. Daß das Fest dennoch zustande kam, ist Willi Weidenhaupt, dem ersten „Baas" der „Düsseldorfer Jonges" zu verdanken, der nach Bekanntwerden der Ablehnung am 19. Juni ein Schreiben an Walther Hensel richtete. In diesem „*forderte*" er den Stadtdirektor vehement auf, seinen „*Einfluss geltend (zu) machen, dass die Tradition gewahrt bleibt.*" Der Hinweis auf die Tradition zeitigte Wirkung: Ein erneuter Antrag der Schützen vom 22. Juni wurde in der zwei Tage später stattfindenden Sitzung des Hauptausschusses genehmigt.[88]

Ein weiteres Problem stellte der Ort der Veranstaltung dar. Ursprünglich war es die Absicht des Vereins gewesen, die Festlichkeiten auf den Oberkasseler Rheinwiesen zu begehen, wo das Volksfest traditionell seit 1902 stattfand. Da dieses Vorhaben jedoch zu enormen Verkehrsschwierigkeiten geführt hätte, wich man notgedrungen auf den Staufenplatz am Rande des Grafenberger Waldes aus. Den

---

[86] Der Stephanien-Gedenktag erinnert an Prinzessin Stephanie, die als Tochter von Fürst Karl Anton von Hohenzollern-Sigmaringen 1852 nach Düsseldorf gekommen war. Erwarb sich der Fürst durch seine Förderung des Schützenvereins sowie die Stiftung der Ehrenkette für den Chef Ruhm, blieb Stephanie der Düsseldorfer Bevölkerung vor allem als Fürsprecherin der Armen, Alten und Kranken im Gedächtnis. Als sie nach der Vermählung mit König Don Pedro von Portugal am 2. Mai 1858 für einige Tage nach Düsseldorf zurückkehrte, bildeten die Schützen im Triumphzug vor Schloß Jägerhof, dem Wohnsitz der fürstlichen Familie, das Ehrenspalier. Am 21. Juli 1858 bestimmte eine Urkunde, den 2. Mai für alle Zeiten zu einem Festtag des St.-Sebastianus-Schützenvereins zu erheben. Stephanie hingegen starb bereits am 17. Juli 1859 – zwei Tage nach ihrem 23. Geburtstag – in Lissabon an der Halsbräune.

[87] RP, 1. Jg., Nr. 20, 8. Mai 1946.

[88] StAD IV 3460: Schreiben von Weidenhaupt an Hensel vom 19. Juni; Anträge des St.-Sebastianus-Schützenvereins für die Genehmigung eines Schützenfestes; nicht paginiert.

Auftakt zu den Festtagen bildete hingegen wie gewohnt das Umhertragen der „Goldenen Mösch" am Sonntag, den 14. Juli 1946, dem sich ein öffentliches Platzkonzert auf dem Marktplatz anschloß. Eine Woche später versammelten sich die Vereinsmitglieder nach dem *„altüberlieferten Frühschoppen"* vor dem Rathaus, von dessen Balkon ihnen Oberbürgermeister Arnold wie beim Stephanientag attestierte, *„trotz Not und Sorge zur Neubelebung unserer Stadt"* beizutragen.[89] Die Realisierung der gerade einmal drei Tage währenden Festlichkeiten erforderte erhebliche Improvisationskünste. Die als Festzelt dienende hölzerne Turnhalle auf dem Staufenplatz besaß keine Fenster, und der durch die Stadt führende Festzug wurde in umgefärbten Wehrmachtsuniformen durchgeführt. Der neue Schützenkönig mußte aufgrund des nach wie vor geltenden Waffenverbots erstmals – und wie sich zeigen sollte auch zum einzigen Mal – ausgelost werden.[90] Zu diesem Zweck benannte jede der Schützengesellschaften einen Kandidaten, von denen Jacob Hecker (Gesellschaft König Wilhelm) das Losglück ereilte. Auf mangelnde Absprache deutet hingegen die Absage der geplanten Kirmes hin. Obwohl die Militärregierung bereits im Juni die Genehmigung eines Jahrmarktes verweigert hatte, handelten die Schützen mit mehreren Schaustellern die Bedingungen für deren Erscheinen aus. Doch die Briten ließen sich auf keine Verhandlungen ein.[91]

Trotz all dieser Widrigkeiten fand das Fest eine große Resonanz. „Stabi"[92] und Essen auf Marken hielten die Menschen nicht ab, in Scharen auf den Festplatz zu strömen. Von allen Seiten wurde das Fest als Beweis der Düsseldorfer Lebensfreude gedeutet, dessen Gelingen den *„unbeugsamen Willen zu einer neuen Lebensordnung"*[93] dokumentiere. Die Schützen waren wieder zu einer städtischen Institution geworden.

Nach diesen bescheidenen Anfängen gestalteten sich die Festtage des Vereins in den nächsten Jahren immer *„friedensmäßiger"*[94]. War es im Mai 1947 wieder möglich, erstmals nach acht Jahren den Stephanientag an der weißen Marmorbüste im Hofgarten zu begehen, fand elf Wochen später die erste Kirmes auf dem Staufenplatz statt, zu der sich insgesamt 38 Schausteller einfanden. Nachdem Oberbürgermeister Arnold vor den zum Teil bereits in *„schneeweißen Halskrausen, roten Beinkleidern, bestickten Wämsern und leuchtenden Barett-*

---

[89] RP, 1. Jg., Nr. 39, 13. Juli 1946; Nr. 40, 17. Juli 1946 sowie: Kleinfeld, St. Sebastianus Schützenverein, S. 74.
[90] Dies veranlaßte die „Freiheit" zu der ironischen Anmerkung: *„Da jetzt keine Gewehre mehr benutzt werden dürfen, wird der König auf demokratische Art gewählt werden."* Freiheit, 29. Jg., Nr. 40, 16. Juli 1946. Von 1947 bis 1951 wurde der Schützenkönig mit Pfeil und Armbrust ermittelt. Erst im darauffolgenden Jahr durfte wieder mit Kleinkalibergewehren auf die Platte geschossen werden.
[91] StAD IV 3460: Antrag des St.-Sebastianus-Schützenvereins vom 27. Juni 1946; nicht paginiert; Kleinfeld, St. Sebastianus Schützenverein, S. 74.
[92] Hierbei handelte es sich um ein Dünnbier mit minimalem Alkoholanteil. „Vollbier" gab es erstmals wieder 1949.
[93] RP, 1. Jg., Nr. 44, 31. Juli 1946.
[94] RP, 2. Jg., Nr. 57, 19. Juli 1947.

1 Aufzug der St.-Sebastianus-Schützen auf dem Marktplatz am 21. Juli 1946

federn"[95] angetretenen Schützen abermalig die innere Berechtigung und den tieferen Sinn des Festes, welches Kraft für die Mühen des Alltags spende, herausgestellt hatte, zog der von der Bevölkerung umjubelte Festzug zur Festwiese, wo *„Kettenkarussells, Schiffsschaukeln, Schaubuden, Bierzelte und der traditionelle Staub* [für] *richtige, alte Kirmesstimmung"* sorgten. In dem für 19.200 Reichsmark angemieteten 70 x 12 Meter großen Festzelt war die Stimmung *„wirklich phantastisch! Man fühlte, wie sich die Menge in einer zweifellos etwas forcierten Freude gegen die Not der Tage stemmte. Sie darf es und sie soll es!"* Diese Freude wurde auch von den Schützenverantwortlichen geteilt, die trotz des Diebstahls der Vereinskasse einen Reingewinn von über 13.000 Reichsmark erwirtschafteten, so daß es im allgemeinen Urteil *„nicht einen einzigen Mißklang (gab), der Wert wäre, auch nur mit einer Silbe notiert zu werden."*[96]

1948 hatte die „schreckliche, wiesenlose Zeit"[97] ein Ende. Nachdem die Oberkasseler Brücke Ende Mai für den Verkehr freigegeben worden war, fand das

---

[95] RP, 2. Jg., Nr. 58, 23. Juli 1947. Dort auch die folgenden Zitate.
[96] RP, 2. Jg., Nr. 60, 30. Juli 1947. Zum Reinerlös des Festes (exakt waren es 13603,40 RM) vgl. Kleinfeld, St. Sebastianus Schützenverein, S. 76.
[97] So: Kleinfeld, ebd.

2 Investitur auf dem Marktplatz am 19. Juli 1948. Auf dem historischen Balkon des Rathauses: Oberbürgermeister Gockeln (rechts) und Schützenchef Georg Spickhoff

Schützenfest trotz Hochwassergefährdung wieder „op de angere Sitt" statt. Regelrecht überschattet wurde das Fest durch die einen Monat zuvor durchgeführte Währungsreform, die die finanzielle Planung der Verantwortlichen über Nacht gegenstandslos werden ließ und dafür verantwortlich war, daß die anfängliche Begeisterung der Bevölkerung trotz Rollmöpsen, türkischen Honigs und

3   Die erste Kirmes „op de angere Sitt" 1948

Zuckerwatte rasch nachließ und viele Schausteller dazu veranlaßte, ihre Buden vorzeitig abzubauen: D-Mark waren rar![98]

In den folgenden Jahren nahm das Ausmaß der Festlichkeiten ständig zu. Reichte 1949 noch ein 800 Mark teures Feuerwerk aus, um ein Verkehrschaos zu bewirken, ließen sich die Schützen dieses Spektakel 1952 stattliche 20.000 Mark kosten. Obwohl weiterhin der mit *„schweren Nöten und Sorgen"* verbundene *„Kampf um die wirtschaftliche Existenz"*[99] als primäre Legitimation für das Schützenfest ins Feld geführt wurde, schloß bereits das 1949 gefeierte Fest an die Größenordnung der Vorkriegsveranstaltungen an. Kein Jahr verging, in dem nicht eine neue Sensation auf der Kirmes zu bewundern war. 1950 errichteten die zahlreichen Schausteller eine insgesamt 2,5 km lange Budenstraße, die täglich von über

---

[98] So lautete der lapidare Kommentar in der „Freiheit". Freiheit, 31. Jg., Nr. 42, 23. Juli 1948.
[99] Schützenzeitung. Mitteilungsblatt des St.-Sebastianus-Schützenvereins Düsseldorf 1435 e.V (im Folgenden zitiert als: Schützenzeitung), 1. Jg., Nr. 3, Juli 1949, S. 1. Von Oktober 1952 bis November 1954 hieß das Vereinsorgan „Mitteilungsblatt des St.-Sebastianus-Schützenvereins Düsseldorf 1316, erneuert 1435 e.V.", bis sich im Dezember 1954 die endgültige Gründungsdatierung auf 1316 durchgesetzt hatte.

150.000 Besuchern frequentiert wurde.[100] Der Rummelplatz des Großen Schützen- und Volksfestes, zu dessen herausragenden Attraktionen der 1950 erstmals in Düsseldorf aufgebaute „Rotor", Go-Kart-Bahnen, ein Auto-Luftscooter sowie eine überdimensionale Wasserrutschbahn zählten, beherbergte bereits Anfang der 50er Jahre einen Vergnügungspark, *„der sich mit der Münchner Oktoberfestwiese und dem Hamburger Dom jederzeit messen kann."*[101]

Angesichts der imposanten Entwicklung verwundert es nicht, wenn das Große Schützenfest bald als Düsseldorfer *„Fest der Feste"*[102] galt, ja sogar als *„eigentlich das einzige allgemeine, uneingeschränkte Volksfest des Jahres"*[103]. Im Gegensatz aber zu der Werbeindustrie und den Kommunalpolitikern, die der Bekanntheitsgrad der Veranstaltung mit Stolz erfüllte und die erfreut bemerkten, *„daß wir von einigen Nachbarn darum* [um die Größe des Schützenfestes, F.W.] *beneidet werden"*[104], betrachteten die Schützen die stetig zunehmende Popularität des Festes mit gemischten Gefühlen. Zwar erkannten auch sie, daß sich der Charakter des alljährlichen Festes *„durch das Fortschreiten der Technik, durch die Notwendigkeit, Neues zu bieten und auch durch die Neigung und Sensationslust der Bevölkerung, die daran teilnehmen soll"*, notgedrungen stetig ändere, doch mehrten sich in den 50er Jahren jene Stimmen, die den *„verwöhnten Großstädtern"*[105] nicht weiter nachzugeben gewillt waren.

Analysiert man die in der „Schützenzeitung", der *„Visitenkarte des Vereins"*[106], geäußerten Stellungnahmen der Verantwortlichen zur Gestaltung und Zielsetzung des Schützenfestes, so läßt sich eine im Vergleich zum Festpublikum deutlich unterschiedliche Erwartungshaltung erkennen. Zwar wurden die traditionellen Festzüge, Schießwettbewerbe und Paraden stets von mehreren tausend Menschen begleitet, doch bestand die primäre Motivation der Mehrheit der am Schützenfest Teilnehmenden darin, Freude und Spaß zu haben. Schützenfest: Das bedeutete in erster Linie Vergnügen, Zeitvertreib und Geselligkeit. Nicht die rituelle Ausübung des Brauches, dessen Handlungsabläufe und Symbolik von vielen nicht mehr nachvollzogen werden konnten und wollten, stand im Mittelpunkt des Interesses, sondern die Kirmes mit ihren Fahrgeschäften und Tanzveranstaltungen. Trinken, schunkeln und fröhlich sein, lautete die Devise der Festbesucher, die das reiche Angebot zur Unterhaltung nutzten, um die alltägliche Eintönigkeit für eine kurze Zeit hinter sich zu lassen.

Die regenerative Funktion des Festes wurde auch von den in den Schützenvereinen Aktiven herausgestellt, doch sollte es mehr als nur Zerstreuung bieten. Als *„Demonstration des Schützenwesens"*[107] wiesen die führenden Männer des

---

[100] Vgl. Schützenzeitung, 2. Jg., Nr. 10, Oktober 1950, S. 1.
[101] RP, 5. Jg., Nr. 151, 1. Juli 1950. Ebenso: Wochenspiegel, 5. Jg., Nr. 14, 16.–31. Juli 1952, S. 8.
[102] Schützenzeitung, 4. Jg., Nr. 7, Juli 1952, S. 3.
[103] Schützenzeitung, 4. Jg., Nr. 10, Oktober 1952, S. 5.
[104] So äußerte sich Oberbürgermeister Josef Gockeln am 18. Juli 1949 in seiner Ansprache vom Balkon des Rathauses. Schützenzeitung, 1. Jg., Nr. 4, August 1949, S. 3.
[105] Schützenzeitung, 6. Jg., Nr. 8, August 1954, S. 3. Dort auch das vorhergehende Zitat.
[106] Schützenzeitung, 6. Jg., Nr. 3, März 1954, S. 5.
[107] Schützenzeitung, 5. Jg., Nr. 7, Juli 1953, S. 1.

St.-Sebastianus-Schützenvereins dem Schützenfest die Aufgabe zu, die Bevölkerung *„für die Erfüllung ihrer Pflichten gegenüber Familie, Heimat und Vaterland im christlichen Geiste"*[108] zu stärken. War es die *„eigentliche Zweckbestimmung"* des Schützenwesens, *„die Kameradschaft zu pflegen, den echten Geist der Ordnung und des Bürgersinns wachzuhalten"*[109], wurden die angeblich fehlenden Ideale der Jugend, die nur noch Sinn für *„egoistische Interessen und flachste Amüsements"*[110] habe, als Bedrohung des traditionellen Inhalts des Schützenfestes apostrophiert. Immer wieder beklagte man *„die Gefahren der Großstadt mit ihrer nüchternen Einstellung, mit ihrem rastlosen Treiben"*[111] und machte den ständig steigenden Lebensstandard, der viele Bequemlichkeiten gestatte, deren die Vorväter entbehren mußten, für den Verlust des ehemals vorhandenen Traditionsbewußtseins verantwortlich.[112] Gemäß des Schützenmottos: *„Ordnung und Bürgersinn führen uns zum Ziele hin"* wurde das Große Volksfest in Verkennung der tatsächlichen Bedürfnisse der Besucher als erzieherische Maßnahme begriffen, welche den Bürgern die wirklichen Tugenden vor Augen führen und deren vermeintlich heillosem Egoismus Einhalt gebieten sollte:

> *„Brauchtumspflege nach alter Väter Sitte bringt die Menschen näher in der hastenden und mit überreicher Arbeit erfüllten Zeit. Es ist ein Glück, daß solche Feste eingeschaltet sind, die dem Bürger wieder Gelegenheit zur Selbstbesinnung geben und alte Erinnerungen aufleben lassen, die wohltuend wirken."*[113]

Um die Festbesucher von der Bedeutungsschwere des heimatlichen Brauchtums zu überzeugen, wurde von den Schützenbrüdern *„äußerste Disziplin, tadelloses Auftreten und strikte Befolgung der von den Offizieren gegebenen Anweisungen"*[114] erwartet. Hatte man den aufgrund des allgemeinen Kleidungsmangels in den ersten Jahren vorhandenen *„starken zivilen Einschlag in unseren Aufmärschen"*[115] notgedrungen noch gebilligt, mußten diejenigen, die sich Mitte der 50er Jahre mit unkorrekten oder nicht angelegten Uniformen, den *„Markenartikeln"*[116] des Schützenfestes, blicken ließen, mit scharfen Zurechtweisungen und sogar Vereinsausschluß rechnen.

---

[108] Schützenzeitung, 2. Jg., Nr. 2, Februar 1950, S. 4.
[109] Schützenzeitung, 2. Jg., Nr. 9, September 1950, S. 1.
[110] Schützenzeitung, 7. Jg., Nr. 7, Juli 1955, S. 6.
[111] Schützenzeitung, 2. Jg., Nr. 7, Juli 1950, S. 1.
[112] Vgl. Schützenzeitung, 6. Jg., Nr. 1, Januar 1954, S. 1.
[113] Schützenzeitung, 6. Jg., Nr. 7, Juli 1954, S. 1.
[114] So lautete der Aufruf des seit 1951 als Oberst fungierenden und somit für die Festzüge verantwortlichen Jean Keulertz, dessen Wortlaut sich in den folgenden Jahren nicht änderte. Schützenzeitung, 3. Jg., Nr. 7, Juli 1951, S. 1.
[115] Dieser müsse jetzt – 1952 – *„endlich überwunden sein"*. Schützenzeitung, 4. Jg., Nr. 7, Juli 1952, S. 3.
[116] Schützenzeitung, 7. Jg., Nr. 7, Juli 1955, S. 4.

Zur Einschwörung auf die „wahren" Schützenideale dienten das Titularfest, der Stephanien-Gedenktag und diverse Schützenjubiläen, zu deren Anlaß die Gesellschaften weitgehend unter sich blieben. Dort mahnten die jeweiligen Chefs und Oberste zur Treue und Pflichterfüllung gegenüber den alten Überlieferungen und glorifizierten das uralte Schützenbrauchtum, ohne das „*dem Nihilismus Tür und Tor geöffnet*"[117] werde.

Wie sich jedoch zeigte, hatte nicht nur das Interesse der Bevölkerung an den traditionellen Bestandteilen der Schützenfeste nachgelassen. Auch die Mitglieder der Vereine nahmen die von ihnen eingeforderten Pflichten keineswegs so ernst, wie es manche offizielle Verlautbarungen erwarten ließen. Nicht selten mußten die Hauptleute der jeweiligen Gesellschaften dazu angehalten werden, ihre Kameraden aufzufordern, „*nicht nur am Stammtisch oder in feuchter Zecherrunde ihr Bekenntnis zur Schützensache lauthals abzulegen*"[118]. In der Bilanz des parallel zum Schützenfest stattfindenden 2. Niederrheinischen Schützentreffens im Jahre 1953, das den Schützen die willkommene Gelegenheit bieten sollte, „*das Gewicht ihrer Zahl und die Durchschlagskraft ihrer Argumente im öffentlichen Leben zur Geltung [zu] bringen*"[119], mußte Chef Paul Klees enttäuscht feststellen, daß die Schützen „*in ihrer Masse **nicht** erkannt (haben), welche Bedeutung es* [das Niederrheinische Schützentreffen, F.W.] *für ihr Ansehen erlangen konnte. (...). Der heilige Geist vermochte (..) weniger zu locken als der Weingeist, der die umliegenden Gaststätten mehr füllte als den Maxplatz*"[120].

Wie die Majorität der Düsseldorfer, nahm auch eine nicht geringe Anzahl der Schützen die Festtage zum Anlaß, etwaig vernachlässigte Kontakte aufzufrischen und die Begrenzungen des sonstigen Lebens verfließen zu lassen. Auch sie ließen sich im Festtrubel von der allgemeinen Ausgelassenheit mitreißen und suchten nach Ausgleich zum Arbeitsalltag.

Zur Wiederbelebung der Begeisterung für die Schützensache sah sich der Vereinsvorstand in eine mißliche Situation versetzt. Einerseits bedauerte man den verloren gegangenen Zauber früherer Feste, der technischem Raffinement gewichen sei, und beharrte unverdrossen auf der Verpflichtung, die historisch gewachsenen Sitten und Gebräuche der Väter vor Geschäftsrummel und Profithascherei zu schützen. Andererseits war man gezwungen, wenigstens teilweise dem Publikumsgeschmack nachzugeben, sollte der Bestand des Vereins nicht ernsthaft gefährdet werden. Denn obwohl der St.-Sebastianus-Schützenverein Düsseldorf auch Mitte der 50er Jahre den mitgliederstärksten Bürgerverein in der Stadt darstellte, hatten sich schon seit längerer Zeit erhebliche Nachwuchsprobleme bemerkbar gemacht. Entgegen der Behauptung der „Rheinischen Post", daß die Jugend in den Reihen der Schützenzüge „*zahlreich vertreten*" sei[121], waren von

---
[117] Dieses Zitat ist der Ansprache des Schützenchefs Paul Klees zum Stephanientag 1955 entnommen. Schützenzeitung, 7. Jg., Nr. 6, Juni 1955, S. 4.
[118] Schützenzeitung, 4. Jg., Nr. 6, Juni 1952, S. 2.
[119] Schützenzeitung, 5. Jg., Nr. 7, Juli 1953, S. 7.
[120] Schützenzeitung, 5. Jg., Nr. 9, September 1953, S. 2 (Hervorhebung im Original).
[121] RP, 4. Jg., Nr. 84, 18. Juli 1949.

den insgesamt 1.275 Mitgliedern im Jahre 1949 nur 155 jünger als vierzig, 126 zwischen zwanzig und dreißig Jahren alt und gerade einmal 30 jünger als zwanzig Jahre. Dies entsprach nicht einmal einem Viertel der Mitglieder, die zu über 50% älter als fünfzig Jahre alt waren.[122] Dieser Zustand veränderte sich in den folgenden Jahren nur marginal. Zwar konnte der Verein bis zum Jahr 1953 einen leichten Zuwachs verzeichnen, doch lag das Durchschnittsalter der mittlerweile 1.488 zählenden Mitglieder noch immer bei fünfzig Jahren.[123] Die zahlreichen Werbekampagnen zur Gewinnung der Jugend, in denen beschrieben wurde, *„wie schön es in unseren Kompanien ist, wie wir zusammenstehen in echter Kameradschaft"*[124], hatten nicht gefruchtet.

Das Bemühen, jugendliche Mitglieder zum Eintritt in den Schützenverein zu bewegen, war jedoch nicht selbstverständlich mit einer internen Verjüngungskur verbunden. Obgleich § 10 der Vereinssatzung vorsah, daß jährlich die sechs ältesten Angehörigen des 18köpfigen Vorstands ausschieden, um eine Überalterung zu verhindern, war es – ebenfalls satzungsmäßig – möglich, diese sechs Mitglieder wiederzuwählen. Dieser unbefriedigende Zustand wurde durch die gehandhabte Praxis konserviert, daß die Angehörigen des Vorstandes in der Regel vom Chef vorgeschlagen und per Akklamation gewählt wurden. Als die Generalversammlung im Jahre 1951 eine Satzungsänderung beantragte, nach der in Zukunft nur noch Mitglieder in den Vorstand gewählt werden dürften, deren Alter zwischen vierzig und fünfzig Jahren liege, mußte Chef Paul Klees Farbe bekennen und wies darauf hin, *„daß eine Verjüngung des Vorstandes sicherlich in aller Interesse liege, daß man aber auch berücksichtigen müsse, daß für diese wichtigen Posten nur Männer gewählt werden könnten, die nicht nur über die notwendige Vereins- und Lebenserfahrung verfügten, sondern die es sich auch zeitlich und wirtschaftlich erlauben könnten, den Posten auszufüllen."*[125] Als Mitglieder für den Vorstand kamen nur Rentner und Begüterte in Frage!

Da die Verjüngung des Vereins weder durch externen Zulauf noch durch interne Satzungsänderungen zu bewerkstelligen war und sogar blockiert wurde, mußte der Vorstand sich nach anderen Möglichkeiten umschauen, um sowohl die beanspruchte Vormachtstellung im heimatlichen Brauchtum als auch die viel beschworene „Reinheit" und Ursprünglichkeit des Schützenfestes zu bewahren. Georg Spickhoff war einer der ersten, die sich gezielt um die Integration der Heimatvertriebenen in das heimatliche Brauchtum und insbesondere den St.-Sebastianus-Schützenverein bemühten. Da die *„aus allen Gauen Deutschlands"*

---

[122] Vgl. Schützenzeitung, 1. Jg., Nr. 8, Dezember 1949, S. 6. Bereits 1947, also zwei Jahre vor Bekanntwerden dieser Zahlen, begannen die Schützen, sich ernsthaft Sorgen um den Nachwuchs zu machen. Ein im Auftrag des Vereins in der „Rheinischen Post" abgedruckter Appell enthielt unter anderem den folgenden Satz: *„Die Heimatstadt Düsseldorf ruft in bitterernster Zeit ihre Bürger, liebes, ererbtes Vätergut, das in Vergessenheit zu versinken droht, zu retten und zu erhalten."* RP, 2. Jg., Nr. 36, 7. Mai 1947.
[123] Vgl. Schützenzeitung, 5. Jg., Nr. 12, Dezember 1953, S. 5.
[124] Schützenzeitung, 3. Jg., Nr. 3, März 1951, S. 2.
[125] Schützenzeitung, 3. Jg., Nr. 11, November 1951, S. 1.

Vertriebenen trotz der Liebe zu ihrer alten Heimat glaubwürdig bekundeten, *"in unserer Vaterstadt eine neue zu finden hoffen"*, läge nichts näher, als sie für das Düsseldorfer Brauchtum zu begeistern und mit ihnen gemeinsam *"unserer rastlosen Zeit wieder etwas Seele zu geben."*[126] Spickhoffs Vorschlag stieß auf ein geteiltes Echo. Die große Anzahl der Flüchtlinge in der Stadt wurde nicht nur als Chance begriffen. Zwar waren sich alle Verantwortlichen darin einig, daß das Wirken der Vertriebenen und der Heimatvereine sehr viele Gemeinsamkeiten aufweise. Beide Gruppen trachteten danach, die sich im Begriff „Heimat" artikulierenden Wertvorstellungen und Traditionen vor modernen Auflösungserscheinungen zu schützen. Sowohl Schützen als auch Landsmannschaften setzten sich für die Erhaltung überlieferter Bräuche ein, pflegten die heimatliche Mundart und achteten auf historische Kleidung. Gemeinsam war auch der hohe Stellenwert der heimischen Feste, die nach „alter Väter Sitte" begangen wurden. Insbesondere aber der Anfang der 50er Jahre weiterhin sehr angespannte Wohnungsmarkt sowie die vermeintlich unterschiedlichen Lebensgewohnheiten ließen viele Düsseldorfer die Flüchtlinge als zusätzliche Belastung empfinden.[127]

Dieser Zwiespalt spiegelte sich auch im St.-Sebastianus-Schützenverein wider. Obwohl jeder wisse, *„daß sie* [die Vertriebenen, F.W.] *sich bei uns einleben möchten, daß sie nicht Außenseiter sein und bleiben wollen"*, und es deshalb *„schon allein eine rein menschliche Forderung unseren Volksgenossen gegenüber* [sei], *wenn unsere Schützenkameraden sich ihrer annehmen und ihnen den Weg ebnen sollen, sich bei uns am Rhein und an der Düssel wirklich zu Hause zu fühlen"*[128], wäre es ihnen nie vergönnt, Düsseldorf so zu lieben, *„wie wir Schützen, die unsere Eltern und Ahnen hier zu Grabe betteten, die wir hier mit unserem Herzblut den Boden tränkten, als die Bomben über Frauen und Kinder, Verwandte und Freunde herabprasselten. Blut ist ein ganz besonderer Saft und der Boden, den unsere Lieben damit tränken mußten, ist uns tief in der Seele verankert."*[129]

Trotz dieser Zweifel entwickelte sich ein reger Kontakt zwischen den federführenden Schützen und den Vertretern der Vertriebenenverbände, der sich vor allem auf das äußere Bild der Schützenfestlichkeiten auswirkte. So war es ab 1953 üblich, einzelne Repräsentanten der Vertriebenen zum Titularfest und Stephanien-Gedenktag einzuladen, um ihnen immer und immer wieder zu versichern, daß sie inmitten der Schützen herzlich willkommen seien und es das gemeinsame

---

[126] Aus der Dankansprache Georg Spickhoffs am 13. Oktober 1950 anläßlich seiner Ernennung zum ersten Ehrenmitglied und Ehrenchef des Vereins. Schützenzeitung, 2. Jg., Nr. 11, November 1950, S. 1.

[127] So wiesen beispielsweise die „Jan-Wellem-Heimatblätter" den Heimatvereinen die Aufgabe zu, *„ den Kitt* [zu] *bilden, um all das Fremdartige zusammenzufassen"*, und attestierten den Volksfesten, die besten Gelegenheiten *„des Sichkennenlernens"* zu sein, beobachteten aber mit Sorge, daß es den Flüchtlingen allgemeinhin besser gehe als vielen evakuierten Düsseldorfern. Heimatblätter, 14. Jg., Nr. 59, Juni 1951, S. 1/2. In gleichem Sinne äußerte sich 1953 auch Bürgermeister Georg Glock anläßlich der Weihe der neuen Vereinsfahne der „Alde Düsseldorfer". Vgl. RP, 8. Jg., Nr. 124, 1. Juni 1953.

[128] Schützenzeitung, 3. Jg., Nr. 3, März 1951, S. 2.

[129] Schützenzeitung, 6. Jg., Nr. 7, Juli 1954, S. 3.

4 Schützenfest 1953: In alter Pracht und Herrlichkeit durch die Bolkerstraße

Ziel sein müsse, „*ganz Deutschland wieder in Frieden und Freiheit zusammenzuführen.*"[130] Als Ausgleich bejubelten die Flüchtlinge die Festzüge mit derartigem Enthusiasmus, „*als ob es sich um brandenburgisches, schlesisches oder ost-*

---

[130] Schützenzeitung, 5. Jg., Nr. 8, August 1953, S. 9. Ebenso: Schützenzeitung, 5. Jg., Nr. 2, Februar 1952, S. 2.

preußisches Brauchtum handelte."[131] Viele Vertriebene stellten den Antrag, als Mitglied in die Schützenvereine aufgenommen zu werden. Die Institution des Schützenfestes, um dessen traditionellen Bestand die Schützen noch vor wenigen Jahren ernsthaft glaubten, bangen zu müssen, war Mitte der 50er Jahre unangefochtener denn je. Während es den Schützen über die Einbeziehung der Vertriebenen gelungen war, die brauchtümlichen Aspekte des Festes wieder stärker herauszustellen, stellten die Ostdeutschen durch die rege Teilnahme an den Schützenfesten sichtbar unter Beweis, daß sie *„den rechten Anschluß an die neue Heimatstadt gefunden haben."*[132]

Dieser Befund darf jedoch nicht darüber hinwegtäuschen, daß die Festtage der Schützen und vor allem das Große Düsseldorfer Schützen- und Volksfest zwischen 1946 und 1955 enormen Veränderungsprozessen unterworfen waren.
In den ersten Jahren nach dem Krieg, als die Umstände eigentlich keine rauschenden Festlichkeiten gestatteten, stellte das Schützenfest nahezu die einzige Möglichkeit dar, das Elend des Alltags für eine kurze Weile zu verdrängen. Gerade die zwischen 1946 und 1948 abgehaltenen Veranstaltungen legen ein beredtes Zeugnis darüber ab, wie sehr sich die Bevölkerung nach einer Abwechslung sehnte. Obwohl längst noch nicht alles so war, *„wie in alten, seligen Zeiten"*[133], bildeten die Schützenfeste einen festen Halt, der die Zukunft ein wenig hoffnungsvoller erscheinen ließ. Seine soziale Bedeutung erhielt das Fest aber auch durch den Bezug auf die Vergangenheit. Im Gegensatz zum Alltagsleben vollzog sich der Ablauf des Festes in gewohnter Weise. Ungeachtet aller Schwierigkeiten und Hindernisse knüpften die Schützen an die Traditionen vergangener Feste an, trugen die „Goldene Mösch" umher, versammelten sich vor dem Rathaus, organisierten einen Festzug und stellten mit viel Improvisationskunst eine Kirmes auf die Beine, deren Atmosphäre trotz des Mangels an die *„geräuschvolle Herrlichkeit"* jener Tage erinnerte, *„über denen das Licht einer unbekümmerten sorglosen Jugend stand."*[134]
Schneller als geahnt wurde diese „geräuschvolle Herrlichkeit" wieder zur Gegenwart. Der rasche Aufschwung Düsseldorfs zu Beginn der 50er Jahre, der – wie in anderen Städten – mit einer ungehemmten Konsum- und Vergnügungslust einherging, veränderte auch die Form und den Stellenwert des Schützenfestes. Bereits im Jahre 1950 stellten die Organisatoren fest, daß das große Volksfest ob der vielfältigen Angebote der großstädtischen Unterhaltungsindustrie *„in unserer heutigen Zeit nicht mehr so revolutionierend auf den Jahresablauf (..) einwirken"*[135] könne wie in früheren Zeiten. Um die Anziehungskraft der Veranstaltung behaupten zu können, bemühten sich die Verantwortlichen, die Konkurrenz zu

---

[131] RP, 8. Jg., Nr. 153, 6. Juli 1953.
[132] RP, 10. Jg., Nr. 169, 25. Juli 1955.
[133] RP, 3. Jg., Nr. 79, 25. August 1948. Die zitierte Schilderung bezieht sich auf das Schützenfest in Heerdt.
[134] RP, 2. Jg., Nr. 63, 9. August 1947. Diese Sentenz ist einer Berichterstattung über das Schützenfest in Oberbilk entnommen.
[135] Schützenzeitung, 2. Jg., Nr. 7, Juli 1950, S. 1.

5 Kirmes 1953: Lichterglanz und Massenspektakel

überbieten, und lockten die Besucher mit nicht gesehenen Sensationen und immer waghalsigeren Fahrgeschäften. Für eine Woche verwandelten sich die Oberkasseler Wiesen in eine kleine Stadt, wo man essen, trinken, tanzen und allerlei Attraktionen bewundern konnte. Die Kirmes wurde zum Massenspektakel.

In dem Maße aber, wie die Kirmes innerhalb weniger Jahre zu einem der größten Jahrmärkte Deutschlands heranwuchs, dessen Bekanntheitsgrad weit über die Stadt hinausragte, geriet der eigentliche Anlaß des Schützenfestes zur Nebensache und drohte, überflüssig zu werden. Nicht mehr der historische Festzug, sondern das immer gigantischere Formen einnehmende Feuerwerk stand im Brennpunkt des Interesses. Die altvertrauten, rituellen Charakter besitzenden Zeremonien der Schützen, die der städtischen Bürgerschaft noch wenige Jahre zuvor ein Gefühl der Zusammengehörigkeit vermittelt hatten, büßten ihre unmittelbare Bindekraft fortwährend ein und wurden nur noch von einer Minderheit als wichtig erachtet.

Angesichts dieser Erosion des überlieferten Brauchtums nahmen die Schützen und vor allem deren Wortführer eine zunehmend feindlichere Haltung gegenüber der „modernen" Welt ein. Das stete Bemühen, die alten Traditionen und vermeintlich allzeit gültige Ideale wachzuhalten, verleitete die maßgeblichen Personen des Vereins dazu, Wandel als Niedergang darzustellen. Zwar bekannte man sich zur demokratischen Staatsform, doch wurden die Anknüpfungspunkte für die Zukunft immer öfter in der Vergangenheit gesucht. Die Erinnerung an bessere Zeiten schloß stets die Kritik an den Zuständen der Gegenwart mit ein und führte nicht zuletzt zu einer Verdrängung und Verharmlosung der jüngsten Vergangenheit, zu der die Schützen nicht unbedingt in Gegnerschaft standen.

Wie genau sich die Schützen mit ihrer Tätigkeit während der Zeit des Nationalsozialismus auseinandersetzten, soll anhand eines biographischen Abrisses über Georg Spickhoff aufgezeigt werden, der wie kein anderer die Geschicke des Vereins in der frühen Nachkriegszeit geprägt hat.

1.1. Der Schützenvater Georg Spickhoff und der Umgang mit der Vergangenheit

„Wem wir die Treue geschworen
haben, dem halten wir sie!"[136]

> *„Aus der niederrheinischen Erde stieg er empor, und ihr diente und dient er als einer ihrer Besten. (...). Nie ist er in seinem langen Leben müde geworden, zu sinnen, zu forschen und zu begreifen; seine Liebe zu allem, was das schöne Wort Heimat in sich sammelt, ist seine verehrungswürdige Tugend. Er ist der aufrechte Streiter, der Ritter ohne Furcht und Tadel, der Rufer und Prediger."*[137]:

Georg Spickhoff war bereits zu Lebzeiten eine Legende. Als er am 13. Juli 1959, vier Tage nach seinem Tod, auf dem Südfriedhof bestattet wurde, trugen die Sargträger folglich nur die sterblichen Reste jenes Mannes zu Grabe, der Zeit seines Lebens im Rampenlicht der Öffentlichkeit gestanden hatte und zur Leitfigur des Düsseldorfer Brauchtums geworden war.[138]

Einer alteingesessenen Juristenfamilie entstammend, wurde Georg Spickhoff am 20. Februar 1872 in der Karlstadt, Ecke Bastion- und Bilker Straße geboren. Nach

---

[136] Aus einem Artikel Georg Spickhoffs zur Geschichte der Stephanienverehrung am Vorabend des Stephanien-Gedenktages 1951. RP, 6. Jg., Nr. 101, 1. Mai 1951.

[137] Paul Kauhausen, „Wer die Heimat liebt wie du..." (Lobeshymne auf Georg Spickhoff anläßlich seines 75. Geburtstages), in: RP, 2. Jg., Nr. 14, 19. Februar 1947.

[138] Auf eine ausführliche Biographie Spickhoffs muß aus Gründen der thematischen Beschränkung verzichtet werden. Weitere Informationen zum Werdegang Georg Spickhoffs finden sich vor allem in: Paul Kauhausen, Georg Spickhoff, in: Das Tor, 15. Jg., Nr. 23, September 1949, S. 57-62; die Nachrufe auf Spickhoff in: Schützenzeitung, 11. Jg., Nr. 8, August 1959, S. 243-245 und: Das Tor, 25. Jg., Nr. 8, August 1959, S. 144/45. Ferner: Fritz Dross, Zum Rothen Ochsen auf der Citadelle. Geschichte eines Hauses, seiner Menschen und ihrer Umgebung, Magisterarbeit an der Heinrich-Heine-Universität Düsseldorf, Düsseldorf 1994, S. 110-113.

dem Abitur schlug er – nachdem er das Jurastudium aufgrund des Todes seines Vaters nicht aufnehmen konnte – die Lehrerlaufbahn ein, die er als Rektor der katholischen Volksschulen an der Martin- und der Neußer Straße beendete.

Enge Beziehungen zum Kirchenvorstand der Pfarre St. Maximilian führten ihn zur Zentrumspartei, für die er von 1924 bis 1933 ein Mandat im Stadtrat einnahm. Zahlreiche Mitgliedschaften in diversen Ausschüssen, Kuratorien und Verwaltungsräten bezeugen sein politisches Gewicht sowie sein Talent, sich unentbehrlich zu machen.

Reichten allein seine Aktivitäten im kirchen- und kommunalpolitischen Bereich aus, um eine längere Erwähnung in der Düsseldorfer Stadtgeschichte zu rechtfertigen, rührt Spickhoffs eigentliche Popularität von seiner jahrzehntelang ausgeübten Tätigkeit in nahezu allen Heimatvereinen der Stadt her. Davon überzeugt, *„daß echter Bürgersinn nicht im luftleeren Raum gedeiht, sondern sich der Wurzeln des eigenen Wesens bewußt sein muß"*[139], begann der Karlstädter etwa um 1910 damit, die Heimatgeschichte Düsseldorfs systematisch aufzuarbeiten und seine Erkenntnisse in Vorträgen, Artikeln und Schriften zu publizieren.[140] Doch Spickhoff beschränkte sich nicht auf seine Aktivität als Heimatschriftsteller. Als Mitglied der Künstlervereinigung „Düsseldorfer Malkasten e.V." konnte er ob seiner vielfältigen Kontakte Ende der 20er Jahre den Abriß des Jacobi-Hauses verhindern, trat dem Düsseldorfer Geschichtsverein bei, für den er noch in den Bombennächten des Zweiten Weltkrieges „von Zeit zu Zeit (..) einige in Düsseldorf verbliebene Mitglieder zu Stadtspaziergängen und Besichtigungen" zusammenholte[141], und setzte sich *„mit sittlichem Ernst"*[142] und in seiner Funktion als Kassenrevisor des Karnevalsausschusses für die „Reinheit und Zotenfreiheit" des Düsseldorfer Karnevals ein. 1920 gehörte er zu den Gründungsmitgliedern der Bürgervereinigung „Alde Düsseldorfer", deren Vorsitz er ab 1929 übernahm.

Seine besondere Liebe galt aber den Düsseldorfer Schützen. Bereits 1879 war Spickhoff erstmals als Page im Schützenzug der St.-Sebastianer mitmarschiert,[143] dessen „König-Friedrich-Kompanie" er 1924 offiziell beitrat. Schon bald wurde er in den Vorstand des Vereins gewählt und übernahm 1933 die Position des stellvertretenden Schützenchefs unter Albert Kanehl.

Obwohl er 1933 im Zuge der Selbstauflösung der Zentrumspartei gezwungen wurde, sein Mandat niederzulegen, bildete das Jahr der nationalsozialistischen

---

[139] Das Tor, 25. Jg., Nr. 8, August 1959, S. 145.
[140] Von den sicherlich einige Hundert zählenden Veröffentlichungen seien als Beispiele genannt: Stephanie, Prinzessin von Hohenzollern, in: Das Tor, 3. Jg., Nr. 9, September 1934, S. 180–197; 500 Jahre St.-Sebastianus-Schützenverein Düsseldorf 1435–1935, in: Düsseldorfer Schützenzeitung, 12. Jg., Nr. 136, Juli 1935, S. 5–40 sowie: Aus der Geschichte des Düsseldorfer Karnevals, Düsseldorf 1938.
[141] Düsseldorfer Jahrbuch. Beiträge zur Geschichte des Niederrheins, hrsg. vom Düsseldorfer Geschichtsverein, Bd. 49, Düsseldorf 1959, S. XXVII.
[142] Kauhausen, Georg Spickhoff, S. 60.
[143] Vgl. Schützenzeitung, 4. Jg., Nr. 3, März 1952, S. 2.

Machtusurpation keineswegs einen gravierenden Einschnitt im Leben Spickhoffs. Schnell wußte er sich der veränderten politischen Situation anzupassen und wurde – obwohl kein Parteimitglied – von den neuen Machthabern voll akzeptiert. Rasch glich er sein Vokabular dem neuen Zeitgeist an, pries die lebendige *„völkische Sitte"* des uralten Brauchtums und gelobte vier Jahre vor Ausbruch des Krieges für den Schützenverein, *„dem Ruf des Führers unseres deutschen Volkes"* zu folgen sowie auch *„weiterhin seine [des Vereins, F.W.] ganze Kraft in den Dienst des Gemeinschaftsgedankens [zu] stellen und der Jungbrunnen [zu] bleiben für deutsche Männer, die bereit sind zu leben und zu sterben für Heimat und Vaterland."*[144]

Zwar war Spickhoff bei weitem kein so überzeugter Nationalsozialist wie Albert Kanehl, der im September 1933 mit der Ernennung zum „Gebietsschützenführer aller Schützenvereine Groß-Düsseldorfs" durch die Kreisleitung der NSDAP seine zweite Beförderung innerhalb eines Jahres erlebte, doch erwies er sich als treuer Gehilfe seines langjährigen, wie er in den Heimatvereinen überaus aktiven Freundes. Nachdem die Vereinsstatuten 1933 im Zuge der Gleichschaltungsmaßnahmen das Führerprinzip übernommen hatten, war es Spickhoffs „Verdienst", „der es verstanden hatte, dank seiner ,begeisternden Überzeugungskraft' die Mitglieder mitzureißen, wie Chef Kanehl in seinen anschließenden Dankesworten anmerkte", daß drei Jahre später die Einführung der Einheitssatzung des „Nationalsozialistischen Reichsbundes für Leibesübungen" (NSRL), dem alle schießsporttreibenden Vereine angehören mußten, kommentarlos angenommen wurde.[145]

Der Heimatforscher, der sich stets dafür eingesetzt hatte, die Traditionen des Schützenvereins und seiner Festtage vor modernen Einflüssen zu bewahren, protestierte auch nicht, als Kanehl 1937 – zwei Jahre nach der mit großem Aufwand begangenen 500-Jahrfeier der St.-Sebastianer – das Titularfest mit der Begründung, man müsse auch den Mut haben, althergebrachte Formen zu ändern (!), kurzerhand ausfallen ließ.[146] Im Gegensatz zu den Schützenbruderschaften aus Kaiserswerth und Rath, die sich dem Anpassungsdruck der Nationalsozialisten widersetzten und aus diesem Grunde verboten wurden, sprachen sich Spickhoff und Kanehl für die örtliche Überwachung der Vereine durch die Partei aus, stellten die für jeden Schützen als *„Ehrenpflicht"*[147] zu betrachtende Teilnahme am Festgottesdienst zum Stephanien-Gedenktag ab 1937 frei und duldeten schließlich am 22. Mai 1938 die Abschaffung des seit mehr als einem halben Jahrtausend bestehenden Bruderschaftsnamens. Der St.-Sebastianus-Schützenverein wurde in „Düsseldorfer Schützenverein von 1435 e.V." umbenannt, wozu Albert Kanehl parteiergeben bemerkte: *„Es kann keinen Raum mehr geben für Dinge, die außerhalb unserer Linie liegen, wie es bei dem Namen St. Sebastianus ohne Zweifel der Fall ist."*[148]

---

[144] Spickhoff, 500 Jahre St.-Sebastianus-Schützenverein Düsseldorf, S. 40.
[145] Vgl. Kleinfeld, St. Sebastianus Schützenverein, S. 65 und 68 (Zitat: S. 68).
[146] Vgl. ebd., S. 65.
[147] So lautete die Einschätzung von Paul Klees im Jahre 1949. Schützenzeitung, 1. Jg., Nr. 1, Mai 1949, S. 1.
[148] Zit. nach: Kleinfeld, St. Sebastianus Schützenverein, S. 66.

6   Der „Schützenvater"
    Georg Spickhoff
    (Aufnahme um 1952)

Spickhoffs durchaus als linientreu zu bezeichnende Haltung erwies sich auch im Zuge der Bestrebungen des nationalsozialistischen Kreisleiters, Werner Keyßner, im Jahre 1934 die beiden konkurrierenden Heimatvereine „Alde Düsseldorfer" und „Düsseldorfer Jonges" zwecks Bildung einer gemeinsamen Heimatbewegung zu verschmelzen. Im Gegensatz nämlich zu den „Jonges", die sich während der ersten Jahre „offenbar zunächst blind gegenüber den tatsächlich negativen, brutalen und für die Zukunft so gefährlichen Zielen des Nationalsozialismus (..) mit Begeisterung den groß propagierten Ideen von Heimatliebe, Volkstum und Bodenverbundenheit" anschlossen[149] und sich lautstark für eine Vereinigung der beiden Vereine aussprachen, lehnte die Mehrheit der „Alde" die Fusion ab, um ihre Selbständigkeit nicht einzubüßen und nicht zu einem willenlosen Instrument

---

[149] Hugo Weidenhaupt, Die Geschichte des Heimatvereins „Düsseldorfer Jonges" bis zum Amtsantritt des Präsidenten Hermann H. Raths (1963), in: 60 Jahre Heimatverein Düsseldorfer Jonges. Tradition – Brauchtum – Weltoffenheit, hrsg. von der Stadtsparkasse Düsseldorf, Düsseldorf 1992, S. 7–23, hier: S. 11.

der Partei herabzusinken. Dank der Autorität des in seiner Funktion als Vorsitzender der „Alde" tätigen Georg Spickhoff wurde der Zusammenschluß der beiden Vereine auf einer Versammlung der beiden Führerräte am 24. April 1934 zwar entschieden,[150] aber schon am 16. November des gleichen Jahres mißbilligten die Mitglieder der „Alde Düsseldorfer" in einer geheimen Abstimmung den Beschluß und erwirkten die Auflösung der „Heimatbewegung Düsseldorfer Jonges – Alde Düsseldorfer e.V."[151] Diese, als Niederlage für die NSDAP zu interpretierende *Zersplitterung der Kräfte* wurde von Spickhoff im „Tor" heftig kritisiert und veranlaßte ihn, die Mitgliedschaft bei den „Alde" aufzukündigen und – als 62jähriger – in den Vorstand der „Düsseldorfer Jonges" zu wechseln.[152]

Wie bei den Schützen konnte Georg Spickhoff, dessen *„lauterer Charakter"* und *„tiefe Bescheidenheit"*[153] von seinen Freunden stets als leuchtendes Beispiel hervorgehoben worden war, auch bei den „Alde Düsseldorfer" seine selbstgesteckten, auf Treue und Kameradschaft basierenden Ideale nicht unter Beweis stellen. Ohne jemals ein glühender Nationalsozialist gewesen zu sein, glaubte er, um den Bestand des Schützenvereins zu sichern, zu einem Liebesdiener der nationalsozialistischen Gewaltherrschaft werden zu müssen.

Von der Verstrickung zahlreicher Heimatvereine und ihrer Repräsentanten war jedoch bereits 1945 nicht mehr die Rede. Kein anderer als der auf Wunsch des zwangsweise scheidenden Schützenchefs Albert Kanehl zum kommissarischen Chef ernannte Georg Spickhoff bemühte sich nur wenige Monate nach Kriegsende um die Wiederzulassung des St.-Sebastianus-Schützenvereins. Wie geschickt er es auch jetzt verstand, sich der gegebenen politischen Situation anzupassen, beweist der Inhalt seines bereits erwähnten Schreibens an die Militärregierung.[154] Dort wies er nämlich nicht nur auf das lange Bestehen des Vereins hin, sondern betonte zudem, daß sich die Schützen zur Wahrung ihrer Existenz dem NSRL hätten anschließen müssen und zudem wiederholt vom Gebietsschützenführer gerügt worden seien, sie ließen den nationalsozialistischen Geist vermissen.[155] Dabei verschwieg er, daß niemand anderes als er selbst sich für die Übernahme der Statuten des NSRL eingesetzt hatte und der „Gebietsschützenführer" identisch war mit Albert Kanehl, dem Schützenchef und persönlichen Freund.

Bezugnehmend auf dieses Schreiben baten auch die anderen Düsseldorfer Schützenvereine im Verlauf des Jahres 1946 um ihre Wiederzulassung. Auch sie stellten den Druck des „Gebietsschützenführers" heraus, wiesen auf die innere Distanzierung der Schützen vom *„gehaßten Nazizwang"* hin und äußerten die

---

[150] Vgl. Das Tor, 3. Jg., Nr. 12, Dezember 1934, S. 270.
[151] Vgl. Weidenhaupt, Geschichte des Heimatvereins „Düsseldorfer Jonges" bis zum Amtsantritt des Präsidenten Hermann H. Raths, S. 13.
[152] Vgl. Das Tor, 3. Jg., Nr. 12, Dezember 1934, S. 270–275 (Zitat: S. 272).
[153] Schützenzeitung, 4. Jg., Nr. 2, Februar 1952, S. 4.
[154] Siehe Kap. III. 1.
[155] Vgl. Kleinfeld, St. Sebastianus Schützenverein, S. 72.

Zuversicht, „*auf der Jahrhunderte bewährten demokratischen Grundlage*" das Vereinsleben wieder aufleben lassen zu können.[156]

Das stillschweigende Übergehen vergangener Verblendungen kam auch Georg Spickhoff zugute, dessen Ruf aufgrund der zurückliegenden zwölf Jahre keineswegs gelitten hatte. Es zeigte sich nämlich, daß nicht nur die Schützen, sondern auch die Spitzen der Kommunal- und Landespolitik sowie die Bevölkerung in ihrer Mehrheit gewillt waren, die zurückliegenden Ereignisse so schnell wie möglich zu vergessen.

Als „d'r Schütze-Schorsch" 1947 seinen 75. Geburtstag feierte, organisierten die St.-Sebastianer am Vorabend einen durch die gesamte Altstadt führenden Fackelzug, der von den Düsseldorfern mit Jubelrufen begleitet wurde. Beim sich anschließenden Festakt im „Benrather Hof" ehrte Ministerpräsident Arnold „*die im wahrsten Sinne geschichtliche Persönlichkeit Spickhoffs*" und bezeichnete ihn als „*Schützer und Bewahrer heimatlichen Brauchtums*".[157] Die zwei Jahre später stattfindenden Festlichkeiten aus Anlaß der Goldenen Hochzeit von Georg und Amalie Spickhoff nahmen sogar den Charakter eines Volksfestes an und waren geeignet für „*immer im Gedächtnis unserer Schützenkameraden und Heimatfreunde, ja der ganzen Bürgerschaft, haften [zu] bleiben*"[158]. Angesichts der schier überwältigenden Begeisterung der Bevölkerung und der lückenlosen Anwesenheit der städtischen Prominenz konnte auch Oberbürgermeister Josef Gockeln sich nicht zurückhalten und resümierte in seiner Festansprache: „*Ich war noch nie dabei, wenn Fürsten Hochzeit gefeiert haben, aber diese Goldene Hochzeit hier ist in ihrem inneren Wert mindestens gleich einer Fürstenhochzeit!*"[159]

Fürstliches Ausmaß hatte auch die Anzahl der Auszeichnungen für den „*heimatbessenen*"[160] Georg Spickhoff. Sämtliche Heimatvereine hatten ihm ihre höchsten Ehrenbezeugungen und nicht selten die Ehrenmitgliedschaft zuteil werden lassen. Er war Träger des „Hausordens Erster Klasse des Fürsten von Hohenzollern-Sigmaringen", der Kolping-Plakette und der vom Düsseldorfer Geschichtsverein aus Anlaß seines 75. Geburtstages gestifteten Lacomblet-Medaille. 1949 wurde er mit dem päpstlichen goldenen Verdienstkreuz „pro ecclesia et pontifice" ausgezeichnet; 1952, anläßlich seines 80. Geburtstages, verlieh ihm Ministerpräsident Karl Arnold im Auftrag von Bundespräsident Theodor Heuss „in Anerkennung der um die Bundesrepublik Deutschland erworbenen besonderen Verdienste" das „Große Verdienstkreuz des Verdienstordens der Bundesrepublik Deutschland".

Für Spickhoff und den St.-Sebastianus-Schützenverein hatte die NS-Vergangenheit nahezu keine Spuren hinterlassen. Im Großen Verein „verhielt man sich den

---

[156] Vgl. StAD IV 3460: Anträge des St.-Sebastianus-Schützenvereins Düsseldorf-Bilk vom 20. Januar 1946 sowie der St.-Sebastianus-Bruderschaft Unterrath vom 20. Juni 1946 auf Vereinswiederzulassung. Zitate: Antrag Bilk; nicht paginiert.
[157] RP, 2. Jg., Nr. 15, 22. Februar 1947.
[158] Schützenzeitung, 1. Jg., Nr. 5, September 1949, S. 1.
[159] Ebd., S. 2.
[160] So: Kauhausen, Georg Spickhoff, S. 57.

‚belasteten' Kameraden gegenüber wie vor zwölf Jahren im umgekehrten Verhältnis: loyal."[161] Mit der Entfernung alter Rangabzeichen und dem Umtaufen der Kompanien in „Gesellschaften" war die Demokratisierung im St.-Sebastianus-Schützenverein abgeschlossen. Die Verantwortlichen des Vereins sahen keine Notwendigkeit, sich von früheren Stellungnahmen zu distanzieren oder gar eigene Versäumnisse einzugestehen. Vielmehr hieß es, daß die *„1933 angebrochene ‚neue Zeit' (..) dem Verein weder in seinem Bestande noch in seinen Zielen etwas anhaben (konnte)"*[162]. Fahnen und Kompanien waren „*unbefleckt*" und „*sauber*" geblieben.[163] Selbst Albert Kanehl, dessen Position im Schützenverein Spickhoff 1945 den Briten gegenüber noch verschweigen mußte, wurde, „*nachdem wir wieder freier geworden sind*"[164], mit Ehrungen überhäuft. „*Ich war 12 ohne jede Disharmonie verlaufende Jahre unter Albert Kanehl stellvertretender Chef*"[165], resümierte Spickhoff im Oktober 1950, nachdem er aus Alters- und gesundheitlichen Gründen erklärt hatte, nicht mehr für das Amt des Schützenchefs zu kandidieren. Statt zu Kanehls Parteieifer, der nicht davor zurückgeschreckt hatte, altüberlieferte Zeremonien dem „neuen Geist" zu opfern, Stellung zu beziehen, wurde ihm die Ehrenmitgliedschaft im Vorstand des Vereins angetragen und sein „*achtzehnjähriges opfervolles Wirken als Schützenchef*"[166] gewürdigt.

Der Entlastung ehemals treuer Volksgenossen entsprach eine ambivalente Einstellung zur neuen Staatsform. Zwar nahmen die Schützen sowohl an den Feierstunden zur Erinnerung an die Gründung der Bundesrepublik Deutschland als auch an den Feierlichkeiten zum 100. Jubiläum der 1848er-Revolution teil, wo Spickhoff die Rolle des ehemaligen Schützenchefs und Befehlshabers der Bürgerwehr, Lorenz Cantador, aufzeigte. Doch stießen diese Feiern in der Schützenzeitung auf weniger Resonanz als jene Veranstaltungen, bei denen man der toten Kameraden gedachte, „*die auf dem Feld der Ehre allzu früh ihr Leben lassen mußten*"[167]. So wie Georg Spickhoff 1952 von der „Rheinischen Post" in Beschönigung der Tatsachen attestiert wurde, „*von dem Umbruch 1933 kaum*

---

[161] Kleinfeld, St. Sebastianus Schützenverein, S. 72.
[162] St. Sebastianus-Schützenverein 1925 eV. Düsseldorf-Holthausen (Hrsg.), 25 Jahre St. Sebastianus-Schützenverein Düsseldorf-Holthausen eV. Festschrift mit Festfolge der 25jährigen Jubelfeier vom 2.–5. September 1950, Düsseldorf 1950, S. 29.
[163] St.-Sebastianus-Jäger-Corps Düsseldorf von 1844, Festschrift zum Schützenfest 1961, Düsseldorf 1961, S. 9. Ebenso: Festrede des 1. Vorsitzenden Willi Schmidt anläßlich des 25jährigen Jubiläums der Gesellschaft „Wilhelm Marx", teilweise wiedergegeben in: Schützenzeitung, 3. Jg., Nr. 6, Juni 1951, S. 2.
[164] So lautete die äußerst politische Feststellung, weshalb Kanehl, der 1947 „*aus Gründen* [aus dem Vorstand, F.W.] *ausscheiden (mußte), die außerhalb des Vereins lagen*" (!), erst jetzt, 1952, mit dem neu gestifteten Hubertusorden ausgezeichnet werden könne. Schützenzeitung, 4. Jg., Nr. 8, August 1952, S. 4.
[165] Schützenzeitung, 2. Jg., Nr. 10, Oktober 1950, S. 1.
[166] So lautete der Kommentar der „Rheinischen Post" zur Verleihung des Hubertusordens an Kanehl. RP, 7. Jg., Nr. 167, 21. Juli 1952.
[167] Dieser erinnerte man sich bei der Jubiläumsfeier der ehemaligen Jungschützen zum 25. Gründungstag am 20. Januar 1952 in den Räumen des Malkastens. Schützenzeitung, 4. Jg., Nr. 2, Februar 1952, S. 3.

Notiz" genommen und *„vor den Mächtigen dieser Welt (..) nie gekatzbuckelt"* zu haben,168 erschien den Schützen auch 1954 eine allzu weit getriebene Freizügigkeit als Gefahr für das heimatliche Brauchtum:

> *„Wir streben nach dem größeren Vaterland Europa, aber wir werden und wollen kein Nomadenvolk werden, keine Zigeuner, die heute hier und morgen da ihre Zelte aufschlagen. Das heißt mit anderen Worten: Wir wollen uns unserer engeren Heimat bewußt werden, um der weiteren im weltoffenen Sinne zu dienen. Dazu gehört eine feste Verankerung im Boden der Heimat."*169

Als Georg Spickhoff am 13. Juli 1959 *„wie ein König zu Grabe getragen"*170 wurde, ging eine Ära des Düsseldorfer St.-Sebastianus-Schützenvereins zu Ende. Mehr als drei Jahrzehnte hatte er in der vordersten Reihe der Schützenhierarchie gestanden und die Politik des Vereins maßgeblich mitbestimmt. Seine zahlreichen Abhandlungen zur Geschichte des Schützenwesens ermöglichten es den Schützen, ein geschärftes Bewußtsein gegenüber ihren eigenen Traditionen zu entwickeln und verliehen dem Schützenbrauchtum in der Stadt ein einflußreiches Gewicht.

Aber Spickhoffs Wirken hinterließ auch Schatten. Das Versäumnis, sich kritisch in der Öffentlichkeit mit der eigenen Rolle während der Zeit des Nationalsozialismus zu befassen, sondern stattdessen die stets vorbildliche Haltung hervorzukehren, stellte nicht nur eine Selbsttäuschung dar. Aufgrund seiner unangefochtenen Machtposition in der frühen Nachkriegszeit war er auch mitverantwortlich für die nicht in Angriff genommene Vergangenheitsaufarbeitung der Düsseldorfer Schützen. Zwar richtete sich deren Blick – wie geschildert – mit Beginn der 50er Jahre immer öfter in die glorreiche Geschichte, doch wurden die bewußten zwölf Jahre meistenteils wie ein historisches Vakuum behandelt, über das man den Mantel des Schweigens breitete. Geschah dies nicht, versuchte man auch jener Zeit etwas Positives abzugewinnen, das sich gegen die angeprangerten Auswüchse der Gegenwart ins Feld führen ließ.171

---

168 RP, 7. Jg., Nr. 42, 19. Februar 1952.
169 Schützenzeitung, 6. Jg., Nr. 2, Februar 1954, S. 1. Im gleichen Jahr stellte der verantwortliche Redakteur, F. Willy Oyen, anläßlich der Verleihung des Bundesverdienstordens an Schützenchef Paul Klees und Albert Kanehl (!) den Gegensatz von Heimatverbundenheit und „Nomadentum" noch einmal heraus, wobei Sprache und Konsequenzen der Aussage an ganz andere Zeiten erinnern: *„Aus einem wurzellosen Volk kann nie ein Staatsvolk werden. Die Zigeuner haben zwar ein ideelles Königstum, aber damit ist nur das Surrogat eines Zigeunerreiches zu schaffen, das für schweifendes Nomadentum eine ausreichende Bindung verkörpern mag, niemals aber imstande ist, die wirtschaftliche Grundlage und die ethischen Voraussetzungen zu schaffen, die es einer überbevölkerten Erde erlaubt, sich zu erhalten."* F. Willy Oyen, Bundesregierung ehrt heimatliches Brauchtum, in: Schützenzeitung, 6. Jg., Nr. 12, Dezember 1954, S. 8/9, hier: S. 8.
170 Schützenzeitung, 11. Jg., Nr. 8, August 1959, S. 245.
171 Als Beispiel sei die immer wieder angeführte 500-Jahrfeier des Vereins im Jahre 1935 genannt, deren pompöse Durchführung von den Nationalsozialisten, nicht zuletzt aufgrund der politischen Haltung des Schützenchefs, wohlwollend unterstützt wurde.

Bis in die Mitte der 50er Jahre jedenfalls taten sich die Schützen mit demokratischen Gepflogenheiten, zunehmender Urbanisierung und Technisierung sehr schwer.

2. „Gegen Griesgram und Muckertum" – Der Düsseldorfer Karneval

„Karneval ist dem Jahre, was
der Sonntag der Woche ist."[172]

> „Der Zug kütt! So schallt es schon lange, wenn die Reihen an den Straßenrändern in Bewegung kommen, sobald sich die ersten Fanfarentöne hören lassen. Der Zug kommt – das ist ein Signal, das alle die Abertausende elektrisiert, die sich den Düsseldorfer Rosenmontagszug ansehen und ihn erleben wollen."[173]

Lange mußten die Düsseldorfer warten, bis erstmals nach dem Zweiten Weltkrieg das Signal zum Start des Rosenmontagszuges ertönte. Obwohl der Karneval neben den Schützen- und Martinsfesten stets zu den beliebtesten und traditionsreichsten Bräuchen in der Stadt gehört hatte und ob seines starken Zuspruchs vieler auswärtiger Besucher zu einem Aushängeschild der rheinischen Metropole geworden war, benötigten die Narren fast fünf Jahre, um den Höhepunkt der Session, den Düsseldorfer Rosenmontagszug, 1950 wieder stattfinden zu lassen. Diese erhebliche Verzögerung hatte zahlreiche Gründe.
Im Gegensatz zu den nach dem Krieg rasch wieder hergestellten Strukturen der Schützenvereine, die ideell und personell an vergangene Zeiten anknüpfen konnten, verfügten die Karnevalisten in den ersten eineinhalb Jahren über keinen organisatorischen Zusammenhalt. Zwar hatten einige Vereine, wie die Grafenberger „Spiesratze", die Werstener „Uzbröder", die Düsseldorfer „Funken Rot-Wiss" sowie die aus dem 1890 gegründeten „Kaffeepöttche" hervorgegangene „Große Düsseldorfer Karnevalsgesellschaft" bereits um die Jahreswende 1945/46 in ersten Mitgliederversammlungen Ausschau gehalten, „wer überhaupt noch da war"[174], doch fehlten für Sitzungen und Bälle Räumlichkeiten, finanzielle Mittel und nicht zuletzt Personen, die in der Lage gewesen wären, eine karnevalistische Großveranstaltung auf die Beine zu stellen. So dauerte es bis zum Ende des Jahres 1946, bis sich erste Zeichen einer Renaissance des Düsseldorfer Karnevals andeuteten. Im Oktober riefen die bereits wieder bestehenden Vereine den 1936 ge-

---

[172] Hierbei handelt es sich um eine oftmals zitierte Äußerung des Düsseldorfer Geschichts- und Heimatforschers Anton Fahne. Vgl. Georg Spickhoff, Unser Karneval, in: Heimatblätter, 4. Jg., Nr. 1, Januar 1929, S. 21–23, hier: S. 21.
[173] Wochenspiegel, 7. Jg., Nr. 5, 1.–15. März 1954, S. 13.
[174] Aus der Chronik der „Spiesratze", zit. nach: Morgenbrod, Die Liebe zur Heimat war ungebrochen, S. 350.

gründeten Karnevalsausschuß der Stadt Düsseldorf, dem die Koordinierung sämtlicher Karnevalsveranstaltungen oblag, formell wieder ins Leben. Sie bestimmten Peter Bové, den alten und neuen Präsidenten des „Allgemeinen Vereins der Karnevalsfreunde e.V. Düsseldorf", zum kommissarischen Leiter. Einen Monat später, am Montag, dem 11. November 1946, feierte die „Große" im Europa-Palast (heute: Kaufhaus Horten) in der Graf-Adolf-Straße als erste Gesellschaft das „Hoppeditz-Erwachen", die traditionelle Eröffnung der Session – und dies, obwohl kein Hoppeditz vorhanden war![175]

Mit Bové, der aufgrund seiner anti-nazistischen Haltung „recht unangenehme Wege gehen und noch unangenehmere Verhandlungen erdulden mußte"[176], nahm der „Fastelowend", auf den sich die Düsseldorfer nach einer berühmten Formulierung Hans Müller-Schlössers ehemals so gefreut hatten, „wie die Kinder auf Weihnachten"[177], langsam wieder Konturen an. Im Februar 1947 gelang es unter seiner Federführung sowie dem Mitwirken aller Düsseldorfer Karnevalsvereine, eine große Wohltätigkeitsveranstaltung im Zirkus Williams durchzuführen, dessen mit Heißluft erwärmtes Zelt an der Erkrather Straße angemietet wurde. Der Erfolg der unter dem Motto „Alles Zirkus" stehenden Veranstaltung, zu der sich auch Oberbürgermeister Arnold, Oberstadtdirektor Hensel und mehrere Offiziere der britischen Militärs einfanden, war so enorm, daß die Sitzung eine Woche später wiederholt werden mußte.[178] Da die sich insgesamt auf 55.000 Reichsmark belaufenden Einnahmen den Kriegsbeschädigten gespendet wurden, zollte selbst die ansonsten eher humorlose kommunistische „Freiheit" den Organisatoren ihr Lob:

> „Wir sehen sehr wohl das Positive an diesem uralten Volksbrauch und rufen deshalb dem neu erwachenden rheinischen Karneval ein ermunterndes ‚Helau' zu."[179]

Nach Bestehen dieser ersten Probe, die gezeigt hatte, daß die Bevölkerung sich geradezu nach einem scherzhaften Ausgleich zum Alltag sehnte, fand noch im gleichen Jahr die offizielle Wiederauferstehung des Karnevals auf dem Marktplatz statt. Als erster „richtiger" Hoppeditz eröffnete Jupp Schäfers – auf dem Jan-Wellem-Reiterstandbild stehend – am 11. 11. 1947 die Session 1947/48. Schäfers' Ansprache handelte aber keineswegs von der Freude über die Neubelebung des heimatlichen Brauchtums, sondern beschäftigte sich nach alter karnevalistischer Sitte auf beißende Weise mit den Lebensumständen der Gegenwart. Dabei

---

[175] Zum Hoppeditz-Erwachen der „Großen" vgl. RP, 1. Jg., Nr. 72, 6. November 1946. Allgemein: Alfons Houben, Düsseldorfer Karnevalsgeschichte, Düsseldorf 1986. Dort finden sich auch ausführliche Anmerkungen zur Herkunft und Geschichte des Hoppeditz-Erwachens. Ferner: Theo Lücker, Düsseldorf – rund um die Karlstadt, Düsseldorf 1990, S. 18–23.
[176] Das Tor, 14. Jg., Nr. 14, Dezember 1948, S. 107.
[177] Müller-Schlösser, Stadt an der Düssel, S. 221.
[178] Vgl. Morgenbrod, Die Liebe zur Heimat war ungebrochen, S. 350.
[179] Freiheit, 30. Jg., Nr. 14, 18. Februar 1947.

benutzte er die Demontagemaßnahmen der Briten, die er als *„schreiende Ungerechtigkeit"* bezeichnete, als Aufhänger, um das in deutschem Namen während des Weltkrieges begangene Unrecht mit der augenblicklichen Notlage der deutschen und insbesondere nordrhein-westfälischen Bevölkerung zu vergleichen und zu nivellieren:

> *„Wir tragen heut' auch nicht viel mehr Schuld als die andern,*
> *Die jetzt demontierend Deutschland durchwandern.*
> *Die sich trotz Hunger und Not nicht schämen,*
> *Uns Krüppeln auch noch den Krückstock zu nehmen!*
> *Die entgegen allen Spielregeln rempeln.*
> *Zum Urwaldmenschen möcht' man uns stempeln."*[180]

1948 sollte für den Düsseldorfer Karneval ein wegweisendes Jahr werden, wenn es auch nach wie vor nur vereinzelte Veranstaltungen und keine Umzüge gab. Die beiden größten Sitzungen wurden jeweils am 31. Januar 1948 von der „Großen" und dem „Allgemeinen Verein der Karnevalsfreunde" abgehalten, während die 1928 gegründete Prinzengarde „Rot-Weiß" auf dem angemieteten Narrenschiff „Mainz" eine Vergnügungsfahrt auf dem Rhein unternahm.[181] Angesichts der fortwährend bestehenden Nöte vieler Düsseldorfer verzichtete man auf ein gemeinsames Fest am Rosenmontag, ermunterte die Bürger aber, im privaten Kreis den Karneval zu feiern: *„Wir sind der Meinung: wo die Freude eine Heimstatt hat, da wird zum Leben ein mutiges Ja gesagt. Da lebt der Glaube an die Zukunft."*[182]
Die für die Zukunft maßgebliche Begebenheit ereignete sich aber nicht in der „Bütt". Im Juni 1948 trafen sich die Mitglieder des provisorisch bestehenden Karnevalsausschusses zu einer Besprechung, bei der über die zukünftige Zusammensetzung und Kompetenz des Gremiums beraten wurde. Nachdem die Anwesenden den Beschluß gefaßt hatten, dem Komitee die gleichen Befugnisse wie vor dem Krieg, also die Planung und Organisation des gesamten Düsseldorfer Karnevals, zu übertragen und jedem Verein Sitz und Stimme zu gewähren, wurde am 25. Oktober 1948 die offizielle Neukonstituierung des Karnevalsausschusses der Stadt Düsseldorf verkündet. Die Wahl des Vorstandes fand unter der Leitung von Georg Spickhoff statt, der als neuen Präsidenten keinen anderen bekanntgab als Albert Kanehl: ein Ergebnis, das – vorsichtig gesprochen – *„nicht einer gewissen Tragik (entbehrte)"*[183]. Als ehemaliger überzeugter Parteigenosse trat Kanehl, der sein Amt als Schützenchef hatte niederlegen müssen, nämlich die

---

[180] Zit. nach: Das Tor, 52. Jg., Februar 1986, S. 6/7 (dort ist die gesamte Ansprache Schäfers' abgedruckt). Allgemein zu den Anfängen des Düsseldorfer Karnevals nach dem Zweiten Weltkrieg siehe (trotz zahlreicher ungenauer oder falscher Datierungen): Rafaela Matzigkeit, Im Wechselspiel von Frohsinn und Verboten, in: Das Tor, 56. Jg., Februar 1990, S. 2–7.
[181] Vgl. RP, 3. Jg., Nr. 7/9/15, 24. Januar/31. Januar/21. Februar 1948.
[182] RP, 3. Jg., Nr. 11, 7. Februar 1948.
[183] Kleinfeld, St. Sebastianus Schützenverein, S. 70. Zur Vorstandswahl vgl. RP, 3. Jg., Nr. 106, 27. Oktober 1948.

Nachfolge des legendären Leo Statz an, jenes Mannes, der in Düsseldorf als Symbolfigur des Widerstandes gegen den Nationalsozialismus verehrt wurde.

Obwohl am 17. Juli 1898 in Köln geboren, galt Leo Statz als Inbegriff des Düsseldorfers.[184] Bereits 1902 nach Düsseldorf in die Kronprinzenstraße übergesiedelt, legte er 1916 sein Abitur ab und meldete sich als Freiwilliger an die Front, wo er es bis zum Offizier brachte. Nachdem er 1918/19 als Angehöriger eines Freicorps im Baltikum gekämpft hatte, kehrte er nach Düsseldorf zurück und begann eine kaufmännische Lehre, die ihn Mitte der zwanziger Jahre schließlich zum Direktor der Birresborner Mineralbrunnengesellschaft aufsteigen ließ.

Seine Liebe zum heimatlichen Brauchtum veranlaßte ihn zum Eintritt in die Schützengesellschaft „Reserve" und die „Düsseldorfer Jonges". Über die Grenzen Düsseldorfs bekannt wurde er jedoch als Verfasser zahlreicher humorvoller Gedichte und Karnevalslieder sowie als erster Präsident des 1936 ins Leben gerufenen Karnevalsausschusses, dem Vertreter aller Karnevals-, Heimat- und Schützenvereine, des Städtischen Verkehrsvereins, des Propagandaamtes, der Düsseldorfer Künstler sowie der NS-Gemeinschaft „Kraft durch Freude" angehörten.

Als überzeugter Katholik und Vetter des mit ihm zusammen aufgewachsenen, im Zuge der Niederschlagung des sogenannten Röhmputsches am 30. Juni 1934 von SS-Männern erschossenen preußischen Ministerialdirektors und Vorsitzenden der „Katholischen Aktion", Erich Klausener,[185] hatte Statz von Anfang an seine gegnerische Haltung zum Nationalsozialismus deutlich gemacht. Der aufgrund seines Wortwitzes mit Wilhelm Busch Verglichene verurteilte die nationalsozialistische Unterdrückungspolitik bei öffentlichen Ansprachen und Karnevalssitzungen genauso wie in zweideutigen Karnevalsschlagern. So bekundete das *„Urbild von Heiterkeit und Lebensfreude"*[186] etwa in dem 1934 geschriebenen Lied „Ja, ja, die kleinen Mädchen", trotz des geschürten Hasses gegen „Fremdrassige" alle Frauen zu lieben, *„egal ob blond, ob schwarz, ob rassig, ob dünn, ob kugelrund, ob klein, ob groß, ob massig"*[187]. Im Jahre 1939 war sein Gassenhauer „Duze-Duze-Duze mich", dessen Refrain von der Bevölkerung in unverhohlener Anspielung auf den italienischen Faschistenführer, Benito Mussolini, spontan in „Duce-Duce-Duce mich" abgewandelt worden war, der Anlaß für eine Auseinandersetzung mit der nationalsozialistischen Kreis- und Gauleitung, als deren Ergebnis Statz' bereits mehrere Seiten zählende Gestapoakte um den Eintrag:

---

[184] Die folgenden Ausführungen sind – soweit nicht anders vermerkt – entnommen aus: Rudolf Predeek, Die rote Robe. Der Fall Leo Statz, Düsseldorf 1948 (Predeek war Statz' engster Freund und sagte als Zeuge vor dem Volksgerichtshof aus); Walter Koch, Leo Statz zum Gedächtnis, in: Das Tor, 34. Jg., Nr. 11, November 1968, S. 214–216; Einer, der nicht wiederkam. Leo Statz zum Gedenken, in: Schützenzeitung, 7. Jg., Nr. 11, November 1955, S. 5/6; Der Fall Leo Statz. Im angeblichen „Namen des deutschen Volkes", in: Das Tor, 58. Jg., Nr. 3, März 1992, S. 40–42 (Abdruck des Todesurteils und der Urteilsbegründung).

[185] Einen knappen Abriß zum Leben und Wirken Klauseners bietet: Josef Bauer, Erich Klausener, in: H. W. Erdbrügger (Hrsg.), Tradition und Gegenwart. Festschrift zur 125-Jahrfeier des Städtischen Humboldt-Gymnasiums Düsseldorf, Düsseldorf 1963, S. 158–166.

[186] Predeek, Rote Robe, S. 12.

[187] StAD XXIII 883: Karneval 1934–1968; Karnevalsprogramm 1934.

„Treibt Opposition gegen Kreisleitung und Gauleitung. Ist als Präsident der Düsseldorfer Karnevalsvereine nicht mehr zu dulden."[188] ergänzt wurde. Zwar wurde Statz trotz eines diesbezüglich von der Kreisleitung ausgesprochenen Verbots erneut zum Präsidenten des Karnevalsausschusses gewählt, doch befand er sich ab nun unter der Beobachtung der Gestapo.

Von dieser wurde er am 1. September 1943 verhaftet, weil er am 22. Juli des gleichen Jahres während einer Geschäftsreise in Trier im berauschten Zustand virulente Zweifel am „Endsieg" artikuliert und zwei verwundeten Feldwebeln gegenüber geäußert hatte, sie hätten sich *„ihre Knochen nicht für das deutsche Volk, sondern für Adolf Hitler zusammenschießen lassen"*[189]. Die daraufhin aufgrund der Aussage seines Angestellten und Gestapo-Spitzels Hans Wienhusen erhobene Anklage führte am 27. September 1943 zu einem Prozeß vor dem Volksgerichtshof, in dem Leo Statz – wegen *„defaitistischer Reden"* und *„Zersetzungspropaganda für immer ehrlos geworden"*[190] – zum Tode verurteilt wurde. Rasch eingereichte Gnadengesuche seiner Gattin, seiner Firma und der „Düsseldorfer Jonges" sowie der Versuch Hans Müller-Schlössers, bei der Frau des Reichsmarschalls Hermann Göring empfangen zu werden, fanden keine Berücksichtigung[191] – am 1. November 1943 wurde Leo Statz um 16 Uhr in der Haftanstalt Berlin-Moabit hingerichtet.

Nach Beendigung des Krieges stieß das Schicksal Statz' in zahlreichen Gedenkstunden und Erinnerungsfeiern auf ein großes Echo. Dutzende von Artikeln und Berichten beschrieben seine vorbildliche Lebensführung, seine charakterfeste Haltung und sein *„heroisches, gottergebenes Sterben"*[192]. Leo Statz wurde zum Märtyrer des heimatlichen Brauchtums. Sein Name war in aller Munde – auch bei jenen, die *„durchaus nicht (..) seine Freunde waren. Vielen (..) dient er zu einem antinazistischen Alibi, von dem sie sich wirksame Tarnung versprechen."*[193] Albert Kanehl, der kurz nach seiner Ernennung zum Präsidenten des Karnevalsausschusses unterstrich, *„daß ein Leo Statz in der Erinnerung an die Toten der Gesellschaft* [gemeint ist die Schützengesellschaft „Reserve", F.W.] *für immer an*

---

[188] Predeek, Rote Robe, S. 16.
[189] Zit. nach: Stadtsparkasse Düsseldorf (Hrsg.), 60 Jahre Heimatverein Düsseldorfer Jonges, S. 24. Detailliert zum Hergang des Prozesses siehe: Predeek, Rote Robe, S. 80–107.
[190] Begründung des Todesurteils durch den Vorsitzenden des Volksgerichtshofes (VGH), Roland Freisler. Zit. nach: Der Fall Leo Statz. Im angeblichen „Namen des deutschen Volkes", S. 42.
[191] Vgl. Predeek, Rote Robe, S. 108–110. Von „Gnadengesuche[n] Tausender", wie Alfons Houben schreibt, kann jedoch keinesfalls die Rede sein! Houben, Düsseldorfer Karnevalsgeschichte, S. 55.
[192] RP, 3. Jg., Nr. 62, 17. Juli 1948. Die besondere Anteilnahme der Düsseldorfer am Schicksal Statz' führte neben zahlreichen, auch in späteren Jahrzehnten verfaßten Gedenkartikeln im Jahre 1963 zu der Einweihung eines von Günter Haese entworfenen Gedenksteines für Statz und Klausener. Dieses von der Stadt Düsseldorf auf Anregung der „Bilker Heimatfreunde" errichtete Denkmal befindet sich in der Grünanlage an der Ecke Kronprinzenstraße/Fürstenwall, wo die Elternhäuser der beiden Ermordeten gestanden hatten. Vgl. Hans Maes (Hrsg.) und Alfons Houben (Mitautor), Düsseldorf in Stein und Bronze, Düsseldorf 1984, S. 43/44.
[193] Heimatblätter, 11. Jg., Nr. 25, Juli 1948, S. 3.

erster Stelle stehen werde"[194], war als Freund von Statz bekannt. Wie sein Vorgänger war er im Vorstand des Karnevalsausschusses vertreten und seit 1928 Vorsitzender der Gesellschaft „Reserve". Im Gegensatz jedoch zu Willi Weidenhaupt, der sich im Namen der „Jonges" für eine Verschonung von Statz eingesetzt hatte, befand sich „unter den Gnadengesuchen, die nach Bekanntwerden des Todesurteils eingereicht wurden, (..) keines des Reserve-Präsidenten Albert Kanehl"[195].

Zweifellos werden Bedenken gegen die Wahl Kanehls vorhanden gewesen sein, die jedoch angesichts der unbestritten vorhandenen rhetorischen und organisatorischen Talente des neuen Präsidenten schnell beiseite geräumt wurden. Um den Düsseldorfer Karneval bald wieder an seine ruhmreiche Tradition anknüpfen und nicht länger ein Schattendasein führen zu lassen, verzichtete man auf eine eingehende Erörterung Kanehls ehemaliger politischer Überzeugungen.
Dies fiel umso leichter, als das tatsächlich als unermüdlich zu bezeichnende Engagement des neuen Verantwortlichen bereits in der folgenden Karnevalssession mit sichtbaren Erfolgen belohnt wurde. Schon am 11. November 1948 hatte Kanehl in der Rheinhalle – dem ehemaligen Planetarium und der heutigen Tonhalle – ein trotz der beschränkten finanziellen Ressourcen prächtiges Hoppeditz-Erwachen organisiert, dem sich in den nächsten Monaten ein bunter Veranstaltungsreigen anschloß. Alteingesessene Vereine wie die Karnevalsgesellschaft „Maske 07" veranstalteten ihre ersten Sitzungen genauso wie die erst im Vorjahr gegründete Karnevalsgesellschaft „Bilker Uzvögel". Der offizielle Karnevalsauftakt fand am 14. Januar 1949 in der mit 3.311 Besuchern restlos ausverkauften Rheinhalle statt, in der Präsident Kanehl vier Wochen später unter stürmischem Beifall des erneut in Scharen anwesenden Narrenvolkes die Prinzenpaarkürung von Kurt I. (Schüring) und Venetia Anneliesel (Roland) vornahm.

Einen der Höhepunkte bildete die erstmals seit 1930 wieder traditionellerweise zwei Tage vor dem Rosenmontag stattfindende Malkasten-Redoute, zu der am 26. Februar 1949 aufgrund der Zerstörung des Jacobi-Hauses ebenfalls in die Rheinhalle eingeladen wurde.[196] Die Redoute stand seit jeher im Mittelpunkt des Düsseldorfer Karnevals, da sie wie keine andere Veranstaltung den von den Düsseldorfer Verantwortlichen gepflegten Ruf untermauerte, *„einen besonders künstlerischen und scharmanten Karneval zu feiern"*[197]. Im Gegensatz zu den tollen Tagen in Köln, die von der Düsseldorfer Presse als *„laut, bunt* [und] *volkstümlich"* charakterisiert wurden, stellten die hiesigen Narren die durch *„Anmut, Charme, Esprit und Kultur"*[198] bestimmte Atmosphäre des Düsseldorfer Karnevals heraus.

---
[194] RP, 3. Jg., Nr. 110, 6. November 1948.
[195] Kleinfeld, St. Sebastianus Schützenverein, S. 70.
[196] Zur Malkasten-Redoute allgemein siehe: August Dahm, Düsseldorfer Carneval (Einige Vorkriegserinnerungen), in: Das Tor, 2. Jg., Nr. 2, Februar 1933, S. 7–13, insbesondere: S. 8/9.
[197] Wochenspiegel, 2. Jg., Nr. 4, 15.–28. Februar 1949, S. 2.
[198] RP, 4. Jg., Nr. 24, 26. Februar 1949.

Wie in vergangenen Zeiten stand auch die Redoute im Jahre 1949 unter einem festgelegten Motto, das die Besucher dazu aufforderte, in bestimmten, mit dem Charakter des Festes übereinstimmenden Kostümen zu erscheinen. Demgemäß fanden sich in dem von Düsseldorfer Künstlern hergerichteten und dekorierten Weltraumschiff „Atomoptikum" *„phantastische Gestalten von anderen Sternen"*, *„Gespenstertiere"* und *„Fabelwesen"*[199] ein, welche die *„immerhin sehr nüchterne Rheinhalle in einen Rausch von Farbe und Licht"*[200] verwandelten.

Auf einen Rosenmontagszug mußten die Organisatoren des Karnevals zwar noch verzichten, *„da Stoff, Holz und Farbe für wichtigere Aufgaben benötigt werden"*[201], doch wollte man, *„wo nun überall in rheinischen Landen der Lebensgeist sich wieder regt, (..) nicht zurückstehen"*[202] und veranstaltete stattdessen eine „Närrische Parade". Diese auch als Motto über dem diesjährigen Karneval stehende Veranstaltung hatte erstmals 1934 auf Anregung von Leo Statz Einzug in den närrischen Kalender gefunden und wurde bis zum Beginn des Krieges am Karnevalssonntag auf dem Hindenburgwall (heute: Grabbe-Platz) abgenommen. Da die Stadtverwaltung auf Wunsch des Karnevalsausschusses alle Büros um 12.30 Uhr schloß und auch ein Großteil der anderen Betriebe und Geschäfte seinen Angestellten Urlaub einräumte, standen *„Menschen wie Mauern"*[203] am Hindenburgwall, wo der in erster Linie von Kindern und Fußgruppen gebildete Zug an dem auf einer Freitreppe vor der Kunsthalle stehenden Prinz Kurt I. vorbeizog.

> *„Man hatte ihm bescheiden den Namen ‚Närrische Parade' gegeben. Und es wurde beinahe ein ausgewachsener, vorkriegsmäßiger Rosenmontagszug daraus. (...). Ganz Düsseldorf sang, lachte. (...). Jeder ließ sich willig vom Nachbarn, Vor- und Hintermann drängen und stoßen, immer nur darauf bedacht, vom fröhlichen Unsinn soviel wie möglich zu sehen, soviel wie möglich von der übermütigen Weisheit, vom überschäumenden Frohsinn des Düsseldorfer Karnevals mitzunehmen."*

Obwohl die Karnevalssession 1948/49 gezeigt hatte, *„daß Krieg und Not uns nichts von der rheinischen Fröhlichkeit genommen haben, daß sie also Urbestand unseres Wesens ist und zu uns gehört, wie der Wein und ein fröhliches Mädchenlachen"*[204], hatte es lange Zeit den Anschein, als müsse das Anliegen vieler Einwohner, im nächsten Jahr endlich wieder einem ausgewachsenen Rosenmontagszug beiwohnen zu können, enttäuscht werden.

---

[199] RP, 4. Jg., Nr. 25, 28. Februar 1949.
[200] Wochenspiegel, 2. Jg., Nr. 4, 15.–28. Februar 1949, S. 2.
[201] RP, 3. Jg., Nr. 118, 27. November 1948.
[202] Wochenspiegel, 2. Jg., Nr. 1, 1.–15. Januar 1949, S. 7.
[203] RP, 4. Jg., Nr. 26, 2. März 1949. Dort auch das folgende Zitat.
[204] Wochenspiegel, 2. Jg., Nr. 4, 15.–28. Februar 1949, S. 2.

7 Karneval 1949:
   Freude vor Trümmern

Zwar stellte die „Rheinische Post" bereits im August 1949 unmißverständlich fest, daß es *„außer Zweifel"* stehe, *„daß Düsseldorf einen Rosenmontagszug veranstalten muß"*[205] – allein: Es fehlte das Geld. Da der Karnevalsausschuß und die Vereine über keine ausreichenden Mittel verfügten, um den Zug in eigener Regie durchzuführen, war man auf die Hilfe der Bevölkerung, vor allem aber der Stadtverwaltung angewiesen. Die Hälfte der auf 100.000 Mark veranschlagten Kosten sollten durch Spenden aus der freien Wirtschaft und den Einnahmen des sogenannten Zuggroschens, der auf die Eintrittskarten sämtlicher, von den Vereinen organisierten Veranstaltungen erhoben wurde, erwirtschaftet werden. Die fehlenden 50.000 Mark jedoch erhoffte man sich aus dem Stadtsäckel.

Um die Stadtväter von der Notwendigkeit der finanziellen Unterstützung zu überzeugen, führten Karnevalsausschuß und Presse in der Hauptsache zwei als klassisch zu bezeichnende Argumente ins Feld, die in den folgenden Jahren im Falle auftretender Engpässe immer wieder Verwendung finden sollten: Die rationale Begründung für eine städtische Subventionierung stellte heraus, daß der Rosenmontagszug nicht nur Geld koste, sondern auch Geld einbringe. Als tou-

---

[205] RP, 4. Jg., Nr. 101, 27. August 1949.

ristische Attraktion erster Güte locke das Spektakel Hunderttausende von Besuchern in die Stadt, die die Umsatz- und Gewinnraten des Gaststättengewerbes, der Brauereien, Hotels und Pensionen sowie des gesamten Lebensmittelhandels sprunghaft ansteigen lasse. Darüber hinaus übernehme der Karneval lokal und überregional die Funktion eines großen Arbeitgebers. Angestellte der Scherzartikel-, Papier- und Schallplattenindustrie, aber auch Kostümverleiher, Textilunternehmen, Musiker und nicht zuletzt die Düsseldorfer Künstler erhielten in gesteigertem Maße Aufträge, die unverzichtbar zur Wahrung der wirtschaftlichen Existenz seien und zudem die Wirtschaft ankurbelten.[206]

Neben der Betonung der wirtschaftlichen Bedeutung des Karnevals wurde nicht weniger vehement auf den drohenden Rückstand gegenüber anderen Städten hingewiesen, wobei sich besonders gut die alte Rivalität zwischen Düsseldorf und Köln ausspielen ließ. Die Kölner Karnevalisten hatten bereits im vergangenen Jahr einen zwei Kilometer langen und von 800.000 Menschen bejubelten Rosenmontagszug organisiert und konnten sich auch 1950 auf die finanzielle Unterstützung der Stadtväter verlassen. Gelinge es angesichts dieser Konstellation in Düsseldorf auch dieses Jahr nicht, einen der Bedeutung des hiesigen Karnevals entsprechenden Rosenmontagszug auf die Beine zu stellen, müsse sich die Stadt für längere Zeit damit abfinden, von der Spitze der Karnevalshochburgen verdrängt zu werden.

> *„Soll Düsseldorf sich nun vor diesem Glanze* [des Kölner Rosenmontagszuges, F.W.] *verstecken, soll es anständig zusehen, wie alle die Rosenmontagszuginteressenten aus den weiten Landen des Niederrheins und des Bergischen Landes zum Dom eilen? Mitnichten!"*[207]

Trotz aller Appelle lehnte die Stadtverwaltung die Bezuschussung des Rosenmontagszuges im Januar 1950 endgültig mit der Begründung, selbst über ein 8,4 Millionen Mark hohes Defizit zu verfügen, ab. Zudem sei eine unverhältnismäßige Unterstützung einer einzigen Interessengruppe *„angesichts der wirtschaftlichen Notlage so vieler Mitbürger"*[208] nicht zu rechtfertigen. Als Ausgleich setzten sich die Behörden jedoch nachhaltig bei Industrie-, Groß- und Einzelhandelsunternehmen, Banken und Handwerksbetrieben für die Förderung des Zuges ein. Diese ermöglichten es schließlich zusammen mit den Zuwendungen der Stadtwerke, der Presse und der Heimatvereine, daß Düsseldorf am 20. Februar 1950 doch noch seinen ersten Nachkriegs-Rosenmontagszug erlebte. Dessen Größe überraschte in Anbetracht der geschilderten Probleme selbst die kühnsten Optimisten. 40 Wagen, 500 Musiker in 40 Kapellen und sechs Tam-

---

[206] Vgl. die Argumentation während des Herbstes 1949 im „Wochenspiegel", der „Rheinischen Post" und den „Düsseldorfer Nachrichten". Bereits 1937 war ein mit den gleichen Argumenten aufwartender Aufsatz im „Tor" erschienen. Vgl. Horst Ebel, Die wirtschaftliche Bedeutung des Karnevals, in: Das Tor, 6. Jg., Nr. 2, Februar 1937, S. 46–52.
[207] RP, 5. Jg., Nr. 2, 3. Januar 1950.
[208] RP, 5. Jg., Nr. 3, 4. Januar 1950. Vgl. auch RP, 5. Jg., Nr. 6, 7. Januar 1950.

bourcorps sowie 50 Fußgruppen mit insgesamt rund 2.000 Teilnehmern ließen die Länge des Zuges auf fast vier Kilometer ansteigen. Während des über dreistündigen Vorbeimarsches an den 500.000 Besuchern, die unter anderem aus Florenz, Luzern, New York, London und Wien angereist waren, wurden 100 Zentner Bonbons, 40.000 Pfefferminztütchen und mehrere tausend Tafeln Schokolade sowie Blumensträuße in die Menge geworfen. Trotz des zeitweise einsetzenden Regens wurde der Zug als schönster gefeiert, den Düsseldorf je gesehen habe. Sein überragender Erfolg galt als Beweis, daß die Schrecken des Krieges nun endlich vorüber seien und die Stadt einer strahlenden Zukunft entgegenblicken könne:

> *„Als man am Montag von den Zinnen der Dächer und Ruinen in das Gewühl der Hunderttausende hinabsah, da war es wie eine Vision: Diese selben Menschen, die in bunter Ausgelassenheit nichts als Heiterkeit und Lebensfreude zu kennen schienen, hockten in fünf schreckensvollen Jahren in den Kellern, in Trümmern, in Bunkern, jagten aus Flammen in die Feuerstürme, hetzten mit heißbrennenden Augen durch zusammensinkende Straßen. Diese selbe Stadt, die jetzt so wohlgeordnet und festlich dasteht, ächzte unter dem Inferno von Bombenteppichen und Minen, barst auseinander und flog in die brüllende Luft. Diese selbe Erde, die einst wimmerte unter Blut und Tränen, sah jetzt wieder dieselben kraftgeladenen und freudesüchtigen Menschen, wie vor Jahren auch. Und es war, als habe die langgedämmte Eruption niederrheinischer Lebensfreude sich mit einer Vitalität entladen, die stärker und nachhaltiger sich äußerte, als alle Gewalten der Vernichtung. Die Erkenntnis ist zwingend: Der Karneval 1950 besaß eine biologische Größe, wie er sie in seinen stärksten Zeiten zu beweisen keine Gelegenheit hatte."*[209]

Inhaltlich setzte sich der unter dem Motto „Häß Du en Ahnung! Alles Planung!" veranstaltete Zug in erster Linie mit städtischen Themen auseinander, Themen, *„die dem Volke auf der Seele brennen"*[210]. Neben dem für sich sprechenden Wagen „Wann kütt dä Markt am Karlplatz" erregten besonders der, auf die unter der Regie von Prof. Friedrich Tamms angestrebten Maßnahmen zur Stadtplanung bezugnehmende Wagen „Onkel Tamms Hütte" sowie die Wagen „Amt für Straßenumbennennungen", „Lastenausgleich" und „Demontage" besonderes Aufsehen.
Über das Vorhandensein politischer Schärfe und Brisanz der Düsseldorfer Rosenmontagszüge gingen die Meinungen der Zeitgenossen weit auseinander. In dem 1951 unter der Devise „Lachen ohne Grenzen" stattfindenden Zug, der sich unter anderem mit dem Bau des neuen Rathauses, der Europapolitik der Bundesregierung, einem zu errichtenden Heine-Denkmal und der – abgelehnten –

---
[209] RP, 5. Jg., Nr. 45, 22. Februar 1950.
[210] RP, 5. Jg., Nr. 42, 18. Februar 1950.

8 Der erste Düsseldorfer Rosenmontagszug am 20. Februar 1950. Blick auf die Königsallee

Remilitarisierung Deutschlands beschäftigte, gab insbesondere der Wagen „Kampf gegen Schmutz und Schund", auf dem die nordrhein-westfälische Kultusministerin Christine Teusch (CDU) eine *„kakaobraune Tänzerin, in der man unschwer Josephine Baker erkennen konnte"*[211], mit einem Schwert verfolgte, Anlaß zu unterschiedlichen Interpretationen. Während die „Westdeutschen Nachrichten" aus Gelsenkirchen bemerkten, daß der Wagen vollkommen humorlos sei und man lieber im „Tausendjährigen Reich" den Mut hätte aufbringen sollen, die wahren Mißstände zu attackieren,[212] machte das „Freie Volk" als geheimes Motto des Zuges *„Nur niemanden wehe tun"*[213] aus.

Nachdem von verschiedenen Seiten gefordert worden war, die Wagen *„allgemeiner und leichter verständlich"* zu gestalten, damit die Zuschauer ihre ganze Aufmerksamkeit aufs Schunkeln und Singen konzentrieren könnten, statt sich

---

[211] Die Welt, 6. Jg., Nr. 31, 6. Februar 1951.
[212] Vgl. Westdeutsche Nachrichten, 6. Jg., Nr. 32, 7. Februar 1951.
[213] Freies Volk, 3. Jg., Nr. 31, 6. Februar 1951.

9 Rosenmontag 1950: Ausgelassene Stimmung auf der Bolkerstraße

„allzu lang (..) dem Verständnis der Wagen zuwenden"[214] zu müssen, verzichteten die Veranstalter zunehmend auf politisch zweideutige Anspielungen. Die in den nächsten Jahren unter den Motti „Ganz Düsseldorf schlägt Rad" (1952), „Kongreß der Narretei" (1953), „Schlaraffenland am Düsselstrand" (1954) und „Weltgeschehen – närrisch gesehen" (1955) durchgeführten Züge, die *„in Düsseldorf ohnehin nie unter allzusehr zündender Humoristik gelitten (hatten)"*[215], behandelten den Stellenwert der Düsseldorfer Mode, das Verhältnis von Köln und Düsseldorf, den Umbau des Hofgartens, die Schönheit des Rheins, den Gewinn der Fußballweltmeisterschaft oder den Abschied Gustaf Gründgens'.

Diese vom Karnevalsausschuß vorgegebene Linie wurde umso deutlicher verfolgt, je heftiger die Kritik an den wenigen provokativen Wagen ausfiel. Als der 1952 veranstaltete Zug es wagte, Bundesinnenminister Robert Lehr (CDU) wegen seines Einsatzes für die Wiederbewaffnung mit Pickelhaube, Pappschwert und Kinderpanzer zu zeigen und Bundeskanzler Konrad Adenauer (CDU) als auf

---

[214] Schützenzeitung, 5. Jg., Nr. 3, März 1953, S. 1. Vgl. auch RP, 7. Jg., Nr. 48, 26. Februar 1952.
[215] Freies Volk, 5. Jg., Nr. 255, 4. November 1953.

Oppositionsführer Kurt Schumacher (SPD) anstürmenden Don Quichote zu karikieren, beschwerte sich die Bundesregierung offiziell bei Oberbürgermeister Gockeln. Dieser wies die Karnevalisten daraufhin an, in Zukunft keine Regierungsmitglieder mehr zu verunglimpfen, und Albert Kanehl versprach, daß alle Auswüchse *„rücksichtslos bekämpft und unbotmäßige Redner durch Ausschluß bestraft"*[216] würden. Da man sich an diese Devise hielt, konnte die konservative „Welt" schon im nächsten Jahr zufrieden über den Düsseldorfer Rosenmontagszug resümieren: *„Drei Kilometer ungetrübter Heiterkeit waren das Ergebnis einer geschickten Regie, die aus den Fehlern vergangener Jahre gelernt hat. Keiner der 35 Wagen erforderte intellektuellen Scharfsinn. Man sah, verstand und lachte."*[217]

Nicht nur die – je nach Beurteilung – mangelnde oder zu polemische politische Würze wurde den Düsseldorfer Narren zum Vorwurf gemacht, sondern auch die zum Karneval gehörende Freizügigkeit. Zwar betonten die Verantwortlichen des Karnevalsausschusses immer wieder, daß sie eine zu weit getriebene Zügellosigkeit ablehnten und Witz nicht durch Zoten und Anzüglichkeiten ersetzt sehen wollten, doch stieß nicht zuletzt der 1953 von Albert Kanehl geäußerte Vorsatz, in Zukunft mehr den Karneval in Nizza nachzuahmen, was auch eine *„Huldigung der schönen Frauen"* miteinschließe,[218] auf harsche Ablehnung. Der Düsseldorfer Jugendring nahm die von Jahr zu Jahr spürbar selbstverständlicher werdende Offenheit zum Anlaß, in einem öffentlichen Schreiben darauf hinzuweisen, daß es *„nicht wahr [sei], daß das beste Kostüm kein Kostüm ist (oder ein Badekostüm ist). Es ist nicht wahr, daß Zügellosigkeit zu der tollen Zeit gehört. Diese Zeit, die dem Volk einen echten Auftrieb geben sollte, verliert ihren inneren Wert, wenn nach der Ernüchterung nur ein Schuld- und Schuldenkonto bleibt."*[219] Auch der Katholikenausschuß der Stadt Düsseldorf, der ausdrücklich darauf hinwies, die *„echte Freude"* zu bejahen, stellte unmißverständlich fest, *„daß auch für den Karneval das Sittengesetz verbindlich bleibt"*[220].
Anders als bei den Schützenfesten wurde der Appell, die Traditionen und die damit verbundenen ethischen Wertvorstellungen einzuhalten, im Karneval zum größten Teil von „außen" formuliert. Gerade der Karneval, jenes „große, notwendige Seelenventil"[221], schien für einen nicht geringen Anteil von kirchlichen, städtischen und heimatlichen Repräsentanten die Gefahr zu bergen, lang gehegte

---

[216] Ebd.
[217] Die Welt, 8. Jg., 17. Februar 1953. Die Zeitung „Freies Volk" hingegen attackierte die Maulkorbpolitik heftigst und hoffte – vergebens –, daß sich der Spott *„ kübelweise über das Bonner Muckertum ergießen"* werde, „hinter dessen lächerlicher Maskenfratze allerdings das Kriegsverbrechen lauert." Freies Volk, 5. Jg., Nr. 30, 4. Februar 1953.
[218] Duisburger Generalanzeiger vom 17. Oktober 1953 (zit. nach: StAD XXIV 1881: Amt für Kulturelle Angelegenheiten: Verschiedenes; Presseausschnittsammlung)
[219] Düsseldorfer Nachrichten (im Folgenden zitiert als: DN), 34. Jg., Nr. 26, 30. Januar 1953. Runde Klammern im Original.
[220] Der Mittag, 29. Jg., Nr. 37, 14. Februar 1953. Nicht ohne Pikanterie ist in diesem Zusammenhang, daß die Tribünenkarten für den Rosenmontagszug 1953 in Benrath beim Reisebüro „EROS" zu beziehen waren. Vgl. Benrather Tageblatt vom 14. Februar 1953.
[221] StAD XXIII 362: Düsseldorfer Karneval 1949–1960; Karnevalsprogramm 1953.

10 Der Verfall der Sitten? Rosenmontag 1952: Mottowagen auf der Königsallee

Moralvorstellungen dauerhaft außer Kraft zu setzen und der „Moderne" Tor und Tür zu öffnen. Dabei übersah man jedoch beflissentlich, daß das zeitlich begrenzte Außerkraftsetzen der Alltagszwänge sowie die einige Tage während Überschreitung sexueller Normen seit jeher zu den Begleitumständen der närrischen Tage gehört hatten. Ähnlich wie für die Schützen implizierte „Tradition" für die Kritiker des Karnevals einen Wert an sich, dessen Bestandteile keinen Modifikationen unterliegen dürften. So wie in den dreißiger Jahren der Karneval aus der Zeit vor dem Ersten Weltkrieg glorifiziert wurde, idealisierten die in der Bundesrepublik Deutschland lebenden Sittenwächter den Karneval der zwanziger und dreißiger Jahre. Wie bei den Schützenfesten klafften die Erwartungshaltungen von Publikum und Kritikern weit auseinander.

Trotz all dieser Konfliktlinien blieb die wirtschaftliche Absicherung des Rosenmontagszuges in den folgenden Sessionen das Hauptproblem des Düsseldorfer Karnevals. Die 1950 großzügig gewährte Unterstützung zahlreicher Unternehmen fand in den folgenden Jahren keine entsprechende Nachahmung, so daß die beim ersten Rosenmontagszug erreichte Anzahl von 40 Wagen bis 1955 kein einziges Mal mehr erreicht werden konnte. Kein Jahr verging, in dem nicht darüber nachgedacht wurde, den Zug im nächsten Jahr ausfallen zu lassen. Im Juli 1951 entspann sich in den Düsseldorfer Zeitungen sogar die Diskussion, ob es nicht ratsam wäre, auf den Rosenmontagszug im folgenden Jahr zu verzichten und stattdessen einen „Rosensonntag" zu veranstalten. Diese Alternative hätte den Vorteil, daß man gemeinsam mit Köln für die Züge werben und sich im Zuge partnerschaftlicher Hilfe die Kosten teilen könne.[222]

Die mangelnden Erträge aus dem Verkauf von Karnevalsplaketten sowie die fehlende Hilfsbereitschaft von Industrie- und Hotelunternehmen hatten jährlich ansteigende Defizite zur Folge, die von der Stadt gedeckt werden mußten. Im Jahre 1955 belief sich dieses Defizit auf eine Summe von 48.116 Mark, die das Faß zum Überlaufen brachte und die Spaltung der Düsseldorfer Karnevalisten nach sich zog.

Erstmals gab die Stadtverwaltung deutlich zu verstehen, daß *„keine Neigung (bestehe), dem Rat der Stadt so ohne weiteres die Übernahme des Defizits (..) in Vorschlag zu bringen"*[223]. Es sei nicht länger hinzunehmen, daß die Stadt als Ausfallbürge für den Karnevalsausschuß fungiere, ohne Einsicht in das Finanzgebaren desselben zu haben. Zwar stimmte der Hauptausschuß *„nach Überwindung erheblicher Bedenken"*[224] sowie des Abzuges einiger Kostenposten der Gewährung eines Zuschusses von 30.085,87 Mark zu, doch erklärte man unmißverständlich, daß in Zukunft Subventionen nur noch aufgrund eines vor Beginn der Session gemeinsam aufgestellten Finanzierungsplanes gewährt würden, dessen Rahmen *„unter keinen Umständen mehr überschritten"* werden dürfe. Zusätzlich wurde der Karnevalsausschuß angewiesen, sich rechtzeitig und vermehrt um private Geldgeber zu bemühen. *„Sollte sich dabei ergeben, daß die Leistungen von privater Seite unzureichend sind, so wird als unausweichliche Folge dieses Verhaltens der Ausfall des Rosenmontagszuges nicht zu vermeiden sein."*

Nachdem Oberstadtdirektor Hensel diesen Sachverhalt Albert Kanehl am 19. April 1955 schriftlich mitgeteilt hatte, verkündete dieser auf der im Juli stattfindenden Generalversammlung des Karnevalsausschusses ohne weitere Angabe von Gründen, nicht mehr für das Amt des Präsidenten zu kandidieren![225] Der *„Großsiegelbewahrer aller karnevalistischen Belange"*[226] entzog sich – kommende Schwierigkeiten ahnend? – der Verantwortung und trat als lebenslänglicher Ehrenvorsitzender des Ausschusses in die zweite Reihe.

Zu seinem Nachfolger bestimmten die Mitglieder den Gastwirt Otto Kremer, an dessen Amtsführung recht bald *„starke Zweifel über die korrekte Lenkung der*

---

[222] Vgl. DN, 32. Jg., Nr. 164 und Nr. 171, 17. bzw. 25. Juli 1951; Rhein-Echo, 6. Jg., Nr. 168, 21. Juli 1951; Der Mittag, 27. Jg., Nr. 162, 16. Juli 1951.

[223] StAD IV 5801: Karneval September 1955 – Juli 1956; Schriftliche Mitteilung von OStD Hensel an StDir Reiner Rausch und Stadtkämmerer Rudolf Reisinger über die Sitzung des Ältestenrats vom 16. April 1955; nicht paginiert.

[224] StAD IV 5801: Schreiben Hensel an Kanehl vom 19. April 1955; nicht paginiert. Dort auch das folgende Zitat.

[225] Vgl. RP, 10. Jg., Nr. 161, 15. Juli 1955.

[226] RP, 4. Jg., Nr. 101, 27. August 1949.

*von der Stadt und von Verbänden zur Verfügung gestellten und treuhänderisch zu verwaltenden Gelder"*²²⁷ angemeldet wurden. Innerhalb des Karnevalsausschusses bildeten sich zwei Lager. Die sieben größten Karnevalsvereine sowie Vertreter der „Düsseldorfer Jonges", des St.-Sebastianus-Schützenvereins und der Stadt Düsseldorf gründeten am 2. November 1955 das „Komitee Düsseldorfer Karneval", dessen auch als Vorsitzender der „Großen Karnevalsgesellschaft" waltender Präsident, Walter Thierbach, den verbliebenen Mitgliedern des Karnevalsausschusses vorwarf, „z[um] T[eil] *ihren gesamten Lebensunterhalt"* aus den von der Stadt bereitgestellten Geldern zu bestreiten. Daraufhin beschuldigte der Karnevalsausschuß den im Namen der städtischen Behörden bei der konstituierenden Versammlung des Komitees anwesenden Leiter des Werbe- und Verkehrsamtes, Karl Franz Schweig, sich unhaltbare Gerüchte über die Kassenführung des Ausschusses ungeprüft zu Eigen gemacht zu haben und für den Bruch des Düsseldorfer Karnevals die Hauptschuld zu tragen.²²⁸

Zwar hielt zum Hoppeditz-Erwachen 1955 noch einmal Albert Kanehl die Festrede, um eine weitere Eskalation zu vermeiden, doch war das Zerwürfnis zwischen den Karnevalisten nicht mehr zu kitten. Die Session 1955/56 wurde unter der Vermittlung der Stadt von zwei verschiedenen Festausschüssen vorbereitet. Nur sieben Jahre nach seiner Neukonstituierung hatte der Karnevalsausschuß der Stadt Düsseldorf seine integrative Stellung eingebüßt.

3. Das Düsseldorfer Martinsfest

„Laßt uns froh und munter sein
und uns heute kindlich freu'n."²²⁹

Stellt das Schützenfest das größte, der Karneval das ausgelassenste Düsseldorfer Volksfest dar, so ist das Martinsfest das älteste aller in Düsseldorf gefeierten Feste. Seine heidnischen Ursprünge reichen bis weit in die Antike zurück, wo es von den Germanen als Feier des Herbstopfers begangen wurde, um die dem ranghöchsten Gott Wotan geweihte Winterzeit einzuläuten. Die christliche Kirche deutete den Sinngehalt und die Symbolik des Festes zu Ende des 5. Jahrhunderts

---

227 StAD IV 5801: Schreiben von Walter Thierbach an Hensel vom 28. Oktober 1955; nicht paginiert. Dort auch das folgende Zitat.
228 StAD IV 5801: Schreiben von Kurt Streckfuss, 1. Schriftführer des Karnevalsausschusses, an Schweig vom 15. Dezember 1955; nicht paginiert.
229 Dieses sind die ersten beiden Zeilen des von dem Düsseldorfer Lehrer Franz August Stapper 1855 zum Martinslied umgetexteten Nikolausliedes „Laßt uns froh und munter sein". Ausführlich zu Stapper und der Entwicklung des Liedes vgl. August Dahm, Das Martinsfest in Düsseldorf, in: Das Tor, 1. Jg., Nr. 8, November 1932, S. 101-105 sowie: „Laßt und froh und munter sein! Erinnerungen an den Düsseldorfer Lehrer Stapper, in: RP, 5. Jg., Nr. 263, 10. November 1950.

um und widmete es dem Hl. Martin, jenem um das Jahr 400 gestorbenen Bischof von Tours, der als Beschützer des Frankenvolkes verehrt wurde.[230]

In Düsseldorf wird das Fest, wie einer Gasthausrechnung des ehemaligen Hubertusspitals auf der Ratinger Straße zu entnehmen ist, nachweislich seit 1431 gefeiert. Die in heutiger Zeit bekannte Form des Festes wurde hingegen erst zu Beginn der 80er Jahre des 19. Jahrhunderts etabliert, als erstmals ein Martinszug durch die Stadt zog, den ab 1890 Musikkapellen begleiteten.

Da das Martinsfest nach dem Ersten Weltkrieg zunehmend von Parteien und Firmen dazu benutzt wurde, um politische Parolen und geschäftsfördernde Werbeangebote zu verbreiten, übernahmen die „Alde Düsseldorfer" ab 1920 die Organisation der Züge in der Absicht, den überlieferten Ablauf des Festes zu bewahren. In die Rolle des *„getreuen Eckharts"*[231] für das Heimatfest schlüpfte Ludwig Kreutzer, der im Jahre 1925 die „Vereinigung der Martinsfreunde" ins Leben rief, die fortan für die Planung, Koordination und Durchführung der Mitte der 20er Jahre fast 50 durch das Stadtgebiet führenden Martinszüge verantwortlich war. Kreutzer war es auch, der 1926 die erste Ausstellung der schönsten, von Kindern angefertigten Martinslampen und 1930 die erste symbolische Mantelteilung auf dem Marktplatz initiierte.[232]

Durch den Ausbruch des Zweiten Weltkrieges wurde die lange Tradition des Martinsfestes, das in Düsseldorf seit jeher als Fest der Kinder gefeiert worden war, jäh unterbrochen. Bereits der für 1939 geplante Umzug fiel Verdunklungsanordnungen zum Opfer.[233] Als sich die Mitglieder und zahlreiche Gäste des Heimatvereins „Alde Düsseldorfer" am 2. August 1945 in der ersten von der Militärregierung genehmigten öffentlichen Versammlung im Vereinslokal „Zinterklöske" trafen, lösten die Mitteilungen des Vorsitzenden, Willy Küpper, deshalb umso größere Freudenrufe aus. Zunächst berichtete er, daß die Briten *„durchaus geneigt [seien], der Bevölkerung Bewegungsfreiheit bezüglich ihres Eigenlebens, ihrer guten Gewohnheiten und Bräuche zuzugestehen."* Noch größere Begeisterung als diese Auskunft rief die Ankündigung hervor, *„daß alle Aussicht besteht, in diesem Jahre schon wieder das alte, schöne Martinsfest in Düsseldorf zu begehen"*[234] – jenes Fest, das in der Bevölkerung genauso beliebt war wie das Schützenfest und der Karneval und von seinen Verfechtern als *„echtestes aller Düsseldorfer Feste"*[235] verherrlicht wurde.

Um das sofort von allen Anwesenden als vornehmliche Aufgabe der Vereinsarbeit postulierte Vorhaben, in den nächsten drei Monaten einen Martinszug auf

---

[230] Zur Geschichte der Martinsverehrung und ihrer Ursprünge vgl. August Dahm, Das Martinsfest. Unter besonderer Berücksichtigung des Düsseldorfer Martinsfestes, Düsseldorf 1945; Ferner: RP, 4. Jg., Nr. 164, 10. November 1949.

[231] RP, 5. Jg., Nr. 263, 10. November 1950.

[232] Ausführlich zur Geschichte des Martinsfestes in Düsseldorf vgl. Dahm, Das Martinsfest; ferner: M. Ströter, Düsseldorfer Martinsabend, in: Das Tor, 30. Jg., Nr. 11, November 1964, S. 202–205.

[233] Vgl. DN, 22. Jg., Nr. 298, 28. Oktober 1939.

[234] NRZ, 1. Jg., Nr. 4, 4. August 1945. Dort auch das vorhergehende Zitat.

[235] RP, 5. Jg., Nr. 264, 11. November 1950.

die Beine zu stellen, verwirklichen zu können, mußten die Martinsfreunde jedoch eine Reihe von Schwierigkeiten aus dem Weg räumen. Denn die von Küpper geäußerte Zuversicht, mit der Unterstützung der Besatzungsmacht rechnen zu können, stützte sich ausschließlich auf das von britischer Seite mündlich bekundete Wohlwollen. Einen förmlichen Antrag zur Genehmigung des Festes hatten die „Alde" im August noch nicht eingereicht. Dieses Schreiben setzten Ludwig Kreutzer und der erste Schriftführer der Vereinigung der Martinsfreunde, F. Willy Oyen, am 7. September 1945 auf. Darin baten sie Oberbürgermeister Kolb, sich bei der Militärregierung für die Zulassung des Martinszuges und die Genehmigung der Martinslampenausstellung vom 15. Oktober bis zum 5. November in der Kunsthalle einzusetzen sowie die Erlaubnis für eine Haussammlung zur Finanzierung des Zuges zu erwirken.

Das augenscheinlich feste Vertrauen auf diesbezügliche Zusagen spiegelte sich im mitgeteilten Stand der Vorbereitungen wider. Geplant war die Durchführung von 15 Zügen im ganzen Stadtgebiet. Die Musikkapellen waren zum größten Teil bereits engagiert und auch die Aufstellung des traditionellerweise größten Zuges in der Altstadt stand bereits fest. Demnach war beabsichtigt, die insgesamt erwarteten 20.000 Teilnehmer von einem Herold und vier Knappen anführen zu lassen, denen ein Martin-Soldat und ein Martin-Bischof – begleitet von je sechs weiteren, aus Angehörigen der religiösen Jugendverbände dargestellten Knappen und einer Gruppe von Martinsgänsen – folgen sollten. Selbst die Mantelteilung vor dem Rathaus, nach deren Beendigung eine Gruppe von Radschlägern das „Gripschen"[236] demonstrieren sollte, war bereits fest eingeplant.[237]

Die Briten, die noch wenige Monate zuvor die Fronleichnamsprozession wegen der befürchteten Gefährdung der öffentlichen Sicherheit verboten hatten, zeigten sich kooperativ und erteilten dem von Kolb am 12. September befürwortend weitergeleiteten Antrag die Bewilligung. Auf die Mantelteilung mußten die Veranstalter allerdings verzichten, da die abzusehende Menschenansammlung die personell unterbesetzten Sicherheitskräfte vor unlösbare organisatorische Probleme gestellt hätte.

Um der Militärregierung mit dem Gelingen des Martinsfestes zu zeigen, *„wieviel Gemeinschaftsgeist, Sinn für Tradition, Gemüt und Phantasie in unserer geliebten Düsselstadt trotz Krieg und Not lebendig sind"*[238], waren die Initiatoren um Ludwig Kreutzer aber nicht nur auf die Hilfe der Briten, sondern auch auf die tatkräftige Unterstützung von Stadtverwaltung und Bevölkerung angewiesen.

---

[236] Der Begriff des „Gripschens" leitet sich vom niederdeutschen „Griepen" her, was soviel wie „Greifen" bedeutet. Damit umschrieben ist der verbreitete Brauch der Kinder, nach den Martinszügen bei Geschäfts- und Privatleuten Martinslieder abzusingen, in der Hoffnung, dadurch einige Gaben zu bekommen. Wurden diese verwehrt oder fielen sie zu spärlich aus, ertönte ein Spottgesang, der den Verspotteten als „Jizzhals" verhöhnte. Vgl. Dahm, Das Martinsfest in Düsseldorf, S. 102/103.

[237] StAD IV 3460: Schreiben der Vereinigung der Martinsfreunde an OB Kolb vom 7. September 1945; nicht paginiert.

[238] Ebd.

Das weitaus größte Problem stellte nämlich die Beschaffung der erforderlichen Mengen Bunt- und Pergamentpapier, Kerzen, Blech und Leim für die Herstellung der Martinslampen sowie nicht zuletzt die Bereitstellung von Mehl, Zucker, Fett und Milch zur Anfertigung der für die Kinderbescherung benötigten Weckmänner dar. Doch auch hier fand sich Abhilfe: Die Erwachsenen folgten einem von der „NRZ" im August erlassenen Aufruf und stellten den Kindern das *„aus glücklicherweise vergangenen und fast vergessenen Bunkerzeiten und Kellertagen"*[239] übriggebliebene Material zur Verfügung, so daß die letztendlich vom 20. Oktober bis zum 4. November in den Räumen des Hetjensmuseums im Ehrenhof stattfindende Martinslampenausstellung, zu der sich bis Ende Oktober weit über 10.000 Besucher einfanden,[240] ein voller Erfolg wurde. Der städtischen Wirtschaftslenkungsstelle hingegen gelang es, soviel Mehl und Fett bereitzustellen, daß – ohne die allgemeine Versorgungslage zusätzlich zu belasten – 60.000 Kinder mit einem Weckmann und einem Apfel beschert werden konnten.[241]

Als sich die insgesamt 16 Martinszüge am 10. November 1945 zwischen 16.30 und 17.30 Uhr von den angesetzten Sammelplätzen in Bewegung setzten, wurde allein der Zug durch die Altstadt von 265 Polizeibeamten begleitet, die unter anderem darauf zu achten hatten, daß sich kein Teilnehmer vorzeitig aus der Gruppe entfernte, und dafür Sorge tragen mußten, daß das *„Mitführen von Fackeln oder Transparenten mit geschäftlichen, politischen oder sonstigen anstößigen Aufschriften, insbesondere solche mit Hakenkreuz oder anderen nationalsozialistischen Emblemen"*[242] tunlichst unterblieb!

Entgegen dieser Befürchtungen verlief der erste Nachkriegs-Martinsabend ohne Störungen und bezeugte zum einen, *„wie sehr die Bevölkerung sich nach ein wenig Freude und nach den kleinen heimatstädtischen Festen sehn[t]e"*[243], zum anderen aber das Bewußtsein, nur durch gegenseitige Hilfe die Not des Alltags aushalten zu können:

> *„O Kinderseligkeit, die auch uns Große mitreißt in das glückhaft selige Land früher Tage. Wir werden die Trümmer vergessen und wie Kinder das Licht sehen, das schon immer Sinnbild von Beginn und Freude war. (...). Gerade Sankt Martin hat uns heute viel zu sagen. Er ruft uns zu: 'Seht Ihr sie nicht, die links und rechts neben euch arbeiten und die so vieles, vielleicht alles verloren haben?' Martinsabend, Tag des Lichtes und der Güte. Entzündet heute*

---

[239] NRZ, 1. Jg., Nr. 11, 29. August 1945.
[240] NRZ, 1. Jg., Nr. 29, 31. Oktober 1945.
[241] Vgl. ebd. sowie: Ströter, Düsseldorfer Martinsabend, S. 204. Eine gesonderte Veranstaltung stellte die am Martinsabend im Rathaus vorgenommene Bescherung von 80 KZ- und Kriegswaisen dar. StAD IV 3460: Zeitplan des offiziellen Teils des Martinsabends im Rathaus; ohne Datum, nicht paginiert.
[242] StAD IV 3460: Polizeianweisung für die Martinszüge vom 6. November 1945; nicht paginiert. Zur Anzahl der Polizisten, von denen 175 Polizei-Anwärter waren (!), vgl.: StAD IV 809: Lagebericht des Polizei-Obersten Rost für die Zeit vom 16. Oktober – 15. November 1945, Bl. 196.
[243] So lautet das Resümee von OB Kolb. NRZ, 1. Jg., Nr. 34, 17. November 1945.

11 St. Martin 1945: Kinderseligkeit auf dem Marktplatz

abend die Fackeln der hilfsbereiten Liebe an seinem Licht und tragt sie hinein in den Alltag!"[244]

Angesichts der großen Anteilnahme der Düsseldorfer an dem durchweg als Hoffnungsschimmer gedeuteten Martinsfest verwundert es nicht, wenn das Ausmaß des Festtages von Jahr zu Jahr zunahm. Bereits 1946 konnten durch die abermalige Improvisationskunst des Amtes für Ernährung und Wirtschaft mehr als 80.000 Kinder mit einem Apfel, einer Kerze und einem 170 Gramm schweren Weckmann beschert werden.[245] Zogen im gleichen Jahr bereits 26 Martinszüge durch die Stadt, so konnten 1948 rund 100.000 Kinder in 50 Zügen gezählt werden, für deren musikalische Umrahmung erstmals auf auswärtige Musikanten aus

---

[244] NRZ, 1. Jg., Nr. 32, 10. November 1945.
[245] Die benötigten Äpfel entstammten einer Sonderlieferung aus Hamburg. Für die Weckmänner organisierte das Amt insgesamt 8.000 kg Mehl, 800 kg Zucker, 600 kg Fett und 4.000 Liter Milch. StAD IV 3460: Briefe von Stadtsyndikus Dr. Schiffers vom 23. und 24. September 1945 an StDir Hensel, nicht paginiert. Vgl. auch: Ströter, Düsseldorfer Martinsabend, S. 204.

dem Bergischen Land zurückgegriffen werden mußte. Trotz dieses Aufschwungs, der auch den Beliebtheitsgrad der alljährlich mit viel Aufwand betriebenen Ausstellung der Martinslampen ansteigen ließ, stand die angesichts des allgemeinen Mangels an Lebensmitteln, Wohnungen, Kleidung und Brennstoffen insbesondere während der Besatzungszeit offenbare Symbolik des Martinsfestes weiterhin im Mittelpunkt der Betrachtung. So nahm die „Rheinische Post" den 10. November 1946 zum Anlaß, gleich in mehreren Artikeln die Bedeutungsschwere des Festes zu reflektieren und die unmittelbare Beziehung zwischen Fest und Alltag herzustellen.

> *„Das nackte Elend in den Bunkern der Städte, bei den Flüchtlingen auf dem Lande, verlangt heute gebieterisch nach dem die Blöße deckenden Mantel, nach der sich gütig ausstreckenden Hand, nach der tätigen Liebesgesinnung des einzelnen."*[246]

Die selbstlose Tat des Hl. Martin, sein letztes Hab und Gut mit einem anderen zu teilen, wurde als leuchtendes Beispiel für die bitter benötigte Solidarität untereinander herausgestellt, mehr noch aber als Appell an das Gewissen der vermeintlich wohlhabenderen Alliierten gerichtet, das deutsche Volk nicht in Elend und Hunger versinken zu lassen, was nichts anderes bedeute, als *„die geistige Grundlage der ganzen abendländischen Welt in Frage zu stellen."*

> *„Den Siegern auch gib Segen*
> *Auf ihren fremden Wegen*
> *Im Land voll Not und Pein,*
> *Daß sie im wunden Frieden*
> *Nicht harte Ketten schmieden*
> *Laß in der Macht sie milde sein."*[247]

Obwohl sogar noch die 1950 vollzogene Mantelteilung symbolisch als *„Pflicht für jeden"*[248] ausgelegt wurde, machte sich schon früh ein gewandeltes Bewußtsein bemerkbar, das neben dem Sinngehalt auch die äußere Form des Martinsfestes in die Perspektive der Berichterstattung rücken sowie zum Gegenstand von Diskussionen werden ließ. Waren die Veranstalter 1945 froh gewesen, überhaupt einen Zug zustande zu bringen und auf kurzerhand zusammengestellte Musikgruppen zurückgreifen zu können, wurde bereits zwei Jahre später das Niveau der den Grafenberger Martinszug begleitenden Kapellen, deren Darbietungen *„selbst den schlichten Ansprüchen Sieben- und Achtjähriger widersprach*[en]*"*[249], bemängelt.

---

[246] RP, 1. Jg., Nr. 73, 9. November 1946. Dort auch das folgende Zitat. Ein Artikel ähnlichen Inhalts erschien zwei Tage später.
[247] Hierbei handelt es sich um eine Strophe des von Paul Vogelpoth stammenden Gedichts „St. Martin 1946", das zur Melodie von „Der Mond ist aufgegangen" gesungen werden sollte. RP, 1. Jg., Nr. 73, 9. November 1946.
[248] RP, 5. Jg., Nr. 264, 11. November 1950.
[249] RP, 2. Jg., Nr. 90, 12. November 1947.

12 Der Martinszug im Jahre 1949

Im gleichen Jahr mußte sich der für die Organisation des Geschehens in der Altstadt mitverantwortliche Leiter des Werbe- und Verkehrsamtes, Wenzel, von Stadtdirektor Rausch den Vorwurf gefallen lassen, *„daß das Martinsfest in der Altstadt organisatorisch verunglückt ist."*[250] Grund für diese Kritik war das vor der Mantelteilung einsetzende Pfeifkonzert von Erwachsenen und Jugendlichen, welches den *„reib- und störungsfreien Verlauf"* der Veranstaltung erheblich beeinträchtigte. Zu den Ursachen für diese – von tätlichen Ausschreitungen gegen das Ordnungspersonal begleiteten – Entgleisung befragt, lastete die Vereinigung der Martinsfreunde die Schuld der unerwarteten Anzahl der Teilnehmer, vor allem aber dem unbeherrschten Verhalten *„der ungezügelten Halbwüchsigen"* an, die deshalb in Zukunft von den Zügen fern gehalten werden sollten. Zudem forderten die Martinsfreunde die Verantwortlichen der Stadt auf, *„daß* [im nächsten Jahr, F.W.] *eine zweckentsprechende Auswahl der Schallplatten erfolgt. Jazz- und*

---

[250] StAD IV 1687: Ausstellungen, Tagungen (Veranstaltungen, Feste und Besuche) 1946–1948; Schreiben von StDir Rausch an Wenzel, Leiter des Werbeamtes, vom 15. November 1947; nicht paginiert.

Tanzweisen können unmöglich eine Stimmung erwecken, die sich harmonisch dem Sinn und Charakter des Tagesgeschehens anpasst."[251]

Wie beim Schützenfest und Karneval versetzte der wirtschaftliche Aufschwung die Organisatoren des Martinsfestes in die schwierige Lage, den schmalen Grad zwischen den zunehmenden Konsum- und Unterhaltungsansprüchen des Publikums einerseits und der Traditionswahrung andererseits ausbalancieren zu müssen. Wurden die schönsten, von den Kindern gebastelten Martinslampen in den ersten Jahren noch mit einem Kinderbuch prämiert, erhielten die Preisträger ab 1950 ein Sparkassenbuch über fünfzig Mark, was den zeitgemäßen Wettbewerbscharakter der Ausstellung stärker als bis dahin unterstrich.

Obwohl das Martinsfest in allen Broschüren des Fremdenverkehrsamtes als touristische Attraktion beschrieben wurde, das viele Besucher in die Stadt locke,[252] verbaten sich die Organisatoren jeden Reklamerummel während des Martinsabends. So rief die erstmals nach dem Krieg im Jahre 1953 wieder vorgenommene Ausschmückung der Bolkerstraße zwar helle Begeisterung hervor, doch wurde schon zwei Jahre später die Forderung erhoben, *„die Leuchtreklamen der Geschäfte und Gaststätten"*[253] auszuschalten, um die traditionelle Form des Festes nicht durch Profitinteressen zu stören.

Hatten verschiedene Geschäftsleute bereits 1950 dafür plädiert, daß jeder Stadtteil sein eigenes Martinsfest durchführe, um gezielt werbewirksame Gaben verteilen zu können,[254] argumentierten die Verfechter der überlieferten Sitte, wonach zwar jeder Stadtteil einen eigenen Zug veranstaltete, alle Züge aber zur gleichen Zeit stattfanden, St. Martin stelle eines der wenigen Feste dar, das sich die Großstadt *„in aller nervenzermahlenden Zeit aus dem heimischen Brauchtum erhalten"*[255] habe und dessen Essenz deshalb nicht grob entstellt werden dürfe.

St. Martin, Karneval und Schützenfest galten und gelten als Inbegriffe des Düsseldorfer Festkalenders. Keine sonstigen Veranstaltungen erfreuen sich solcher Beliebtheit oder repräsentieren so offensichtlich den sprichwörtlichen rheinischen Frohsinn, die von den Stadtvätern propagierte Offenheit und das Traditionsbewußtsein der Düsseldorfer Bürger.

Gerade aber das Spannungsfeld zwischen Modernität und Tradition hat das Erscheinungsbild und die vermittelten Inhalte der drei großen Volksfeste in den Jahren zwischen 1945 und 1955 entscheidend geprägt. Wie die Darstellung der Entwicklung dieser Veranstaltungen offenbart hat, veränderte sich der Charakter der Heimatfeste umso nachhaltiger, je deutlicher sich die Lebensbedingungen in der Stadt verbesserten. Im Zuge der durch den ungeheuren Erfolg des „Wirt-

---

[251] StAD IV 1687: Schreiben der Vereinigung der Martinsfreunde an Wenzel vom 19. Dezember 1947; nicht paginiert. Dort auch das vorhergehende Zitat.
[252] Vgl. stellvertretend: Werbe- und Verkehrsamt der Stadt Düsseldorf (Hrsg.), Düsseldorf, die elegante, gastliche Stadt am Rhein, S. 7–9.
[253] RP, 10. Jg., Nr. 262, 11. November 1955.
[254] DN, 31. Jg., Nr. 222, 22. September 1950.
[255] Wochenspiegel, 6. Jg., Nr. 21, 1.-15. November 1953, S. 10.

schaftswunders" veränderten Ansprüche des Publikums, das nach langen Jahren der Entbehrung nach Wohlstand, Luxus und Unterhaltung strebte, verlagerte sich auch der von den Heimatvereinen eingeforderte Sinngehalt der Feste. Die althergebrachten Brauchhandlungen, die in der frühen Nachkriegszeit im Zentrum der Feierlichkeiten gestanden hatten und der notleidenden Bevölkerung über die Erinnerung an frühere Zeiten die Hoffnung auf eine bessere Zukunft vermittelten, büßten ihre identitätsstiftende Funktion mit Beginn der 50er Jahre vermeintlich ein und bildeten nurmehr den Anlaß für den Besuch von Sensationen, touristischen Magneten und Kassenschlagern.

Diese Entwicklung stieß auf nachhaltige Ablehnung der Heimatvereine. Zwar konnte man nicht umhin, der veränderten Anspruchshaltung der Besucher in gewissem Rahmen entgegenzukommen, doch war es die eigentliche Absicht der selbsternannten Gralshüter des heimatlichen Brauchtums, den als Bedrohung der Tradition empfundenen völligen Bedeutungsverlust der vaterstädtischen Feste abzuwehren und – wenn möglich – umzukehren. Kritik an den starren Abläufen der Zeremonien, wie sie sich etwa in dem 1947 veranstalteten Pfeifkonzert auf dem Marktplatz äußerte, wurde nicht als Anregung begriffen, über eine Umgestaltung der Volksfeste nachzudenken, sondern vielmehr als Angriff auf die Geschichte verstanden. Die maßgeblichen Personen der Heimatvereine wiesen dem Begriff der „Tradition", der stets im Zusammenhang mit jenem der „Heimat" gebraucht wurde, einen eigenen Wert zu, der geeignet war, die Vergangenheit zu glorifizieren, die Gegenwart hingegen einen faden Beigeschmack erhalten ließ. Diese „Unfähigkeit zur Gegenwart" versperrte den Heimatvereinen die Einsicht, Geschichte als fortwährenden Prozeß der Veränderung zu akzeptieren. *Die* Vergangenheit avancierte zur romantisch verklärten Idylle, die gegen alle Modernisierungsbestrebungen – von Tanzweisen bis zur Leuchtreklame – verteidigt werden mußte. Im Folgenden soll deshalb dargestellt werden, mit welchen Inhalten die oftmals in mehreren Vereinen gleichzeitig führende Positionen einnehmenden Repräsentanten der Düsseldorfer Heimatvereine den Begriff der „Heimat" füllten und auf welche Weise diese Besetzung das Verhältnis der Verantwortlichen zur Gegenwart der 50er Jahre widerspiegelt.

4. Vergangenheitsverklärung und Zivilisationsangst: Der Begriff der Heimat

„Heimat ist der Schwerpunkt der Seele und ist in
engerem wie im weiteren Sinne der Wert, der Glück
oder Unglück des Menschen überhaupt bestimmt."[256]

„An der Heimat halte fest" sangen die Vereinigten Düsseldorfer Männerchöre am 2. Dezember 1945 unter der Leitung von Kapellmeister Allhoff zur Begrüßung

---

[256] Das Tor, 17. Jg., Nr. 9, September 1951, S. 143.

der anwesenden Prominenten und Bürger,[257] bevor Oberbürgermeister Walter Kolb in einer feierlichen Zeremonie die Enthüllung des Jan-Wellem-Denkmals vornahm. Bereits eine Woche zuvor war das von dem Bildhauer Gabriel Grupello im Jahre 1711 geschaffene Monument in einem großen Festzug durch die Straßen der Stadt zu seinem alten Standort, dem Marktplatz, gefahren worden, nachdem man es aus seiner 380 Tage währenden Evakuierung in einem Gerresheimer Bergstollen befreit hatte. In diesen, nach Vorschlägen des Kaiser-Wilhelm-Instituts für Eisenforschung angelegten Stollen war das Denkmal am 17. November 1944 gebracht worden, um es vor den Bombenangriffen der Alliierten zu schützen. Kurioserweise war es der englische Kunstschutzoffizier Major Ross, der sich im August 1945 als erster um den Zustand des Bronzestandbildes besorgt zeigte und Kolb dazu veranlaßte, es wieder auf seinen alten Platz vor dem Rathaus aufstellen zu lassen.[258]

Der Oberbürgermeister beschloß, die Wiederaufstellung zum Anlaß zu nehmen, den Bürgern einige schöne Tage zu bereiten, *„die der einst so fröhlichen Stadt Düsseldorf auch in dieser ernsten Zeit angemessen sind"*[259], und übergab die Planung der Feierlichkeiten in die Hände der Heimatvereine. Der in denkbar knapper Frist vorbereitete Festzug trug denn auch deutlich die Handschrift seiner Organisatoren. Vorneweg zog eine Gruppe von zwanzig Radschlägern, denen historisch gekleidete Herolde, Fanfarenbläser, Reiter, eine Spielmannsgruppe in Landsknechtwämsern und nicht zuletzt die in traditionellen Uniformen mitmarschierenden Schützen folgten. Das Zentrum des Zuges bildeten hingegen der mit Blumen und Girlanden geschmückte Tieflader, auf dem sich das Standbild Jan Wellems befand, sowie die ebenfalls auf einem Wagen transportierte, nicht weniger umjubelte Statue des legendären Gießerjungens.[260]

Der einer Prozession gleichkommende, geballte Aufzug der Wahrzeichen der Stadt verfehlte seine Wirkung nicht. Mehrere tausend Düsseldorfer säumten die festlich dekorierten Straßen und begingen den Tag *„trotz der drückenden Not als ein Volksfest"*[261]. Wie beim ersten Martinsfest, den ersten Schützenfesten und Karnevalszügen, wurde auch die Wiederaufstellung des Reiterstandbildes als *„Beginn einer neuen Zeit"*[262] verstanden, als Symbol, *„daß die Stadt sich selbst wiederfand"*[263]. Die an zwei aufeinanderfolgenden Sonntagen stattfindenden

---

[257] StAD XXIII 295: Festfolge für die feierliche Einholung des „Jan Wellem"; nicht paginiert. Vgl. auch: NRZ, 1. Jg., Nr. 39, 5. Dezember 1945.
[258] Vgl. Ursula Posny, Jan Wellem überlebte in Gerresheim, in: Bei uns in Gerresheim und Vennhausen, Beilage der RP, 39. Jg., Nr. 199, 19. April 1984 sowie: Paul Kauhausen, Ein neuer Beitrag zur Geschichte des Jan Wellem-Denkmals, in: Das Tor, 21. Jg., Nr. 9, September 1955, S. 174–186.
[259] NRZ, 1. Jg., Nr. 30, 3. November 1945.
[260] StAD XXIII 295: Festfolge für die feierliche Einholung des „Jan Wellem"; nicht paginiert. Ferner: NRZ, 1. Jg., Nr. 37, 28. November 1945. Der „Gießerjunge" war der Gehilfe des Bildhauers Grupello. Legendär wurde er, weil es angeblich sein Verdienst war, das Reiterstandbild in einem Stück zu gießen.
[261] Das Tor, 35. Jg., Nr. 1, Januar 1969, S. 2.
[262] StAD XXIII 295: Festfolge für die feierliche Einholung des „Jan Wellem"; nicht paginiert.
[263] Das Tor, 35. Jg., Nr. 1, Januar 1969, S. 2.

13 Die Rückkehr des Jan-Wellem-Standbildes auf den Düsseldorfer Marktplatz am 25. November 1945

Feierlichkeiten, an die sich die Eröffnung des ersten Weihnachtsmarktes am alten Schloßturm anschloß, ermunterte die Bürger, sich an die unbekümmerte und friedvolle Vergangenheit zu erinnern und dem sorgenbeladenen Alltag mit einem trotzigen Optimismus entgegenzutreten:

> *„In seiner ehernen Ruhe, mit der er* [Jan Wellem, F.W.] *über die Trümmer hinweg in die Zukunft schaut, sei er uns Trost in der trüben Gegenwart und Mahnung, daß der verloren ist, der sich selber aufgibt."*264

Als Beginn einer neuen Zeit, die eine bessere und schönere Zukunft verhieß, wurde die „Heimholung" Jan Wellems aber nicht nur von den Einwohnern der zerstörten Stadt, sondern auch und insbesondere von den Repräsentanten des organisierten heimatlichen Brauchtums gedeutet, obwohl sich schnell zeigte,

---

264 Dieser Satz entstammt der von Hans Müller-Schlösser aus Anlaß der Wiederaufstellung entworfenen Urkunde, die nach der Verlesung durch Fritz Tillmann von den Städtischen Bühnen am 2. Dezember 1945 in den Denkmalsockel eingemauert wurde. Zit. nach: Kauhausen, Ein neuer Beitrag zur Geschichte des Jan Wellem-Denkmals, S. 180.

daß letztere nahezu nahtlos an die Vergangenheit anknüpften. So stand nicht der durch die Folgen des Krieges verursachte Bruch, sondern vielmehr die durch keine „Stunde Null" beeinträchtigte Kontinuität der seit jeher verfolgten Zielsetzungen im Mittelpunkt der öffentlichen Verlautbarungen. Dementsprechend stellte der einflußreichste und weit über die Stadtgrenzen Düsseldorfs bekannte Heimatverein der „Düsseldorfer Jonges" auf der Titelseite der ersten, nach dem Krieg erscheinenden Ausgabe seines Vereinsorgans „Das Tor" heraus, stets „*Rufer im Kampfe um die heimatlichen Belange gewesen*"[265] zu sein und diese Aufgabe nun – nach dem Wiederaufleben des Vereinslebens – unbeirrt weiter verfolgen zu wollen.

Das Anliegen der am 16. März 1932 in Konkurrenz zu der Bürgergesellschaft „Alde Düsseldorfer" bewußt als „Heimatbewegung" gegründeten „Jonges" war von vornherein auf den Begriff der „Heimat" fixiert. Die im April des Gründungsjahres bekanntgegebene Zielsetzung formulierte programmatisch, „*die Pflege und Förderung der heimischen Mundart und Geschichte, der hergebrachten Gebräuche und der heimatlichen Belange*" zu bezwecken.

> „Sie [die Vereinigung „Düsseldorfer Jonges", F.W.] *will in dem angedeuteten Rahmen den Heimatgedanken pflegen, nicht vereinsmäßig, sondern getragen von in der Heimat verwurzelten Kräften, in lebendiger Fühlungnahme mit allen gleichgesinnten Menschen und Kreisen der Bevölkerung und den Behörden, um die Liebe zur Heimat zu vertiefen und zu veredeln, den Sinn für die Heimat wachzuhalten und zu fördern, die Schönheiten der Heimat zu erhalten und zu mehren.*"[266]

Aufgrund ihrer sofort entfalteten Aktivitäten, die ihren Ausdruck vor allem in einer Vielzahl von Denkmalweihen und Gedenkfeiern für verdiente Vertreter der heimatlichen Kunst, Dichtung und Architektur fanden, sowie der Popularität ihres ersten Vorsitzenden, des Bäckermeisters Willi Weidenhaupt[267], avancierten die „Jonges" binnen kürzester Zeit zu dem, was sie in der ersten Ausgabe der Vereinszeitschrift als ihren Ehrgeiz bezeichnet hatten: Sie wurden der „*Brennpunkt aller heimatlichen Bestrebungen*"[268]. Bereits zu Ende des Jahres 1932 zählte

---

[265] Das Tor, 13. Jg., Nr. 1, November 1947, S. 1.
[266] Das Tor, 1. Jg., Nr. 1, April 1932, S. 1. Dort auch das vorhergehende Zitat.
[267] Einige biographische Hinweise finden sich in: StAD XXII W 18: Material zu einer Würdigung W. Weidenhaupts (maschinenschriftlich), die von Hugo Weidenhaupt, einem Neffen des 1. Baas und dem langjährigen Leiter des Düsseldorfer Stadtarchivs, aufgezeichnet wurden. Allgemein zur Geschichte der „Düsseldorfer Jonges" siehe: Weidenhaupt, Geschichte des Heimatvereins „Düsseldorfer Jonges" bis zum Amtsantritt des Präsidenten Hermann H. Raths, S. 7–23 sowie Ders., Die Geschichte des Heimatvereins „Düsseldorfer Jonges" 1932–1982, in: Ders., Aus Düsseldorfs Vergangenheit. Aufsätze aus vier Jahrzehnten, S. 261–280.
[268] Das Tor, 1. Jg., Nr. 1, April 1932, S. 1.

die Vereinigung mehr als 500 Mitglieder und erfreute sich der Unterstützung von Kirchenmännern, Kommunalpolitikern und anderen in der Stadt ansässigen Brauchtumsvereinen. Daran änderte sich zunächst auch nach der Machtübernahme durch die Nationalsozialisten nichts, deren Politik die „Jonges" anfänglich durchaus wohlwollend gegenüberstanden, schienen die neuen Herrscher doch nichts anderes zu verfolgen, als die *„Ehrfurcht vor dem Wirken vergangener Geschlechter"* wachzuhalten und *„den Stolz auf die engere und weitere Heimat zu mehren"*[269]. Dementsprechend verkündeten die „Jonges", den Heimatgedanken in den Dienst der nationalen Sache zu stellen, da er *„die Urzelle allen nationalen Bewußtseins"* sei und als solcher allein *„den Weg zu neuen Zielen"*[270] ebnen könne.

Obwohl längst nicht alle Vereinsmitglieder mit den Nazis sympathisierten – Willi Weidenhaupt, ein ausgewiesener Gegner des Regimes, wurde zwischen 1937 und 1939 von der Gestapo überwacht[271] -, vollzog sich die Distanzierung der „Jonges" gegenüber der Gewaltherrschaft nur allmählich. Dies war in erster Linie dadurch begründet, daß der Verein auf die Unterstützung und Zuschüsse der Stadtverwaltung angewiesen war, die man zur Anfertigung von Brunnen und Denkmälern benötigte. Ferner versuchten einige „Jonges" unter Hinweis auf ihre Mitgliedschaft in der Heimatbewegung, dem Eintritt in eine nationalsozialistische Organisation zu entgehen.[272] Dies darf jedoch nicht darüber hinwegtäuschen, daß die Mehrzahl der „Jonges", um die *„geheimnisvoll-bluthafte"* Heimatliebe[273] in sichtbare Taten umzusetzen, lange Zeit die Augen vor den tatsächlichen Zielen der Nationalsozialisten verschlossen und sich im Glauben wähnten, die Verbundenheit zur „heimatlichen Art" bedinge notwendigerweise die Tolerierung der staatlichen Unterdrückung.

Gleichsam, um sich „von vornherein öffentlich und symbolisch von seiner eigenen jüngsten Vergangenheit"[274] zu distanzieren, standen die ersten Auftritte des Vereins nach dem Krieg ganz im Zeichen des Gedenkens an zwei Verfemte des NS-Regimes. Am 9. Oktober 1945 gedachten die anwesenden 140 Mitglieder in der ersten offiziellen Versammlung der „Düsseldorfer Jonges" der Toten des Krieges, wobei im Mittelpunkt der Veranstaltung die Erinnerung an Leo Statz

---

[269] Das Tor, 1. Jg., Nr. 3, Juni 1932, S. 21. Zwar bezieht sich diese Äußerung auf das Wirken der Faschistenherrschaft in Italien, doch kennzeichnet sie auch die lange Zeit vorhaltende Begeisterung über die nationalsozialistische Machtergreifung.

[270] Das Tor, 2. Jg., Nr. 8, August 1933, S. 129.

[271] Vgl. Weidenhaupt, Die Geschichte des Heimatvereins „Düsseldorfer Jonges" bis zum Amtsantritt des Präsidenten Hermann H. Raths, S. 17.

[272] Vgl. ebd., S. 13 und S. 15. Aufgrund dieser Tatsachen jedoch ist die stets vom „Tor" und – in abgeschwächter Form – auch Hugo Weidenhaupt hervorgehobene, nicht offiziell vollzogene Gleichschaltung des Vereins durch die Nationalsozialisten hinfällig, da die „Jonges" – abhängig von der Gunst der Machthaber – sich wie jeder andere Verein anpassen und angleichen mußten.

[273] Hans Heinrich Nicolini, Düsseldorf, unsere Heimat, in: Das Tor, 7. Jg., Nr. 8, August 1938, S. 183–189, hier: S. 183.

[274] Hüttenberger, Düsseldorf unter britischer Besatzung, S. 674.

stand, dessen Hinrichtung als „*Opfertod*"[275] für die Heimat dargestellt wurde. Rund sechs Monate später waren es die „Jonges", die sich als erster Verein für die Rehabilitation des größten Dichters der Stadt, Heinrich Heine, einsetzten, indem sie die im Jahre 1932 von Adolf Nieder geschaffene Heine-Plakette wieder an der Bolkerstraße 53, dem Geburtshaus des Poeten und zugleich Wohnhaus von Willi Weidenhaupt, anbrachten. Weidenhaupt war es auch, der die Plakette kurz nach der Machtergreifung im Jahre 1933 zusammen mit Paul Kauhausen, einem der fünf Gründer des Vereins, „*heimlicherweise (..) fortgenommen und so dem Zugriff der Nazis entzogen*"[276] hatte.

Im Gegensatz zum alten und neuen Vorsitzenden der „Jonges" aber geriet Heineforscher und Stadtarchivdirektor Dr. Paul Kauhausen nach dem Krieg in die Schußlinie der Kritik. Als der Verein nämlich am 23. September 1947 in der Bolkerstraße eine neue, von Willi Hoselmann angefertigte Heine-Gedenktafel enthüllte, hielt Kauhausen die Festrede, in der er sich mit Leben und Werk Heines auseinandersetzte und dafür plädierte, „*die dunklen Vorgänge, die des Dichters Leben befleckten*", zu vergeben. Diese Redewendung nahm die kommunistische „Freiheit" zum Anlaß, ein flammendes Plädoyer für Heine, der seine Gesinnung nie „*kleiner Vorteile wegen verraten*" habe, zu halten und im Gegenzug die Integrität des Festredners in Frage zu stellen:

> „*Wer hier von vergeben und vergessen spricht, muß erst einmal seine Papiere zeigen und siehe da, wir erkennen das Doppelgesicht des deutschen Spießers, (..), dieser Wechselbalg, der gestern so war und heute so ist und morgen wiederum sich anders gestalten kann. Wir lesen die Papiere des Redners und stellen fest: Herr Dr. Kauhausen, Mitglied der NSDAP.*"[277]

Als sich daraufhin die „Rheinische Post" anschickte, die Verdienste Kauhausens um die Vaterstadt herauszustellen und dessen Parteizugehörigkeit als „*sehr, sehr kleine*[n] *politische*[n] *Webfehler*" entschuldigte, erinnerte die „Freiheit" daran, daß Kauhausen bereits im März 1933 in die NSDAP eingetreten war und noch 1938 das „*deutsche Wunder*" sowie die Taten der Nationalsozialisten verherrlicht hatte.

> „*Wer so schnell verbrannt hat, was er früher verehrte und, wie er uns jetzt angesichts der Trümmer mit größter Selbstverständlichkeit erklärt, nicht einmal aus Überzeugung, müßte eigentlich selbst empfinden, welch eine geschmacklose Chamäleon-Rolle er heute als Heine-Festredner spielt.*"[278]

---

[275] NRZ, 1. Jg., Nr. 23, 10. Oktober 1945.
[276] RP, 1. Jg., Nr. 10, 3. April 1946.
[277] Freiheit, 30. Jg., Nr. 77, 26. September 1947. Dort auch die beiden vorhergehenden Zitate.
[278] Freiheit, 30. Jg., Nr. 79, 3. Oktober 1947 (Dort auch das Zitat aus der RP sowie jenes aus dem Jahre 1938, das der von Kauhausen zusammen mit Karl Riemann und Hugo Schick heraus-

Die kritische Auseinandersetzung mit individuellen Verfehlungen blieb im Düsseldorf der Nachkriegszeit die Ausnahme. Kein einziges Mal wurde das Verhalten eines der zahlreichen Heimatvereine während der bewußten zwölf Jahre auch nur ansatzweise beanstandet. Vielmehr gelang es den Repräsentanten des heimatlichen Brauchtums, ihren vor dem Krieg vorhandenen Einfluß auf das kulturelle Leben der Stadt bald zurück zu erlangen. Diese Entwicklung wurde durch zwei Umstände maßgeblich begünstigt. Zum einen hatten die Vereine seit jeher über sehr enge persönliche und informelle Kontakte untereinander verfügt. Überblickt man das Spektrum der in den einzelnen Vereinen in verantwortlicher Position stehenden Männer, so läßt sich eine äußerst enge personelle Verflechtung ausmachen. Willi Weidenhaupt gehörte als Baas der „Jonges" gleichzeitig zum Großen Vorstand des St.-Sebastianus-Schützenvereins, während deren Chef Georg Spickhoff selbstverständlich zum Vorstand der „Jonges" gehörte. Der Spickhoff als Schützenchef nachfolgende Paul Klees zählte zu den Gründungsvätern der „Jonges"; Ludwig Kreutzer war der verantwortliche Organisator der Martins-, Schützen- und Rosenmontagszüge und koordinierte darüber hinaus die Fackelzüge bei den „Nationalen Gedenktagen"; Albert Kanehl war Chef der Schützengesellschaft „Reserve" und des Karnevalsausschusses und fast alle der Genannten gehörten dem Ehrenvorstand der „Alde Düsseldorfer" an. Kaum einer der wortführenden Personen war nicht in mindestens zwei Heimatvereinen als Mitglied eingeschrieben. Wer im Sommer in der Schützenuniform durch die Straßen marschierte, schlüpfte im Winter in den roten Rock des Elferrates.[279]

Das durch diese Verknüpfung gestärkte Gewicht der Heimatgesellschaften wurde durch die Unterstützung und Mitgliedschaft der Spitzen aus Politik, Verwaltung und Kunst zusätzlich erhöht. Mit Ausnahme von Wilhelm Füllenbach war jeder der bis 1955 eingesetzten oder gewählten Oberbürgermeister Mitglied der „Düsseldorfer Jonges". Karl Arnold und Josef Gockeln gehörten der Schützengesellschaft „Reserve" an, wurden – wie auch Oberstadtdirektor Walther Hensel, Bürgermeister Georg Glock, Gustav Lindemann, Herbert Eulenberg oder Robert

---

gegebenen „Chronik der Stadt Düsseldorf" entnommen wurde.). Kauhausens Haltung während des „Dritten Reiches" war zwiespältig. Einerseits versuchte er mit allen Mitteln, die Einschmelzung berühmter Denkmäler zu verhindern, und setzte sich dafür ein, die feuersichere Unterbringung der städtischen Akten zu gewährleisten, andererseits gratulierte er bis zum März 1945 allen aus Düsseldorf stammenden, mit dem Ritterkreuz oder dem Deutschen Kreuz in Gold ausgezeichneten Soldaten zu ihrem „*heldenhaften Einsatz für Deutschlands Zukunft*", der „*im gegenwärtigen Freiheitskampf*" nicht hoch genug gewürdigt werden könne. Diese Formulierung mußte zwar den jeweiligen nationalsozialistischen Bürgermeistern zur Unterschrift vorgelegt werden, doch lobte der Stadtarchivdirektor auch in nicht offiziellen Schreiben die „*persönliche Tapferkeit*" oder die „*Entschlossenheit*" der Ritterkreuzträger, für die ein „Ehrenbuch der Stadt Düsseldorf" angelegt werden sollte. Zum Bemühen um die Denkmäler und die Akten siehe: StAD XXIII 529a: Schriftverkehr des Stadtarchivs: Feuersichere Unterbringung städtischer Akten, Bl. 138, 153–200; zu den Ritterkreuzträgern: StAD XXIII 641: Träger des Ritterkreuzes und des Deutschen Kreuzes in Gold; nicht paginiert.

[279] Vgl. Gottlieb Matthias, „Laßt uns froh und munter sein ..." Kinderfreuden und Volksfeste in der Altstadt, in: Karl Habermann, Hans Stöcker (Hrsg.), Düsseldorf. Die Stadt Modern, Düsseldorf 1965, S. 319–330, hier: S. 322.

Lehr – von den „Jonges" wie von den „Alde" zu Ehrenmitgliedern ernannt und ob ihrer Verdienste um das heimatliche Brauchtum mit zahlreichen Auszeichnungen bedacht.

Das Zusammenwirken von Vereinen und Politik war jedoch weit davon entfernt, ausschließlich von taktischen Gesichtspunkten bestimmt gewesen zu sein, um sich der gegenseitigen Unterstützung bei Großveranstaltungen, Denkmalweihen, finanziellen Engpässen und Kommunal- oder Landtagswahlen zu versichern. Wie bereits aus der bisherigen Darstellung hervorgegangen ist, standen die Stadtvertreter bei Schützenfesten, Jubiläumsfeiern und Karnevalssitzungen in der ersten Reihe der Festredner und wurden nicht müde, den unverzichtbaren Anteil der Heimatvereine am Wiederaufbau Düsseldorfs sowie die seelische Notwendigkeit der Heimatpflege zu betonen. Insbesondere Karl Arnold, der von den „Jonges" anläßlich ihres 20jährigen Jubiläums im Jahre 1952 als *„Führer der Heimatbewegung"*[280] bezeichnet und mit der höchsten Auszeichnung des Vereins, der „Großen Goldenen Jan-Wellem-Medaille", dekoriert wurde, stellte als Vorsitzender des Rheinischen Heimatbundes in unzähligen Reden und Aufsätzen immer wieder heraus, daß die Verbundenheit mit der heimatlichen Landschaft, ihren Menschen und deren Gebräuchen unabdingbar für den Bestand des eigenen Staatswesens sowie das harmonische Zusammenleben seiner Einwohner sei:

> *„Die geistigen Zersetzungserscheinungen unserer Zeit bedrohen die Heimat, weil sie entwurzeln wollen, was fest in Ueberlieferung, Brauchtum und Sitten verankert sein und bleiben muß. Wenn unser Volk aus den Bedrängnissen der Vergangenheit und Gegenwart eine Zukunft gestalten will, in der Freiheit und Friede herrschen, können wir auf die vielgestaltigen Quellen heimatlicher Kraft nicht verzichten. Geistige und materielle Heimatlosigkeit ist die dunkle Macht und Gewalt, die den Menschen entpersönlicht und ihn zum Objekt eines Kollektivs degradiert. Daraus drohen Kräfte wirksam zu werden, die das Erbe der Väter, den festen Grund der Heimat, erschüttern wollen.*
> *Wo immer ein solches Unheil über ein Volk hereinbricht, verliert es die Wurzeln seiner Kraft und damit die Fähigkeit und den Willen, sein Erbe und Schicksal aus eigener Kraft sinnvoll zu gestalten. Einem solchen Zeitgeist zu widersagen, ihm mit Schärfe zu begegnen und ihn tödlich zu treffen, ist Inhalt wahrer Kultur- und Heimatpflege (..)."*[281]

Mit dieser Argumentation sprach der nordrhein-westfälische Ministerpräsident den Heimatvereinen aus dem Herzen. Um die unablässig prophezeiten Gefahren

---

[280] *„Karl Arnold, dem Oberbürgermeister und Ministerpräsidenten in der Heimat schwerster Zeit, dem Führer der Heimatbewegung, voll Verehrung in Dankbarkeit gewidmet vom Heimatverein ‚Düsseldorfer Jonges'"*, lautet der genaue Wortlaut der Medailleninschrift. Zit. nach: RP, 7. Jg., Nr. 62, 13. März 1952.
[281] DN, 33. Jg., Nr. 261, 8. November 1952.

des Materialismus, des technischen Fortschritts und der im Zuge des wirtschaftlichen Aufstiegs wahrzunehmenden Individualisierung der Gesellschaft rechtzeitig aufhalten zu können, schien es keine wirksamere Medizin als die Liebe zur Heimat zu geben. Der Begriff der „Heimat" implizierte für Schützen, Karnevalisten, „Jonges" und „Alde" mehr als ein „örtlich-geographisch einheitlich erlebtes Raumgebiet" mit einheitlicher Geschichte, Sprache und Sitte, mehr auch als das „jenseits nüchtern-sachlicher Betrachtung"[282] vorhandene seelische Einvernehmen der Einwohner dieses Gebietes. In seiner extremsten Definition wurde dem Begriff der Heimat der Stellenwert eines Glaubensbekenntnisses zugesprochen. Zur Veranschaulichung seines Bedeutungsinhalts mußten metaphysische Erklärungen bemüht werden:

> *„Heimat ist erlebte und erlebbare Totalverbundenheit mit dem Boden und noch mehr: Heimat ist geistiges Wurzelgefühl. Innerlichstes Verstehen der Heimat und Heimatliebe reichen in die Tiefen der Religion."*[283]

Im Gegensatz jedoch zu Arnold, dem der Mißbrauch, ja die Mißhandlung der Begriffe „Heimat" und „Volkstum" durch die nationalsozialistische Propaganda bewußt war und der sich deshalb darum bemühte, sie *„von den politischen Schlingpflanzen [zu] säubern, die sich schmarotzerhaft um sie gerankt haben"*[284], erkannten insbesondere die „Jonges" und die Schützen keine Notwendigkeit, sich selbstkritisch mit dem „Wörterbuch des Unmenschen" auseinanderzusetzen und ihre *„Zungen schamhaft zu machen"*[285]. Wie in gerade vergangenen Jahren priesen die „Jonges" den *„heimatlichen Blut-und Lebensstrom, wie er im echten Volkstum pulsiert"*, die *„Verwurzelung in der heimatlichen Scholle"*[286] und die *„Ehrfurcht vor allem **aus der Heimat und in der Heimat** organisch Gewachsenen und Gewordenen"*[287], um ihrer intensiven Beziehung zur Heimat Ausdruck zu verleihen. In der Schützenzeitung wurde noch 1954 die Treue, *„die meistgerühmte Sitte der alten germanischen Vorfahren"*[288], dem angeblich durch die Zivilisation bedingten moralischen Verfall entgegengehalten. Selbst der jüngst am

---

[282] Friedrich Bülow, Heimat, in: Bernsdorf (Hrsg.), Wörterbuch der Soziologie, S. 415/16, hier: S. 415. Dort auch das vorhergehende Zitat.
[283] Das Tor, 20. Jg., Nr. 7, Juli 1954, S. 130.
[284] Karl Arnold, Volkstum, Heimat und Staat, in: Das Tor, 21. Jg., Nr. 7, Juli 1955, S. 122–125, hier: S. 122.
[285] Wilhelm Emanuel Süskind, Dolf Sternberger und Gerhard Storz, Aus dem Wörterbuch des Unmenschen, Hamburg 1957², Vorbemerkung von Dolf Sternberger, S. 11, der – nachdem die einzelnen Beiträge des Wörterbuchs erstmals zwischen 1945 und 1948 als Aufsatzfolge in der Monatszeitschrift „Die Wandlung" publiziert worden waren – neun Jahre später enttäuscht feststellen mußte, daß *„kein reines und neues, kein bescheideneres und gelenkigeres, kein freundlicheres Sprachwesen (..) entstanden ist. (...). Das Wörterbuch des Unmenschen ist das Wörterbuch der geltenden deutschen Sprache geblieben."* Ebd., S. 10.
[286] Das Tor, 16. Jg., Nr. 10, Oktober 1950, S. 146. Dort auch das vorhergehende Zitat.
[287] Das Tor, 23. Jg., Nr. 5, Mai 1957, S. 200 (Hervorhebungen im Original).
[288] Schützenzeitung, 6. Jg., Nr. 1, Januar 1954, S. 2.

eigenen Leibe erfahrenen Beraubung der natürlichen Freiheit des Menschen konnten auch positive Aspekte abgewonnen werden:

> *„Es behaupteten sich doch durchweg immer die Stärksten und Gesundesten. Was schwach und lebensuntüchtig war, blieb auf der Strecke. Die Auslese, die hier auf natürlichem Wege erfolgte, verhinderte, daß die Menschheit (..) vorzeitig degenerierte."*[289]

Die in solchen Sätzen zu Tage tretende Geisteshaltung hatte trotz gegenteiliger Bekundungen nichts mehr mit der Fürsorge um den Bestand der heimatlichen Bräuche und Traditionen zu tun. Sie bekundete nichts anderes als die offensichtliche Ablehnung der demokratischen Staatsform.

Der selbst unter Berücksichtigung der in den 50er Jahren allgemeinhin gering ausgeprägten Sprachsensibilität[290] nicht selten einhergehende befremdliche Gebrauch „belasteter Begriffe" fand seinen Widerhall auch im Verhältnis der Vereine zur heimatlichen Festkultur. Angesichts der auf Zerstreuung und Verzehr abzielenden Bedürfnisse des Festpublikums und des damit verbundenen, sich verändernden Erscheinungsbildes der großen Heimatfeste mahnten die „Düsseldorfer Jonges" bereits 1952, die Stadt dürfe ihre Festtraditionen nicht vergessen und ihr „feierliches Gesicht" nicht verlieren. *„Ihr feierliches Gesicht! Denn es war einmal ein festliches Besinnen, es winkte einmal der festliche Gruß. Wir haben fast verlernt, unsere Feste zu feiern."*[291]

Wie wenig jedoch die Warnungen der Fürsprecher der heimatlichen Traditionen von einer Vielzahl der Bürger beachtet wurden, verdeutlicht die Entwicklung eines der ältesten Düsseldorfer Bräuche: dem Radschlagen. Unbekannt, zu welcher Zeit und unter welchen Umständen das Radschlagen seinen Ursprung nahm, galt und gilt die Übung als Ur-Düsseldorfer Brauch, dessen Ausführende – die meist kindlichen Radschläger – schnell über die Grenzen der Stadt hinaus zu einem Begriff wurden.[292] Als Wahrzeichen alter Düsseldorfer Tradition führten Radschläger Karnevals- und andere Festzüge an und unterhielten auf den großen Geschäftsstraßen flanierende Passanten, um von diesen „eene Penning" zu erhalten.

Zur Demonstration des Brauches initiierte der Schulrat und als Gründungsmitglied der „Alde Düsseldorfer" hervorgetretene Max Meurer die Austragung eines Radschlägerwettbewerbs, in dessen Verlauf sich die begabtesten Schüler in ver-

---

[289] Schützenzeitung, 6. Jg., Nr. 9, September 1954, S. 2.
[290] Zum Sprachgebrauch in der Nachkriegszeit und der frühen Bundesrepublik Deutschland vgl.: Georg Stötzel, Die frühe Nachkriegszeit, in: Georg Stötzel, Martin Wengeler (Hrsg.), Kontroverse Begriffe. Geschichte des öffentlichen Sprachgebrauchs in der Bundesrepublik Deutschland, Berlin/New York 1995, S. 19–34 sowie Georg Stötzel, Der Nazi-Komplex, in: Stötzel/Wengeler, Kontroverse Begriffe, S. 355–382.
[291] Das Tor, 18. Jg., Nr. 12, Dezember 1952, S. 214.
[292] Allgemein zur Geschichte des Radschlagens siehe: Karl Bernd Heppe, „Eene Penning!" Eine kleine Radschläger-Geschichte, hrsg. von der Stadtsparkasse Düsseldorf, Düsseldorf 1981.

14 Der erste offizielle Radschlägerwettbewerb auf dem Marktplatz am 20. August 1950

schiedenen Disziplinen miteinander messen sollten. Da diese Veranstaltung aber auf die Kinder der Altstadtschulen beschränkt blieb und der zwischen 1928 und 1930 durchgeführte Wettbewerb nicht auf die erwartete Resonanz stieß, gilt der von den „Alde" anläßlich ihres 30jährigen Bestehens am 20. August 1950 auf dem Marktplatz organisierte Wettstreit als offizielle Premiere.[293] Die im Vorfeld von den „Alde" groß angekündigte und mit viel Aufwand geplante Veranstaltung, für deren musikalische Umrahmung das „Tambourcorps Maximilian" sowie die Rheinbahnkapelle sorgten, wurde zu einem großen Erfolg:

---

[293] Vgl. Lücker, Rund um die Karlstadt, S. 13. Wie der Bildersammlung des Stadtarchivs, Abteilung 7, sowie verschiedenen Presseberichten, zum Beispiel in der „Rheinischen Landeszeitung" vom 18. Oktober 1937 sowie den „Düsseldorfer Nachrichten" vom 19. September 1938, zu entnehmen ist, fanden auch 1937 und 1938 Radschlägerwettbewerbe statt, die von den „Alde" organisiert und betreut wurden. Zu den Fundstellen siehe: StAD XXIV 1753: Brauchtum und Sagen 1937–1941 (Presseausschnitte).

> *„Die Altstadt war schwarz vor Menschen. In den Fenstern, auf den Ruinen, stauten sich die Massen, und es war nur gut, daß rings um den Jan Wellem abgesperrt war, sonst hätte der Wettbewerb nicht stattgefunden."*[294]

Von den 55 aus allen Stadtteilen stammenden Teilnehmern gewann der vierzehnjährige Rainer Außem aus Oberbilk das prestigeträchtigere Schnellradschlagen, während der gerade einmal sechs Jahre alte Gerd Davidowski vom Martin-Luther-Platz im Schönradschlagen die Oberhand behielt. Nachdem Oberbürgermeister Gockeln erklärt hatte, daß Düsseldorf ohne seine Radschläger nicht denkbar sei, überreichte er Rainer Außem den von der Stadt gestifteten Meisterschaftsgürtel sowie ein Flugticket mit einem Gutschein für einen achttägigen Aufenthalt in Amsterdam, wo er dem dortigen Stadtoberhaupt die offiziellen Grüße Düsseldorfs überbringen sollte.[295]
Die überwältigende Anteilnahme der Bevölkerung, die den Wettbewerb zu einem *„richtige[n] Düsseldorfer Volksfest"* ausarten ließ, *„das sich würdig in die Reihe unserer bewährten Heimatfeste stellen konnte"*, bewies den „Alde Düsseldorfern", *„daß die Düsseldorfer, die alten wie die frisch hinzugekommenen, begeisterungsfähig für unser Brauchtum sind, begeisterungsfähig selbst ohne einen Tropfen Alkohol!"*[296]
Doch bereits im nächsten Jahr geriet das Radschlagen in das Scheinwerferlicht der Kritik. Hatte die „Rheinische Post" im August 1950 trotz leiser mißbilligender Töne am „gewerbsmäßigen" Radschlagen noch positiv herausgestellt, daß mancher Radschläger mithelfe, die Familie zu ernähren,[297] wurde die zunehmende Kommerzialisierung des Brauches im nächsten Jahr von nahezu allen Düsseldorfer Zeitungen sowie den Heimatvereinen aufs Schärfste verurteilt. Insbesondere Rainer Außem – 1950 noch strahlender Sieger und Botschafter der Stadt – mußte sich den Vorwurf gefallen lassen, *„Methoden in das Radschlagen hineingebracht [zu haben], die schon an Gangstertum grenzen. Er hat das Gebiet am Benrather Hof auf der Königsallee anscheinend regelrecht verpachtet und läßt sich von den anderen Radschlägern einen Tribut von fünfzig Pfennig dafür bezahlen, daß sie hier radschlagen."*[298]
Der Geschäftssinn des Oberbilkers traf nicht auf die Gegenliebe der „Alde Düsseldorfer". In einer von diesen anberaumten Versammlung, an der Vertreter der Polizei, der Staatsanwaltschaft, des Jugendamtes, Schulamtes, Werbe- und Verkehrsamtes, des Verkehrsvereins sowie der Presse teilnahmen, erkannten die Anwesenden Außem die Meisterschaftswürde ab, verboten das Radschlagen auf der publikumsreichen Geschäftsseite der Kö, der Schadowstraße und der Graf-Adolf-Straße und beschlossen – um das Ansehen der Stadt ernsthaft besorgt – in

---

[294] RP, 5. Jg., Nr. 194, 21. August 1950.
[295] Vgl. ebd.
[296] Heimatblätter, 13. Jg., Nr. 50, September 1950, S. 1.
[297] Vgl. RP, 5. Jg., Nr. 191, 17. August 1950.
[298] Der Mittag, 27. Jg., Nr. 135, 14. Juni 1951.

Zukunft ausschließlich Jungen, die weniger als zehn Jahre zählten, das öffentliche Radschlagen zu genehmigen.[299]

Wollten die Behörden in erster Linie gewährleisten, daß die Besucher der Stadt nicht mehr belästigt würden, ging es den „Alde" vornehmlich darum, die Aushöhlung des Brauches zu verhindern. Da man die minderjährigen Radschläger, denen die um „Heimat" und „Tradition" kreisenden Wertvorstellungen nur schwerlich zu vermitteln waren, jedoch nicht dazu zwingen konnte, das Radschlagen allein der Freude wegen auszuüben, erwogen die Heimatvereine kurzerhand *„der Stadtvertretung nahezulegen, das Radschlagen auf den Straßen der Innenstadt überhaupt zu verbieten"*[300] und in einer Art Trotzreaktion den Radschlägerwettbewerb nicht mehr auszutragen. Zwar wurde die Veranstaltung trotz erheblicher Bedenken auch in den kommenden Jahren durchgeführt – den Status des Heimatfestes jedoch hatte die Darbietung bereits nach einmaliger Realisierung eingebüßt.

Die – obwohl von völlig unterschiedlicher Intention getragene – in erstaunlicher Übereinstimmung mit der Festkritik neomarxistischer Prägung stehende Argumentation der Heimatvereine, nach der die zunehmende Rationalisierung und Funktionalisierung der Gesellschaft sowie der durch wachsenden Wohlstand verursachte Rückzug ins Privatleben für die vermeintliche Sinnentleerung von Festen und Feiern verantwortlich seien, welche ihrerseits nicht mehr der Aufrechterhaltung sozialer Kontakte und der Bestätigung überlieferter Riten dienten, sondern als Anlässe zur hemmungslosen Konsumbefriedigung mißbraucht würden,[301] wurde aber nicht nur bemüht, um auf den Bedeutungsverlust der großen Feste hinzuweisen. Vielmehr zeigte sich, daß die „Verteidiger" des heimatlichen Brauchtums den als „modern" bezeichneten Veränderungen des Lebensgefühls in den 50er Jahren prinzipiell mit Skepsis gegenüber standen. So nahmen die „Düsseldorfer Jonges", die im Gegensatz zu den Schützen stets betonten, Heimatliebe und Traditionswahrung nicht etwa mit dem romantisierenden Blick auf die Vergangenheit zu verwechseln und sich dagegen wandten, *„Abgestorbenem ein Scheinleben geben [zu] wollen"*[302], sondern sich im Gegenteil den Herausforderungen der Gegenwart zu stellen und dem Fortschritt seine gefährliche Spitze zu nehmen, die am 17. Juli 1954 auf dem Burgplatz vollzogene Einweihung des Radschlägerbrunnens zum Anlaß, das Verhältnis von Brauchtumspflege und Zivilisation grundsätzlich als gespannt darzustellen.

Bereits 1936 ins Auge gefaßt,[303] verwirklichten die „Jonges" 18 Jahre später ihre Absicht, den Düsseldorfer Radschlägern in der Altstadt ein Denkmal zu setzen.

---

[299] Vgl. ebd.
[300] Die Neue Zeitung, München, Nr. 137, 14. Juni 1951 (zit. nach: StAD XXIV 1878: Heimatvereine 1950/1951; Presseausschnittsammlung).
[301] Vgl. etwa: Greverus, Brauchen wir Feste?, S. 20 sowie Erika Haindl, Gibt es Altstadtfeste?, in: Werk und Zeit, Heft 5, 1977, S. 20/21.
[302] Das Tor, 23. Jg., Nr. 5, Mai 1957, S. 200.
[303] Vgl. StAD IV 810: Amt für Kulturelle Angelegenheiten (Amt 31): Verschiedenes; Geplante Aufstellung eines Radschlägerbrunnens anläßlich des 650. Stadtjubiläums 1937–1940; nicht paginiert.

Nachdem im Mai 1953 der endgültige Entschluß zur Errichtung des Brunnens gefaßt worden war, schrieben die „Jonges" kurz darauf einen öffentlichen Wettbewerb aus, aus dem der Bildhauer Alfred Zschorsch als Sieger hervorging. Da die „Jonges" die Enthüllung des Monuments zur Bezeugung ihrer Verbundenheit mit den St.-Sebastianern auf den Vortag des Schützenfestbeginns verlegt hatten, fanden sich am 17. Juli trotz strömenden Regens nicht nur sehr viele Rats- und Behördenvertreter, sondern auch *„nahezu alle Säulen der Heimatbewegung und des Brauchtums"*[304] auf dem Burgplatz ein, um den Ansprachen der Festredner zu lauschen. Während Bürgermeister Georg Glock, der den Brunnen in die Obhut der Stadt übernahm, jedoch in fast schon stereotyper Weise den Wiederaufbauwillen aller Düsseldorfer Bürger würdigte, *„wie er sich in der Errichtung dieses schönen Denkmals widerspiegele"*, nutzte der Baas der „Jonges", Dr. Willi Kauhausen, die Gunst der Stunde, um in seiner Rede die Bedeutung des Brauchtums *„im Kampf gegen die Vermassung, die gerade den Großstädter bedrohe"*, zu unterstreichen:

> *„Er erinnerte an die ehrwürdigen Zeugen der Vergangenheit, die unter dem Vorwande des Fortschritts und Verkehrs der Spitzhacke zum Opfer fielen. Oft scheine es, daß der Kampf für Sprache und Brauchtum der Heimat, für die Erhaltung ihrer historischen Bauten und berühmten Anlagen vergebens sei. Aber die Geschichte des Brunnens, seine Entstehung in der unvorstellbar kurzen Zeit von drei Vierteljahren, habe gezeigt, wie stark die Gegenkräfte gegen diese Vermassungserscheinungen seien."*[305]

Wie zweifelhaft das Vorhaben erscheinen mußte, vier Jahre nach dem von allen Heimatvereinen gebilligten Verbot des Radschlagens auf den großen Geschäftsstraßen ein Denkmal für die Radschläger zu errichten, war den Initiatoren anscheinend nicht bewußt. Die Aufstellung des Brunnens zur Ehre eines alten Düsseldorfer Brauchs wurde nämlich genau von den gleichen Verantwortlichen begrüßt, die das Radschlagen in der Realität als abgewandelte Form der Bettelei verurteilten. Der Radschlägerwettbewerb war innerhalb eines Jahres vom Heimatfest zu einem rein sportlichen Wettkampf herabgesunken. Was vorgeblich als Wahrung der Tradition ausgegeben wurde, diente bei genauerem Hinsehen als Anlaß, die fortschreitende gesellschaftliche Modernisierung im wahrsten Sinne des Wortes zu bekämpfen.
„Kampf gegen die Vermassung" lautete die Parole der „Jonges", gegen den *„neuen unausgesprochenen Geiste der Technik, des Materialismus, des ‚Fortschritts', (..) demzuliebe (..) die eigene Überlieferung preisgegeben"*[306] werde. Die rasante Geschwindigkeit des Wiederaufbaus schien den Heimatvereinen die Erinnerung an

---

[304] RP, 9. Jg., Nr. 163, 19. Juli 1954. Dort auch das folgende Zitat.
[305] Ebd. Der genaue Wortlaut des RP-Artikels findet sich auch abgedruckt in: Das Tor, 20. Jg., Nr. 9, September 1954, S. I–IV (Mitteilungen des Heimatvereins „Düsseldorfer Jonges").
[306] Das Tor, 16. Jg., Nr. 7, Juli 1950, S. 103.

15 Die Einweihung des Radschlägerbrunnens am 17. Juli 1954 auf dem Burgplatz

die ehrwürdige Vergangenheit allzu sehr verblassen zu lassen. Der Heimatschriftsteller Hans Müller-Schlösser, der bereits zu Beginn des Jahrhunderts repräsentativ für das in den Heimatvereinen überwiegende katholische Alt-Düsseldorfer Milieu das fehlende Verständnis der für die bauliche Umgestaltung der Altstadt verantwortlichen Neu-Düsseldorfer beklagt und mit seiner Prosa die Idylle einer nostalgisch verklärten, nie wirklich existierenden Vergangenheit beschworen hatte,[307] sprach sich im Jahre 1952 sogar gegen die Charakterisierung der Heimatstadt als „Tochter Europas" aus. Düsseldorf solle die *„Stadt an der Düssel"* bleiben, nicht aber zu einer *„Allerwelts-City"* degenerieren, die sich des *„geistige[n] Erbe[s] unserer Vorfahren"*[308] nicht mehr entsinne. Der Verlust des Heimat-

---
[307] Vgl. Dross, Zum Rothen Ochsen auf der Citadelle, S. 86/87.
[308] RP, 7. Jg., Nr. 230, 2. Oktober 1952.

bewußtseins, jenes „*lebendige*[n]*, gut wirkende*[n] *Geist*[es]*, dessen wir in Deutschland sehr bedürftig sind*"[309], wurde nicht nur als Bedrohung der vaterstädtischen Kultur, sondern in seiner gesamten Konsequenz als Infragestellung der Geschichte begriffen.

„Sinngebung statt Sinnlichkeit" ließe sich auch die Forderung der Heimatvereine umschreiben, die traditionellen Riten der Düsseldorfer Feste nicht zu einer lästigen Pflichtübung verkommen zu lassen. Der stetig wiederholte Vorwurf der Trivialisierung und Kommerzialisierung sowie das nimmermüde Pochen auf den tieferen Sinngehalt der Volksfeste ignorierte jedoch – wie gesehen – die von einem Großteil der Bevölkerung artikulierten Anliegen. Zwar ist es richtig, daß die noch während der Besatzungszeit vorhandene Ursprünglichkeit etwa des Schützenfestes mehr und mehr zugunsten der Anziehungskraft von Fahrgeschäften und „oberflächlichen" Vergnügungen weichen mußte, doch änderte sich – soweit dies den Zeitungsberichten zu entnehmen ist – nichts an der Festfreude der Besucher, die nach wie vor die Festtage nutzten, um der Eintönigkeit des alltäglichen Lebens für einige Momente zu entgehen.

Die von den Heimatvereinen beklagte Sinnentleerung der Feste bedingte in vielerlei Hinsicht das Beharren auf überholte Positionen der Sinngebung. Je weniger jedoch die vehement beschworene Notwendigkeit der Heimatliebe in den von Heimat- und Schützenvereinen geforderten überkommenen Formen mit den von der Mehrheit der Düsseldorfer als wichtig erachteten Bedürfnissen korrespondierte, desto offenkundiger büßte auch der Begriff der Heimat seine integrative Funktion ein. Statt – wie insbesondere von Schützen und „Jonges" intendiert – die gesellschaftlichen Spannungen und Brüche zu überbrücken, implizierte die übersteigerte Verherrlichung heimatlicher Sitten und Bräuche zumindest unterschwellig die Distanzierung von den Wertvorstellungen der Gegenwart. Der Maßstab für die von den Heimatvereinen hochgehaltenen Ideale blieb – auf jeden Fall bis in die Mitte der 50er Jahre – die Vergangenheit.

---

[309] Schützenzeitung, 4. Jg., Nr. 10, Oktober 1952, S. 5.

IV. Zwischen Erinnern und Verdrängen – Die schwierige Auseinandersetzung mit dem Nationalsozialismus in Düsseldorf

1. Die Verpflichtung gegenüber den Opfern: Das geschuldete Gedenken während der Besatzungszeit

„Es ist für unser Dasein entscheidend,
ob wir imstande sind, eine neue
geistige Ordnung zu schaffen!"[310]

„Niemals wieder einen totalen Staat und niemals wieder totale Macht!"[311], rief Regierungspräsident Dr. Sträter am 9. Oktober 1945 den Anwesenden zu, die sich – fünf Monate nach Beendigung des Krieges – zur ersten, in der britisch besetzten Zone veranstalteten, Trauerfeier für die politischen und rassischen Opfer der nationalsozialistischen Gewaltherrschaft im Düsseldorfer Opernhaus eingefunden hatten. Überzeugt davon, daß die Gedenkfeier *„dem Willen des ganzen deutschen Volkes entspräche"*, betonte Sträter in der Eröffnungsansprache die Pflicht der materiellen und ideellen Entschädigung aller in den letzten zwölf Jahren Entrechteten, wobei insbesondere die *„von den Nazis mit blindwütigem Haß verfolgten Juden"* mit sämtlichen zur Verfügung stehenden Mitteln unterstützt werden müßten. Für das deutsche Volk aber stellten *„die Millionen Toten, die dem Naziterror zum Opfer gefallen, und die unabsehbare Schar derjenigen, die durch die unmenschliche Behandlung in den Konzentrationslagern und Gestapogefängnissen zeit ihres Lebens zu Siechtum verdammt wurden"*, eine Mahnung und eine Warnung zugleich dar. Gelinge es nicht, *„auf einer wahrhaft demokratischen Grundlage"* wiederaufzubauen, gebe es auch keinen Weg zurück in den Kreis der Nationen.

Wiedergutmachung und Demokratisierung waren auch die Leitmotive der Reden von Oberbürgermeister Kolb und dem Sprecher der Düsseldorfer Kommunisten, Peter Waterkortte, wobei letzterer unterstrich, daß der Faschismus noch keineswegs überwunden sei. Auf die Notwendigkeit der sofortigen und gründlichen Entnazifizierung wies der als Jude in Auschwitz gewesene und bereits von den Amerikanern als Oberregierungsrat eingesetzte Philipp Auerbach hin, der sich zum Sprachrohr seiner Leidensgenossen machte und *„gebieterisch"* forderte,

---
[310] Aus dem Vorwort von Hanns Kralik im Katalog zur 1946 im Hetjensmuseum stattgefundenen Ausstellung „Kulturelles Erbe". Zit. nach: Lauterbach, Aus Trümmern der Geist der Humanität, S. 266.
[311] NRZ, 1. Jg., Nr. 23, 10. Oktober 1945. Dort auch alle folgenden Zitate aus der Trauerkundgebung.

"daß kein Pg. [= Parteigenosse, F.W.] weder an führender Stelle in der Wirtschaft noch in einem öffentlichen Amt geduldet werden dürfe."
Obwohl die Kundgebung die Trauer über die von den Nationalsozialisten begangenen Verbrechen bezeugte und den Willen bekundete, ein neues Deutschland auf dem Felsen des demokratischen Prinzips zu errichten, sahen sich rund einen Monat später 40 Persönlichkeiten aus dem kulturellen Leben, die sich alle im offenen oder inneren Widerstand gegen das NS-System befunden hatten, dazu genötigt, einen Appell zu veröffentlichen. In diesem riefen sie die Düsseldorfer dazu auf, nicht die Augen vor der Vergangenheit zu verschließen und sich tatkräftig am demokratischen Wiederaufbau der Stadt zu beteiligen:

> *"Nur wenige ahnen heute schon die Größe der Wende, die auch zur geistigen Wende im Leben der Nation werden muß, wenn wir nicht für alle Zeiten in der Nacht der Geschichtslosigkeit untergehen wollen. Nur wenige sehen die Größe und die Gefahr. Die meisten leben dumpf und noch benommen von den Schlägen der vergangenen Jahre ein Schattenleben im Dämmerlicht und wagen es nicht, der Wahrheit ins Antlitz zu schauen und den anderen und sich selbst gegenüber Rechenschaft abzulegen. (...).*
> *Die Liebe zur Wahrheit fordert den Kampf für eine echte Demokratie, in der die Freiheit des Wortes, der Schrift, des Denkens und des Glaubens garantiert ist. Sie fordert die radikale Austilgung aller nationalsozialistischen, militaristischen und imperialistischen Gedankengänge aus dem Geistesleben unseres Volkes."*[312]

Die Deutlichkeit des „beschwörenden Aufrufes", mit welcher der *"von uns geduldete und unterstützte Raubkrieg Hitlers"* verurteilt, das Versagen der deutschen Intelligenz eingestanden und auf den *"Prozeß der inneren Umkehr"* gedrängt wurde, war trotz der – nicht unwesentlich durch den Druck der britischen Besatzungsmacht geförderten – wahrnehmbaren Phase der Besinnung einzigartig. Rund sechs Monate nach der Zerschlagung des nationalsozialistischen Terrorregimes fühlte sich ein Großteil der Deutschen noch immer wie betäubt. Zwar war der Zusammenbruch der Gewaltherrschaft seit längerer Zeit abzusehen gewesen und von vielen herbeigesehnt worden, doch markierte der Ausgang des Krieges mehr als die bloße Beendigung der Leib und Leben bedrohenden Fliegerangriffe und Gefechtshandlungen.

Neben Wohnungsnot, Nahrungsmangel und Kälte wurden die Überlebenden nämlich zudem mit den Verbrechen konfrontiert, die insbesondere während der letzten sechs Jahre in ihrem Namen begangen worden waren und die „Grenze des Sittlich-Erlaubten"[313] bei weitem überschritten hatten. In deutschem Namen war

---

[312] Zit. nach: Lauterbach, Aus Trümmern der Geist der Humanität, S. 265. Dort auch die folgenden Zitate.
[313] Eugen Kogon, Der SS-Staat. Das System der deutschen Konzentrationslager, München 1974², S. 6. Diese Formulierung gebrauchte Kogon bereits im Vorwort der 1946 erschienenen Erstauflage seines Buches, um auszudrücken, was den Leser im Folgenden erwarte.

ganz Europa mit einem mörderischen Krieg überzogen worden, waren unzählige Menschen entrechtet, verfolgt, gefoltert, erschossen und vergast worden. Ohne auch nur annähernd das gesamte Ausmaß der von den Nazis, ihren Verbündeten und zahllosen Mithelfern verübten Bestialitäten überblicken zu können, überforderten die sporadisch bekannt werdenden Berichte über die Vorgänge in den Gestapokellern, besetzten Gebieten und Konzentrationslagern das Vorstellungsvermögen der meisten Bürger. Mündliche Schilderungen und filmisch festgehaltene Dokumentationen beispielloser Grausamkeiten und Greueltaten, die ihren inhumanen Höhepunkt in der systematischen Vernichtung des europäischen Judentums fanden, riefen bei vielen Menschen Abscheu und Scham hervor und verursachten einen seelischen Schock.
Diese Gefühle veranlaßten aber nur wenige, sich konsequent mit der eigenen Haltung während der Zeit des Nationalsozialismus auseinanderzusetzen. Die überwiegende Mehrheit der Deutschen begegnete dem in den vergangenen zwölf Jahren verübten Unrecht mit Schweigen oder verwies allenfalls auf die ehemaligen Gefahren oppositioneller Äußerungen und Handlungen. Überwindung des Nationalsozialismus implizierte in der Regel lediglich das Bemühen, sich aus der chaotischen, mörderischen Zusammenbruchsgesellschaft, wie sie seit 1942/43 herrschte und auch 1945/46 – wenn auch unter veränderten Aspekten – weiter andauerte, zu befreien. Zwar wollten die Deutschen nichts mehr vom Krieg wissen, doch taten sich die meisten angesichts der über zwölf Jahre hinweg betriebenen Propaganda schwer, die NS-Ideologie über Nacht aus ihren Köpfen und Herzen zu vertreiben.
Nur vor diesem Hintergrund ist es nachvollziehbar, daß der von der Militärregierung eingeleitete Prozeß der gesellschaftlichen Säuberung sowie der vor allem aus dem Ausland erhobene Vorwurf der Kollektivschuld auf erhebliche Widerstände in der Bevölkerung stieß. Da viele Menschen dem Nationalsozialismus durchaus positive Seiten abgewinnen konnten und allein die terroristische Endphase verurteilten, ohne dabei zu beachten, „daß diese Endphase schon in den Ursprüngen angelegt war, daß die Nationalsozialisten ihr wahres Gesicht in vollem Umfang erst in den Kriegsjahren"[314] gezeigt hatten, verhielt man sich einerseits den strafrechtlichen und politischen Entnazifizierungsverfahren gegenüber trotzig und blockierte so eine redliche Auseinandersetzung mit der jüngsten Vergangenheit. Andererseits jedoch bemühte man sich aus Angst vor der Rache der Sieger, die eigene Begeisterung herunterzuspielen und stellte sich gegenseitig Unschuldsbekundungen aus. Zudem war die gegenwärtige Sorge um das eigene Überleben so existentiell, daß die vorhandenen Schuldgefühle in den Hintergrund gedrängt wurden. Rasch avancierte die von Politikern und Historikern gestützte Schutzbehauptung, das deutsche Volk sei von den Nazis getäuscht und zu niemals gutgeheißenen Zwecken mißbraucht worden, zur weit verbreiteten Überzeugung. Indem die Nationalsozialisten jedoch zu Verführern der Deutschen, diese aber als Täter, Mitläufer und Mitwisser nur allzu leicht zu Opfern mutierten, erkannten nur wenige die Notwendigkeit, ihrer Erschütterung über

---

[314] Hüttenberger, Düsseldorf unter britischer Besatzung, S. 692.

das Geschehene öffentlich Ausdruck zu verleihen. Zu diesen gehörten einerseits die auf die Unterstützung der Alliierten angewiesenen Politiker, vor allem aber auch ehemals emigrierte oder inhaftierte Künstler, Schriftsteller und Intellektuelle, die sich intensiv mit der deutschen Vergangenheit auseinandersetzten und sich um eine grundsätzliche gesellschaftliche Neuordnung bemühten.

Insbesondere die zum kommunistischen Spektrum zählenden Personen und Gruppen, die von den Nazis aufs Erbittertste verfolgt worden waren, wurden nicht müde, auf eine gründliche Beschäftigung mit der nationalsozialistischen Gewaltherrschaft zu drängen. In zahlreichen Gedenkveranstaltungen erinnerten sie an den *„heldenhaften Einsatz der im Kampf gegen den Nazismus gefallenen Kameraden"*[315], deren Tod den Überlebenden die Pflicht auferlege, *„weiterzukämpfen für eine wirklich sozialistische Welt"*[316].
Mehrheitlich nicht stalinistisch orientiert, sahen die Düsseldorfer Kommunisten zunächst keine Veranlassung, nicht mit dem bürgerlichen Lager zusammenzuarbeiten. Zwar gedachte man in Januar- und Märzfeiern der Schicksale von Rosa Luxemburg, Karl Liebknecht und Ernst Thälmann, erinnerte an die Opfer des Kapp-Putsches im Jahre 1920 und beschwor die Gemeinschaft der Arbeiterschaft, um die Kräfte der gesellschaftlichen Reaktion zu überwinden.[317] Doch schien es der KPD genauso wie der „Vereinigung der Verfolgten des Naziregimes" (VVN) in erster Linie darum zu gehen, *„das deutsche Volk in dem Abscheu gegen jeden Mißbrauch der Gewalt"* zu erziehen[318] und *„am Aufbau einer besseren Zukunft mitzuarbeiten: An die Stelle des Hasses (..) muß eherne Gerechtigkeit treten."*[319]
Um diese Gerechtigkeit zu bewerkstelligen, mußte nach Ansicht der Kommunisten zunächst die Kapitulation des deutschen Volkes vor dem nationalsozialistischen Ungeist eingestanden werden:

> *„Wie ständen wir heute vor und in der Welt, wenn wir aus eigener Kraft uns freigemacht und aufgestanden wären gegen die Verderber unserer Heimat. Daß wir nicht mit geschlossener Kraft eine Auferstehung vollzogen haben, erschwert uns den Weg in die Familie der demokratischen Völker."*[320]

Die Rückkehr in den Kreis der Nationen könne jedoch nur gelingen, wenn sich die Deutschen der Verfemten und Ermordeten des Nationalsozialismus ent-

---

[315] Freiheit, 31. Jg., Nr. 68, 21. September 1948. Diese Äußerung wurde auf einer von der VVN organisierten Gedenkfeier für die Naziopfer getroffen.
[316] Freiheit, 30. Jg., Nr. 23, 21. März 1947. Diese Ausdrucksweise wurde auf einer Märzfeier der KPD benutzt.
[317] Vgl. etwa: Freiheit, 29. Jg., Nr. 6, 19. März 1946 oder: NRZ, 2. Jg., Nr. 56, 6. Februar 1946.
[318] RP, 3. Jg., Nr. 88, 15. September 1948. Hierbei handelt es sich um eine Einschätzung der „RP" zum Wirken der VVN.
[319] RP, 1. Jg., Nr. 71, 2. November 1946.
[320] Freiheit, 29. Jg., Nr. 15, 18. April 1946.

sännen und versuchten, deren im Geist der Menschlichkeit und Brüderlichkeit geführtes Leben nachzuahmen.
So appellierte Carl Lauterbach in seiner am 8. September 1946 anläßlich der Gedenkfeier für Julio Levin, Peter Ludwigs und Franz Monjau gehaltenen Rede, dem Beispiel der drei Ermordeten zu folgen, die trotz aller Gefahren *„in ihrem künstlerischen Schaffen wie in ihrem persönlichem Leben zu denen gehörten, die die Fackel der Freiheit hochhielten."*[321] Die vom „Kulturbund für demokratische Erneuerung" veranstaltete Gedenkstunde fand im Rahmen der am 14. Juli 1946 im Hetjensmuseum eröffneten Ausstellung „Lebendiges Erbe" statt. Dort wurden die Arbeiten all jener Düsseldorfer Künstler gezeigt, die im „Dritten Reich" als „entartet" diffamiert worden waren. Zu diesen gehörten auch Levin, Ludwigs und Monjau, die als Kommunisten frühzeitig beruflichen Repressalien ausgesetzt waren. Die sehr persönlichen Ausführungen Lauterbachs, der zu den Gründungsmitgliedern des Kulturbundes zählte, welcher sich zum Ziel gesetzt hatte, *„das kulturelle Gewissen unseres Vaterlandes* [zu] *werden"*[322], schilderten das Wirken der drei Maler als Aufbegehren gegen die Tyrannei. Demnach empfanden sowohl der im Juli 1943 in der Haftanstalt „Ulmer Höh" an Insulinmangel gestorbene Ludwigs als auch der im Februar 1945 im Konzentrationslager Buchenwald umgekommene Monjau *„rasende Wut gegen die Nazis"*[323] und den von ihnen angezettelten Krieg. Der als Jude besonders gefährdete Levin weigerte sich zu emigrieren und hielt bis zu seiner Deportation nach Auschwitz im Mai 1943 an dem Glauben fest, *„daß ganz zuletzt doch nicht alles in der Grausamkeit versinken könne."*
„Bis ins Innerste erschüttert von der Judenverfolgung", entkräfteten die drei Maler der Auslegung der kommunistischen „Freiheit" zufolge *„die lahme Entschuldigung vieler Deutscher"*, von nichts gewußt zu haben.[324] Ihre heroische Empörung gegen den totalen Staat *„möge uns heute die leidenschaftlichste Mahnung sein"*:

„Ihr Leben, Denken und Wirken war den Hoffnungen und den Idealen und dem Geist der Menschheit gewidmet, dem Frieden und der Völkerversöhnung, der Liebe und der Achtung und Verteidigung der natürlichen Menschenwürde."[325]

Wie bei der Gedenkstunde für Levin, Ludwigs und Monjau wurde auch bei anderen Trauerfeiern der Vorbildcharakter jener von den Nazis ob ihrer Überzeugungen ermordeten Persönlichkeiten herausgestellt. Im März 1946 veranstalteten

---

[321] Freiheit, 29. Jg., Nr. 56, 10. September 1946.
[322] Zit. nach: Lauterbach, Aus Trümmern der Geist der Humanität, S. 265.
[323] Aus der Gedenkrede Lauterbachs. Zit. nach: Lauterbach, Aus Trümmern der Geist der Humanität, S. 267. Dort ist die vollständige Gedenkrede abgedruckt, der auch das folgende Zitat entnommen wurde.
[324] Freiheit, 29. Jg., Nr. 8, 26. März 1946.
[325] Aus der Gedenkrede Lauterbachs. Zit. nach: Lauterbach, Aus Trümmern der Geist der Humanität, S. 267. Dort auch das vorhergehende Zitat.

frühere Kollegen eine Gedenkfeier für den ehemaligen Mitarbeiter der Droste KG, Heinrich Müller, der am 19. Februar 1945 wegen Wehrkraftzersetzung im Zuchthaus Brandenburg hingerichtet worden war. In den verschiedenen Reden wurde Müller als *„Demokrat und Antifaschist"* bezeichnet, dessen Tod *„für alle eine Verpflichtung"* darstelle.[326]

In der im November des gleichen Jahres von der VVN initiierten Gedenkstunde für den im März 1945 im Konzentrationslager Bergen-Belsen gestorbenen Philosophie-Professor Johannes Maria Verweyen betonten die Redner, *„daß der Kampf gegen die Wiederkehr solcher Zustände* [gemeint ist die Wiederkehr des Nationalsozialismus, F.W.]*, denen dieser aufrechte Kämpfer gegen den Nazismus zum Opfer gefallen ist"*[327], im Sinne des Ermordeten nicht verloren gegeben werden dürfe.

Unter Verzicht auf die von der VVN und der KPD stets geäußerte Mahnung, *„daß der Kampf wider den Nazismus noch nicht zu Ende sei"*[328], gedachten auch die Düsseldorfer Katholiken ihrer Opfer. Die katholische Jugend Düsseldorfs hielt am 30. Juni 1946 eine Ehrenwache an der Urne von Adalbert Probst, um an dessen Widerstand gegen das NS-Regime zu erinnern. Dieser war vor genau zwölf Jahren als Reichsjugendleiter der „Deutschen Jugendkraft" (DJK) im Zusammenhang mit dem „Röhmputsch" von der Gestapo verhaftet und unmittelbar später „auf der Flucht" erschossen worden.[329]

Im Januar 1948 veranstalteten die Katholischen Arbeitervereine der Stadt eine Gedenkfeier für Otto Müller, Bernhard Letterhaus und Nikolaus Groß. Diese waren aufgrund ihres aus christlicher Überzeugung resultierenden Widerstandes gegen den Nationalsozialismus hingerichtet worden. Wie Oberbürgermeister Gockeln in seiner Funktion als Verbandssekretär der Katholischen Arbeitervereine unterstrich, *„trete ihr Vermächtnis (auf dem verzerrten und fragwürdigen Hintergrund unserer jüngsten Geschichte) als Mahnung hervor"*.[330] Wolle die Stadt den Aufgaben der Zeit gewachsen sein, müsse man das geistige Erbe der drei Getöteten wachhalten und den von ihnen in vorbildlicher Weise verkörperten Prinzipien der Gerechtigkeit, der Freiheit und der Verantwortung für die menschliche Gemeinschaft nachfolgen.

---

[326] RP, 1. Jg., Nr. 9, 30. März 1946.
[327] Freiheit, 29. Jg., Nr. 74, 12. November 1946. Verweyen lebte und lehrte in Bonn, hatte aber den Großteil seiner Kindheit und Jugend in Düsseldorf verbracht.
[328] Freiheit, 31. Jg., Nr. 2, 6. Januar. Diese Warnung wurde von Hugo Paul, dem der KPD angehörenden nordrhein-westfälischen Wiederaufbauminister, anläßlich einer von der VVN Düsseldorf zur Jahreswende veranstalteten Feierstunde ausgesprochen.
[329] Vgl. RP, 1. Jg., Nr. 36, 3. Juli 1946. Zum Schicksal Probsts siehe auch: Volker Franke, „Auf der Flucht erschossen …!" Adalbert Probst – eines der frühen Opfer des Nazi-Terrors, in: Düsseldorfer Hefte, 29. Jg., 1984, Nr. 17, S. 16 sowie: Ders., Der Mord an Adalbert Probst, in: Das Tor, 50. Jg., Nr. 10, Oktober 1984, S. 34.
[330] RP, 3. Jg., Nr. 8, 28. Januar 1948.

1.1. Märtyrer für ein neues Düsseldorf

Ganz besonderes Verantwortungsgefühl für das Überleben der Düsseldorfer Bürger hatten auch die Männer um Polizeioberstleutnant Franz Jürgens gezeigt, die ob ihrer Hinrichtung kurz vor Ende des Krieges zum moralischen Gewissen der Stadt wurden.

1943 hatte sich um den Rechtsanwalt Dr. Karl August Wiedenhofen und den Architekten Aloys Odenthal ein kleiner Kreis Düsseldorfer Bürger gebildet, der sich in unregelmäßig stattfindenden Besprechungen traf, um die politische Lage zu erörtern.[331] Gemeinsames Ziel der Mitglieder war es, Deutschland von der nationalsozialistischen Diktatur zu befreien. Da die Gruppe jedoch auf Flugblattaktionen oder ähnliche Maßnahmen verzichtete, dauerte es bis zum Februar 1945, bis sich der Zirkel dazu entschloß, aktiv tätig zu werden. Mittlerweile war die Front in solche Nähe gerückt, daß mit dem baldigen Ende des Krieges gerechnet werden konnte. Da die Parolen des nationalsozialistischen Gauleiters Friedrich Karl Florian jedoch den unbedingten Durchhaltewillen von Partei und Wehrmacht propagierten und die Nazis keinen Zweifel daran aufkommen ließen, die belagerte Stadt bis zur völligen Zerstörung zu verteidigen, nahmen Mitglieder der Wiedenhofen-Gruppe im April Kontakt zu Franz Jürgens auf. Dieser kam als Verbündeter in Frage, weil er sich der von der Parteiführung ausgegebenen Order, die Stadt zu räumen, sowie der geplanten Zerstörung der Versorgungseinrichtungen verweigert hatte. Zudem hatte er als Kommandeur der Düsseldorfer Schutzpolizei Zugang zu den benötigten Waffen.

Nachdem Jürgens am Vormittag des 16. Aprils erfuhr, daß Florian und der militärische Oberbefehlshaber des Ruhrkessels, Generalfeldmarschall Walter Model, endgültig entschieden hatten, die Stadt trotz der völligen Einkreisung durch amerikanische Truppenverbände nicht kampflos zu übergeben, schritten die Widerständler zur Tat. Während Wiedenhofen und Odenthal sich zu den Amerikanern durchschlugen, um diese von einer Bombardierung der Stadt abzuhalten, verhafteten Jürgens sowie der Rechtsanwalt Karl Müller, der Bauunternehmer Theodor Andresen und der Ingenieur Josef Knab den Polizeipräsidenten und SS-Brigadeführer August Korreng. Diese Aktion war notwendig, weil Korreng als Vorgesetzter von Jürgens dessen Befehle an die Polizeieinheiten, im Falle des Einmarsches der US-Truppen die Waffen zu strecken, hätte aufheben können. Da linientreue Polizeioffiziere das Vorgehen der Männer jedoch verrieten, wurden Jürgens, Knab, Andresen sowie der Malermeister Karl Kleppe und der Student Hermann Weill, die zur Wachablösung eingetroffen waren, am Nachmittag festgenommen. Müller konnte in letzter Minute entkommen.

Am frühen Abend des 16. April 1945 verurteilte ein von Model rasch einberufenes Standgericht unter dem Vorsitz von Polizeioberstleutnant Karl Brumshagen Franz Jürgens wegen Landesverrat und Meuterei zum Tode. Unmittelbar danach vollstreckte ein unter dem Befehl von Hauptwachmeister Heinrich Gesell ste-

---
[331] Ausführlich zu den Mitgliedern und Aktivitäten dieses Kreises sowie insbesondere zu den Ereignissen des 16. und 17. April 1945 in Düsseldorf siehe: Zimmermann, In Schutt und Asche, S. 76–93.

hendes Erschießungskommando in einem Hof neben der Schule an der Färberstraße die Exekution. Wenige Stunden später wurden auch Andresen, Kleppe, Knab und Weill an der gleichen Stelle erschossen. Andresen und Knab waren vor ihrer Ermordung noch schwer mißhandelt worden. Etwa fünfzehn Stunden später wurde Düsseldorf den Amerikanern kampflos übergeben.

Die Erschießung der fünf Männer rief bei nahezu allen Bürgern der Stadt große Bestürzung und Wut hervor. Der „blutige Abgang"[332] der Nationalsozialisten bewies den meisten, sich nach dem Ende der Gefechtshandlungen sehnenden Menschen die vollkommene Inhumanität der ehemaligen Machthaber. Allein die Eile, mit der Jürgens, Andresen, Kleppe, Knab und Weill hingerichtet worden waren – die vier Zivilisten sogar in der Dunkelheit unter Zuhilfenahme von Taschenlampen –, ließ die Exekutionen in erster Linie als willkürliche Racheakte erscheinen.
Dementsprechend groß war die Anteilnahme der Düsseldorfer an der Beerdigung und der im folgenden Jahr veranstalteten Gedenkfeier für die fünf Getöteten. Kurz vor der am 26. April 1945 abgehaltenen Trauerfeier verteilte die ebenfalls im Widerstand aktive, unter der Führung des Düsseldorfer Kaufmanns Hermann Smeets stehende „Antifaschistische Kampforganisation" (Antifako)[333] ein – bisher unveröffentlichtes – Flugblatt, in dem zur zahlreichen Teilnahme an der Bestattung aufgerufen wurde. Dieser, von Smeets unter dem Pseudonym „Walter Jordan" unterzeichnete Handzettel begründete den Ruf der fünf Männer als Märtyrer:

> „Aufruf! Am Montag, den 16. April 1945, einen Tag vor der Befreiung der Stadt durch die amerikanischen Truppen, fielen als Blutzeugen fünf Antifaschisten, fünf Kämpfer für ein neues schöneres Deutschland.
> Verbrecherische Hände ließen sie, die die Stadt schonen und übergeben wollten, erschießen.
> Düsseldorfer! Antifaschisten! Bezeugt Eure Anteilnahme und Treue und begleitet sie auf ihrem letzten Weg. Die ganze Stadt trauert um diese wunderbaren Menschen.
> Am Donnerstag [gemeint ist der 26. April 1945, F.W.] um 11 Uhr sollen sie von der Kapelle des Nordfriedhofes aus zur letzten Ruhe gebettet werden.
> Alle Betriebe senden Abordnungen. Bezeugt Euren Abscheu vor diesem Mord durch restlose Teilnahme!"[334]

---

[332] So lautet die Formulierung von Hans-Peter Görgen, Düsseldorf und der Nationalsozialismus, Düsseldorf 1969, S. 237.
[333] Nähere Informationen zur Antifako finden sich in: Zimmermann, In Schutt und Asche, S. 71–76.
[334] StAD XXIII 192a: Zusammenstellung des Stadtarchivs über die Vorgänge am 16./17. April 1945; Undatiertes Flugblatt von „Walter Jordan"; nicht paginiert.

Wie der Tod aller anderen im Widerstand gegen den Nationalsozialismus Gefallenen, wurde auch die Hinrichtung der fünf als Verpflichtung für die Überlebenden verstanden. In der ersten – aufgrund ihrer Eindringlichkeit vollständig zitierten – nach dem Krieg in Düsseldorf gehaltenen öffentlichen Ansprache, die zugleich die Totenrede für Jürgens und seine Mitstreiter darstellte, war es wiederum Smeets, der in bewegenden und keine Deutlichkeit vermeidenden Worten die Tyrannei des NS-Regimes geißelte und das deutsche Volk – mitschuldig an den begangenen Verbrechen – nachdrücklich beschwor, aus der Vergangenheit zu lernen sowie alle totalitären Regungen im Keim zu ersticken:

> *„Zutiefst erschüttert erfüllen wir die harte Pflicht, der Erde einige junge deutsche Männer zu übergeben, die von bluttriefenden Mörderhänden im letzten Augenblick vor der Besetzung unserer Stadt gefallen sind. Diese tapferen Jungen aber sind für ein Ideal gefallen, an das zu glauben wir uns in dieser ernsten Stunde vornehmen. Es ist der Glaube an eine Weltordnung, die das Recht des freien Denkens und des freien Handelns aller Menschen garantiert. Es ist der Glaube an eine Weltordnung, die für immer die Befreiung bedeutet von der blutigen Tyrannei eines nunmehr überstandenen Systems, das einen Rückschritt ins tiefste Mittelalter bedeutet hat. Mehr noch: die Grausamkeiten der damaligen Zeit mit ihren entsetzlichen Foltern muten fast harmlos an, gemessen an den furchtbaren Scheusslichkeiten von denen wir stündlich und in steigendem Masse Kund erhalten, und die im Namen des deutschen Volkes begangen wurden. Aus den deutschen Konzentrationslagern werden solche Schrecknisse berichtet, dass ihre Wiedergabe den Tränenausbruch eines jeden anständigen Menschen zur Folge haben muss.*
> *Das deutsche Volk aber wird durch die begangenen Untaten entmenschter Gesellen einer harten Zukunft entgegensehen. Es wird einen steinigen Weg beschreiten müssen, um den Anschluß an die übrigen Völker der gesitteten Welt wieder zu finden. Ich will an diesem Ort auf keine Einzelheiten eingehen, aber eines will ich als gewiss dahinstellen: Wir werden diesen harten und steinigen Weg gehen, und so qualvoll er auch sein mag, er wird uns zum Ziele führen. Wo kämen wir auch hin, wenn wir jede Hoffnung verlieren würden, nein – wir müssen und werden die Steine auf unserem Zukunftswege forträumen, Steine, die da Nationalsozialismus und Militarismus heissen. Sind es doch diese dunklen Kräfte, die das deutsche Volk und alle anderen Völker in einer Generation zweimal in ein Meer von Blut und Tränen gestürzt haben und sie würden sich nicht scheuen, ihr blutiges Handwerk weiter zu betreiben, wenn sie nicht mit allen Mitteln daran gehindert würden.*
> *Mit allen Mitteln müssen sie daran gehindert werden, dass sie nationale Ehre und nationalen Ruhm mit Krieg und Blut verwechseln. Und mit allen Mitteln muss darauf hingearbeitet werden, dass der*

sogenannte Pangermanismus mit allen seinen üblen Begleiterscheinungen mit Stumpf und Stiel ausgerottet wird. Nur dann kann es vermieden werden, dass von größenwahnsinnigen Politikern und Generälen Eroberungskriege erdacht und durchgeführt werden, die, wie uns die Vergangenheit in der schrecklichsten Weise gezeigt, das deutsche Volk und eine ganze Welt in Not und tiefstes Elend gebracht haben. Also: die Urheber und Ursachen solcher Vernichtungspläne frühzeitig zu erkennen und zu beseitigen sei dem deutschen Volke für alle Zukunft höchste Aufgabe, zum eigenen Wiederaufbau, zum Wohle der ganzen Welt, die uns dann ihre Achtung nicht versagen wird.
Den Frieden zu ersehnen, für den Frieden zu kämpfen und zu arbeiten, soll unser Schwur für die Zukunft lauten. Wir wollen ihn ablegen am Grabe dieser von Bubenhand ermordeten jungen Männer, die gefallen sind für das gleiche Ideal und daher für uns unvergesslich bleiben."[335]

Da die fünf Getöteten zu nichts weniger als Symbolfiguren für die freiheitliche Geisteshaltung der Düsseldorfer Bürger erkoren wurden, verwundert es nicht, daß die Stadt am 16. April 1946 eine Gedenkfeier im Europa-Palast veranstaltete. In dieser *„von stiller Wehmut"* getragenen Veranstaltung, die von Musikstücken Händels, Beethovens und Haydns umrahmt wurde, erinnerten sich die Anwesenden laut der kurzen Darstellung in der „Rheinischen Post" an den *„Opfertod"* von Jürgens, Andresen, Kleppe, Knab und Weill, während der die Gedenkrede haltende Freiherr Stephan von Hartenstein die *„tiefe Heimatliebe und das Verantwortungsbewußtsein"* der fünf Männer würdigte. Im Gegensatz jedoch zu den Formulierungen von Smeets', der die Tötung als „Ermordung" und die Nationalsozialisten als „blutige Tyrannen" bezeichnet hatte, war im Europa-Palast von *„Hinrichtung"* und *„Parteiführung"*[336] die Rede, ohne ausdrücklich herauszustellen, ob die Erschießung rechtens war oder nicht. Zwar galten die fünf weiterhin als Märtyrer, doch waren sich – nicht zuletzt wegen des Scheiterns – längst nicht mehr alle darüber einig, ob ihr Handeln überhaupt notwendig gewesen sei.

Diese Vorsicht könnte durch einen Schriftwechsel bedingt gewesen sein, der wenige Tage vor der Gedenkfeier geführt worden war. Zur Vorbereitung der Veranstaltung hatte Oberbürgermeister Kolb nämlich einen Bericht von Stadtarchivdirektor Paul Kauhausen angefordert, in dem dieser seine Einschätzung über die Ereignisse darlegen sollte. Kauhausen kam nach Schilderung der Vorgänge sowie der Auswertung der für glaubwürdig gehaltenen Augenzeugenberichte verschiedener Beteiligter zu dem Schluß, daß den fünf Hingerichteten *„das Wohl und Wehe der Stadt samt ihrer Bürger am Herzen lag"* und sie *„mannhaft mit ihren*

---

[335] StAD XXIII 192 b: Schriftwechsel betreffend Jürgens-Gedenkstätte; von Hermann Smeets am 26. April 1946 auf dem Nordfriedhof gehaltene Trauerrede; nicht paginiert.
[336] RP, 1. Jg., Nr. 15, 20. April 1946. Dort auch die vorhergehenden Zitate.

gefallenen und den noch lebenden Kameraden gegen die Tyrannei" aufgetreten seien. Diese Beurteilung wurde jedoch erheblich durch den Zusatz eingeschränkt, daß *„ein abschließendes objektives Gesamturteil über die infragestehenden Vorfälle (..) zur Zeit überhaupt noch nicht abgegeben werden"* könne. Ist diese Formulierung noch mit dem berufsbedingt vorsichtigen Umgang mit Zeitzeugenaussagen zu erklären, näherte sich Kauhausen mit den weiteren Ausführungen unbewußt jener Position an, die von den für die Exekution Verantwortlichen vertreten wurde. Demnach könne er, Kauhausen, keine Bewertung darüber abliefern,

> *„1) ob es richtig war, wie gehandelt wurde,*
> *2) ob nur auf Grund des Eingreifens der infrage stehenden Herren die Übergabe der Stadt sich so reibungslos wie geschehen vollzog,*
> *3) ob ohne Eingreifen der infrage stehenden Herren vor der Einnahme noch ein Generalbombenangriff eingesetzt wäre, der die Stadt sturmreif gemacht hätte."*[337]

Dazu ist folgendes zu bemerken: In dem vom März 1949 bis zum Dezember 1952 insgesamt von vier Gerichten behandelten Verfahren gegen Florian, Brumshagen und Gesell wurden diese von dem Vorwurf der Ermordung von Jürgens und den vier Zivilisten freigesprochen. Dem abschließenden Urteil des obersten Gerichtshofes der britischen Zone sowie des Bundesgerichtshofes zufolge bezeichneten die Richter das Vorgehen der fünf Getöteten nach 1945 geltendem deutschen Recht als „Kriegsverrat".[338] Dieser Spruch rief nicht nur in Düsseldorf große Bestürzung hervor. Die von vielen Menschen als Verbrechen empfundenen Hinrichtungen blieben ungesühnt.

Nur ein Jahr nach den Erschießungen, als nicht nur die Ereignisse des 16. April 1945, sondern auch der Alltag der nationalsozialistischen Gewaltherrschaft allen Beteiligten noch vor Augen standen, bezog Kauhausen einen Standpunkt, der – bevor die Recht- oder Unrechtmäßigkeit der Hinrichtungen in einem Gerichtsverfahren geklärt worden war! – zumindest die nationalsozialistische Rechtsprechung legitimierte. Die Frage, ob die fünf Männer in Einklang mit dem geltenden Recht gehandelt hatten, implizierte unterschwellig die Mutmaßung, daß das, was sie getan hatten, Unrecht gewesen sein könnte und sie demnach kraft der Autorität des NS-Rechtes – das zu Ende des Krieges tatsächlich ausschließlich dazu benutzt wurde, um der schwindenden Kriegsbegeisterung der Bevölkerung mit Abschreckung zu begegnen – möglicherweise völlig legitim zum Tode verurteilt worden seien.

Auch der Zweifel, *„ob nur auf Grund des Eingreifens der infrage stehenden Herren die Übergabe der Stadt sich so reibungslos wie geschehen vollzog"*, führte in eine irreführende Richtung. Wie geschildert, war Düsseldorf von Florian zur

---

[337] StAD XXIII 192 a: Schreiben von Kauhausen an Kolb vom 12. April 1946; nicht paginiert. Dort auch die vorhergehenden Zitate.
[338] Vgl. Zimmermann, In Schutt und Asche, S. 88.

16 Paul Kauhausen

„Festung" erklärt worden. Den Informationen der Männer um Jürgens zufolge stand fest, daß die Nazis die Stadt bis zum letzten Hauseingang verteidigen und dabei auf das Schicksal der in Düsseldorf verbliebenen Bevölkerung keine Rücksicht nehmen würden. Daß der Gauleiter bereits Vorkehrungen zur Flucht getroffen hatte, konnten die Widerständler zum Zeitpunkt ihrer Aktion nicht ahnen. Zwar existierte ohne Kenntnis der Wiedenhofen-Gruppe noch die „Antifako", doch wußten Odenthal, Wiedenhofen, Jürgens und die mit ihnen Zusammenarbeitenden nicht, daß auch der Kreis um Hermann Smeets sich mit den Amerikanern in Verbindung gesetzt hatte.[339] Deshalb sahen sie sich gezwungen, konkrete Schritte zur Rettung der Stadt zu unternehmen. Hätten sie keinen Kontakt mit den Amerikanern aufgenommen und versucht, die Machthaber zu ent-

---

[339] Zwei Männern der Antifako war es in der Nacht vom 11. zum 12. April 1945 gelungen, mit einem Paddelboot über den Rhein zu setzen und den Amerikanern einen Brief zu übergeben, in dem diese aufgefordert wurden, Düsseldorf möglichst bald zu besetzen. Die Amerikaner vertrauten jedoch nicht auf eine kampflose Übergabe der Stadt und wiesen das Anliegen zurück. Vgl.: '45 – '95. Vor 50 Jahren: Kriegsende in Düsseldorf, Beilage zum Düsseldorfer Amtsblatt vom 1. April 1995, S. 3.

waffnen, wäre nach dem damaligen Stand der Kenntnisse ein weiterer Artilleriebeschuß durch die Belagerer recht wahrscheinlich gewesen.
Ob die Amerikaner tatsächlich noch einen Bombenangriff planten, konnte weder die Wiedenhofen-Gruppe noch Kauhausen wissen. Erst im Verlaufe des Nürnberger Prozesses wurde nämlich bekannt, daß die Amerikaner den strategischen Luftkrieg bereits am 15. April 1945 eingestellt hatten. Gerade dieses fehlende Wissen aber nimmt die Männer um Jürgens sowie die zu Verhandlungen mit den Amerikanern aufgebrochenen Wiedenhofen und Odenthal vor der von Kauhausen – und später von Florian – angedeuteten Hypothese in Schutz, ihr Vorgehen sei völlig sinnlos gewesen. Die logische Konsequenz des Kauhausen'schen Einwands besagt nichts anderes als daß, wenn die Gefahr einer Bombardierung überhaupt nicht mehr bestand, auch die Voraussetzung, mit den Amerikanern über die kampflose Übergabe der Stadt zu verhandeln, gegenstandslos geworden sei. Diese von den Tätern als Entlastungsmoment gebrauchte Argumentation verkehrt sich jedoch bei genauerem Hinsehen in ein zusätzliches Belastungsmoment: Wenn nämlich alle Beteiligten gewußt hätten, daß die Voraussetzung für den Versuch, die Stadt ohne Blutvergießen zu übergeben, nicht mehr bestand, muß das Unrecht derjenigen, die deswegen trotzdem noch Todesurteile fällten und vollstreckten, um so willkürlicher erscheinen!

Muß den auf den Ebenen der Rechtsprechung und der Moral angesiedelten Vorbehalten Kauhausens im Jahre 1946 die von ihm zurecht angeführte fehlende historische Distanz zugute gehalten werden, ist seine neun Jahre später abgegebene Einschätzung der Ereignisse nicht nur geeignet, die Zuverlässigkeit seiner Recherchen, sondern auch seine Zustimmung zu dem Vorgehen von Jürgens und den vier Zivilisten anzuzweifeln. Anläßlich der zehnjährigen Wiederkehr des Tages der Erschießung beging die Landeshauptstadt Düsseldorf in Anwesenheit zahlreicher Vertreter des Landtags und des Landeskabinetts sowie vieler Prominenter aus dem Kulturleben eine Gedenkfeier auf dem Nordfriedhof. Dort wies Polizeipräsident Klein in seiner Ansprache auf den von den Getöteten ausgetragenen Konflikt *„zwischen dem Gehorsam gegenüber einem als verbrecherisch entlarvten Staate und der höheren Pflicht, die die Gemeinschaft forderte"*, hin, den die Männer letztendlich zugunsten ihres Gewissens beendet hatten. Oberbürgermeister Gockeln betonte, daß kein verdienter Bürger das Schicksal der Stadt so unmittelbar beeinflußt und so bewußt sein Leben für die Gemeinschaft gegeben habe, wie die fünf, deren Gedächtnis es an diesem Tage gelte, ihre Tat nicht nach Paragraphen zu beurteilen:

> *„Meuterer seien sie genannt worden? Als ob es zu dieser Zeit noch eine gültige Autorität gegeben habe! (...). Sie wollten Leben retten und opferten ihr eigenes. Dem neuen Vaterlande, das sich aus den Trümmern von damals erhoben habe, sei ihr Opfer zugute gekommen. (...). Möge ihr Geist immer wach bleiben, denn sie waren gute Bürger und gute Kameraden."*[340]

---

[340] RP, 10. Jg., Nr. 89, 18. April 1955. Dort auch das vorhergehende Zitat.

Während sich die Stadt öffentlich von den Freisprüchen für die Täter distanzierte und an der Rechtmäßigkeit des Handelns der Wiedenhofen-Gruppe keinen Zweifel aufkommen ließ, blieb Kauhausen auch im Jahre 1955 bei seiner alten Bewertung. Von Oberstadtdirektor Hensel um eine erneute Beurteilung der Vorgänge gebeten, übersandte der Archivdirektor seine bereits im April 1946 angefertigte Expertise und versah sie am 23. Mai 1955 mit folgendem Begleitschreiben:

> *„Wir sind hinsichtlich einer authentischen Darstellung der Dinge heute nicht weiter, wie wir damals, als ich schrieb, waren. Ich weise insbesondere auf die mit / angestrichene Stelle hin."*[341]

An der so bezeichneten Stelle finden sich aber genau jene Einwände, die Kauhausen bereits vor neun Jahren angeführt hatte, um seine Vorbehalte gegen die Rechtmäßigkeit und Notwendigkeit des Vorgehens der Hingerichteten zu dokumentieren. Fast drei Wochen, nachdem die Grabstellen der Exekutierten zu Ehrengräbern der Stadt Düsseldorf ernannt worden waren, und rund zwei Jahre vor der Fertigstellung einer Gedenkstätte an der Feuerbachstraße in unmittelbarer Nähe zur Hinrichtungsstätte insinuierte Kauhausen – diesmal in partieller Übereinstimmung mit dem bis heute nicht widerrufenen Urteil des Bundesgerichtshofes –, daß die Aktion von Franz Jürgens, Theodor Andresen, Karl Kleppe, Josef Knab und Hermann Weill unnötig war, ihre Hinrichtung aber nichtsdestotrotz gerechtfertigt werden konnte.

1.2. „Nie wieder!" – Das Gedenken an die Judenvernichtung und die Absage an den Krieg

Aus der Einsicht, mit den an das Schicksal einzelner Personen erinnernden Trauerfeiern nicht die Ungeheuerlichkeit der von den Nationalsozialisten verübten Verbrechen in ihrer ganzen Tragweite sichtbar machen zu können, waren die neuen Repräsentanten der Stadt während der Besatzungszeit darum bemüht, das Gedächtnis an jene wachzuhalten, die in den vergangenen Jahren die schlimmsten Verfolgungen zu ertragen hatten und in den Konzentrationslagern zu Tode gekommen waren. Um frühzeitig den Willen zu dokumentieren, das in den KZs begangene Unrecht zu sühnen, beantragte der spätere Bürgermeister Georg Glock in der ersten Sitzung des Vertrauensausschusses am 10. Juli 1945, daß die Stadt sich um die Rückführung aller aus Düsseldorf stammenden ehemaligen KZ-Häftlinge kümmere und ihnen einen öffentlichen Empfang bereite. Oberbürgermeister Füllenbach berichtete daraufhin, daß er dem Militärgouverneur bereits mitgeteilt habe, *„dass der Wunsch bestände, den ich auch für durchaus möglich hielte, die Rückkehrer aus den Konzentrationslägern öffentlich feierlich zu begrüssen. Da hat er mir erklärt, das sei nicht angebracht."*[342] Was für

---
[341] StAD XXIII 192a: Brief von Kauhausen an Hensel vom 23. Mai 1955; nicht paginiert.
[342] StAD: Niederschriften über die Sitzungen des Vertrauensausschusses vom 10. Juli 1945 – 29. November 1945, Bd. 73, 1. Sitzung vom 10. Juli 1945, S. 50/51. Dort auch die nachfolgenden Zitate.

Glock „*eine Selbstverständlichkeit*" darstellte und in Köln bereits verwirklicht worden war, erschien den Briten zu gefährlich. Zwar hätte allein die mangelnde Anzahl von Transportmitteln ein organisatorisches Problem dargestellt, doch scheint die ablehnende Haltung der Briten einen anderen Beweggrund gehabt zu haben. Wie Glock nämlich im Zuge der Schilderung über die Kundgebung in Köln betonte, war dort „*alles ruhig*" geblieben. Demnach mußte befürchtet werden, daß ein öffentlicher Empfang für die ehemaligen KZ-Insassen nicht auf die allgemeine Zustimmung der Bevölkerung stoßen und es eventuell zu Unmutsäußerungen kommen könne. Das Risiko, diejenigen, die gerade von ihren Peinigern befreit worden waren, erneut der Diffamierung von NS-Sympathianten auszusetzen, war der Besatzungsmacht zu groß.
Wie sich zeigte, war die Angst der Briten nicht völlig aus der Luft gegriffen. Bereits im November 1945 nämlich sah sich die Schulverwaltung dazu gezwungen, gegen fortschreitend verbreitete Gerüchte vorzugehen, denen zufolge die Erlebnisschilderungen aus den Konzentrationslagern falsch, zumindest aber übertrieben seien:

> „*Ohne eine unpädagogische Ausmalung aller schaurigen Einzelheiten zu betreiben, ist es nötig, den Schülern in großen Zügen die Wahrheit über die KZ-Lager vor Augen zu führen, damit Schuld und Verantwortung nicht bagatellisiert und vergessen werden.*"[343]

Nicht alle Düsseldorfer erfüllten die Taten der Nationalsozialisten mit Scham. In Anbetracht der eigenen Nöte und Sorgen, die nicht erst seit dem Kriegsende zu erdulden waren, konnten auch Stimmen vernommen werden, die sich gegen eine Bevorzugung von politisch und rassisch Verfolgten sowie deren Angehörigen wandten. Die Brisanz, durch eine unterschiedliche Behandlung verschiedener Bevölkerungsgruppen erneut einen Keil zwischen ehemalige Opfer, deren Peiniger und das große Heer der Mitläufer zu treiben, war den verantwortlichen Politikern und der Stadtverwaltung durchaus bewußt. Dies hielt sie aber nicht davon zurück, ihre Solidarität mit den einstigen Unterdrückten öffentlich zu bekunden. Insbesondere den Juden gegenüber empfand man die moralische Verpflichtung, die Erinnerung an die durch den Holocaust Ermordeten wachzuhalten sowie die an den Überlebenden verübten Grausamkeiten so weit wie möglich wiedergutzumachen.

Von den zur Zeit der „Machtergreifung" 5.053 zählenden Mitgliedern der Düsseldorfer Jüdischen Gemeinde kehrten während der Sommers 1945 57 Überlebende in die Stadt zurück. Unter dem Vorsitz von Julius Dreifuß versuchte die neugegründete Gemeinschaft, das Gemeindeleben wiederaufleben zu lassen und feierte im September des gleichen Jahres das Neujahrsfest („Rosch Haschana"), für dessen Gottesdienste die Stadt den Sitzungssaal des Oberlandesgerichtes in

---

[343] Zit. nach: Gerda Kaltwasser, Tausend Kalorien für Otto Normalverbraucher. Das tägliche Überleben im Hungerjahr 1946, in: 1946 Neuanfang, S. 41-48, hier: S. 47.

der Cecilienallee zur Verfügung stellte. Dort konnten die mittlerweile wieder 160 Gemeindemitglieder im April 1946 auch das Pessach-Fest begehen, an dessen Stimmung sich die aus dem französischen Exil nach Düsseldorf zurückgekehrte Hildegard Freifrau von Gumppenberg mit folgenden Worten erinnerte:

> *„Draußen schien die Sonne, es war der schönste Frühlingstag. Doch welch ein Gegensatz zu den grauen, ausgemergelten Menschen! Ein unfaßbarer Ernst, eine unermeßliche Traurigkeit lag über der kleinen Gemeinde. Jeder, aber auch jeder schluchzte."*[344]

Obwohl die im Oktober 1945 im Opernhaus veranstaltete Trauerfeier eindringlich appellierte, den überlebenden Juden alle nur erdenkliche Hilfe zukommen zu lassen und zum Beispiel die Henkel-Werke bis zum Jahr 1948 in ihrem Speisesaal ein festliches Pessach-Mahl ausrichteten, fühlten sich die Gemeindemitglieder in der Stadt isoliert. „Man blieb unter sich. Ohne den Schutz der britischen Besatzungsbehörden hätte man sich zutiefst gefährdet und unsicher gefühlt."[345] Die *„spürbare mangelnde Hilfsbereitschaft"*[346] der christlichen Mitbürger, die den ehemaligen KZ-Häftlingen sehr oft „mit Angst, Unbehagen und Feindseligkeit"[347] begegneten, veranlaßte die zitierte Freifrau von Gumppenberg im Jahre 1949 zur abermaligen Emigration in die USA.

Angesichts dieser von den Juden geäußerten Unsicherheit erhielt die am 9. November 1946 in der Düsseldorfer Kasernenstraße vollzogene Enthüllung einer von Hans Maes entworfenen und von Kurt Räder geschaffenen Gedenktafel zur Erinnerung an die vor genau acht Jahren von den Nazis inszenierte Reichspogromnacht besonderen Symbolcharakter. Wie der aus England nach Düsseldorf zurückgekehrte und als erster Herausgeber des „Jüdischen Gemeindeblattes für die Britische Zone" tätige Karl Marx in seinem Tagebuch festgehalten hat, stammte der Plan zur Anfertigung einer solchen Gedenktafel von Karl Arnold. Dieser erzählte Marx anläßlich eines gemeinsamen Rundganges durch die Trümmer der Stadt von den in der Nacht vom 9. auf den 10. November 1938 in Düsseldorf geschehenen Ereignissen. An der Stelle, wo ehemals die prächtige Synagoge gestanden hatte, verkündete der Oberbürgermeister und spätere nordrhein-westfälische Ministerpräsident die Absicht, an die in Düsseldorf „äußerst brutal"[348] verlaufenen Ausschreitungen gegen die Juden erinnern zu wollen:

---

[344] Zit. nach: Barbara Suchy, Zwischen den Zeiten. Die jüdische Gemeinde Düsseldorf von 1945–1948, in: 1946 Neuanfang, S. 330–340, hier: S. 332.
[345] Ebd., S. 339.
[346] So lautete die Einschätzung von Freifrau von Gumppenberg. Zit. nach: ebd., S. 333.
[347] Ebd., S. 336.
[348] So bewertet Bernd-A. Rusinek die Ereignisse der Reichspogromnacht in Düsseldorf. Bernd-A. Rusinek, Verfolgung und Widerstand in Düsseldorf 1933–1945, Kapitel: „Kein Trost. Kein Vergessen." Juden in Düsseldorf, in: Mahn- und Gedenkstätte Düsseldorf (Hrsg.), Verfolgung und Widerstand in Düsseldorf 1933–1945, Düsseldorf 1990, S. 134–158, hier: S. 145.

> *„Die Stadtverwaltung Düsseldorf soll die erste sein, die hier an dieser Stelle eine Gedenktafel anbringt, die an dieses furchtbare Geschehen erinnern muß. Helfen Sie mir, daß wir diese Tafel am 9. November dieses Jahres enthüllen können."*[349]

Arnolds Hoffnung wurde nicht enttäuscht. Am 9. November wurde in Düsseldorf die erste deutsche Gedenktafel für die Opfer der sogenannten Reichskristallnacht enthüllt. Ihre Inschrift endete mit den Worten: *„Den Toten zum ehrenden Gedenken – den Lebenden zur Mahnung."*[350] Zur Gedenkfeier, die vom Nordwestdeutschen Rundfunk und der Wochenschau in Wort und Bild festgehalten wurde, hatten sich nahezu tausend Menschen in der Kasernenstraße eingefunden. Zu den prominentesten Anwesenden zählten Vertreter der Militärbehörden, Verbindungsoffiziere der alliierten Armeen, fünf Minister der nordrhein-westfälischen Landesregierung, Abgesandte der katholischen und evangelischen Kirche, aller Parteien und Gewerkschaften sowie Mitglieder des jüdischen Landesverbandes, der jüdischen Gemeinden und Hilfsorganisationen.

So reichhaltig die Liste der Ehrengäste war, so unterschiedlich nahmen sich die Inhalte der Ansprachen aus. Zwar waren sich alle einig in der Verurteilung der nationalsozialistischen Barbarei und bezeugten in bewegten Worten die Aufrichtigkeit ihres Mitgefühls für die ermordeten Opfer. Die Hervorhebung bestimmter Aspekte ließ hingegen verschiedene Anliegen der Redner deutlich werden.[351]

Oberbürgermeister Arnold schilderte in der Eröffnungsansprache, wie das Recht während der Zeit des Nationalsozialismus mit Füßen getreten und eine Politik des Terrors betrieben wurde. Statt jedoch dem Anlaß der Gedenkfeier entsprechend expressis verbis auf die einzigartige Entrechtung der Juden – die er nicht ein einziges Mal direkt beim Namen nannte! – einzugehen, stellte er die *„Gewissensknechtung und Freiheitsschändung"* des deutschen Volkes in den Mittelpunkt seiner Rede und betonte, daß dieses Volk mit der Reichspogromnacht, *„diesem abscheulichen und mordbefleckten Kainopfer mit seinem häßlichen und*

---

[349] Allgemeine Wochenzeitung der Juden in Deutschland, 18. Jg., Nr. 32, 8. November 1963, S. 17 (Tagebucheintrag vom 11. August 1946).

[350] Der vollständige Text der 1965 wegen Verwitterungsschäden erneuerten Bronzetafel lautet: *„Hier stand die Synagoge der jüdischen Gemeinde zu Düsseldorf. Sie wurde am 9. November 1938 ein Opfer des Rassenwahns. Von der stolzen Gemeinde kehrten von 5053 nur 58 jüdische Mitbürger zurück. Den Toten zum ehrenden Gedenken, den Lebenden zur Mahnung. Die Stadtgemeinde Düsseldorf. 9. November 1946."* Zur Zahl der nach Düsseldorf zurückgekehrten jüdischen Bürger gibt es keinen eindeutigen Beleg. Während der Gedenkfeier sprachen die Trauerredner von 55 Rückkehrern. Auf dem Gedenkstein ist von 58 Heimkehrern die Rede. In der wissenschaftlichen Literatur hat sich jedoch mittlerweile die Zahl „57" durchgesetzt. Vgl. Rusinek, Juden in Düsseldorf, S. 137 sowie: Suchy, Die jüdische Gemeinde Düsseldorf von 1945–1948, S. 331.

[351] Alle Inhaltsangaben und Zitate der verschiedenen Gedenkreden finden sich in: Jüdisches Gemeindeblatt für die Britische Zone, 1. Jg., 15. November 1946 (= Sondernummer zur Gedenkstunde am 9. November 1946). Dort ist der Inhalt aller Reden wiedergegeben, ein Großteil sogar vollständig abgedruckt.

schlangenhaft auf der Erde kriechenden Schwaden nichts gemein haben (wollte)." Bevor er in der *„Verpflichtung"* gegenüber den überwiegend als *„Tote"* bezeichneten Opfern des Genozids die Gedenktafel enthüllte, war es das besondere Anliegen Arnolds, die *„ungeheure Tragik"* des Nationalsozialismus sichtbar werden zu lassen:

> *„Wenn dieses Drama auch von deutscher Erde ausgegangen ist, so gehörten die mitspielenden Kräfte doch der ganzen Welt an. Kein fremdes Volk sollte behaupten, dieses Unheil bei gleichen Umständen verhindert zu haben. Nicht das deutsche Volk, sondern die destruktiven Kräfte der Welt hatten ein Regiment errichtet, das im Begriffe war, einen Mordanschlag gegen alles auszuführen, was wir unter abendländischem Leben und Gesittung verstehen. (...). Das deutsche Volk, insbesondere im Westen des Reiches, ist zur Zeit von einer inneren Panik ergriffen, die uns alle mit einer fast verzehrenden Sorge bewegt. Dieses Volk sieht den Weg in die Zukunft verschlossen, es sieht das Leben seiner Kinder und Mütter durch Hungersnot und Krankheit gefährdet, es sieht die Lebenskraft und den Willen seiner Männer schwinden und es ist dabei, den Glauben auch an das wahre Wort zu verlieren. Ein neuer dämonischer Geist wittert Morgenluft und lauert dieses Mal auf sein europäisches Opfer. Wir stehen daher vor der messerscharfen Alternative: Soll Deutschland mit Europa den Aufstieg finden oder soll Europa mit Deutschland dem Untergang preisgegeben werden. Es ist eine ungeheure Verantwortung, vor der die Staatsmänner der Siegerstaaten stehen."*

Arnolds Rede zufolge hatte das deutsche Volk genauso viel gelitten wie die Juden, denen im „Dritten Reich" die deutsche Staatsangehörigkeit aberkannt worden war. Nun aber war die Verfolgung der Juden beendet, während die Deutschen weiterhin Not und Leid ertragen mußten. Nicht die Deutschen hatten Hitler zur Macht verholfen, sondern *„die destruktiven Kräfte der Welt"*. Mit diesen Sätzen setzte Arnold aber nicht nur einen dem Anlaß der Gedenkstunde nicht angemessenen Schwerpunkt. Zudem hat es den Anschein, als ob der Düsseldorfer Oberbürgermeister – um von der Schuld und Mitschuld der deutschen Bevölkerung an den NS-Verbrechen abzulenken – mit der Kontrastierung von (West) Europa und einem „neuen dämonischen Geist" auf die sich bereits anbahnende Konfrontation zwischen der kommunistischen und der westlichen Hemisphäre anspiele. Mit dieser Europadefinition bediente er sich aber – ob beabsichtigt oder nicht – einer Argumentation, die bereits von den Nazis propagiert worden war, um den Überfall auf die Sowjetunion als Verteidigung des Abendlandes zu rechtfertigen.[352]

---

[352] Vgl. Matthias Jung/Martin Wengeler, Nation Europa und Europa der Nationen. Sprachliche Kontroversen in der Europapolitik, in: Stötzel/Wengeler (Hrsg.), Kontroverse Begriffe, S. 93–128.

17 Die Synagogen-Gedenktafel an der Kasernenstraße (Aufnahme 1955)

Diese Ansichten wurden von Ludwig Renner (KPD), dem Sozialminister des Landes Nordrhein-Westfalen, nicht geteilt. Zwar sei der Rassenhaß „*unter Ausnutzung der niedrigsten Instinkte unseres Volkes bewußt und systematisch*" hochgezogen worden, dies entlaste die Deutschen aber nicht von der Mitschuld an der planmäßigen Vernichtung Millionen jüdischer Mitbürger. Deshalb müsse auch „*das gesamte deutsche Volk*" an den Juden wiedergutmachen, „*was der verbrecherische Nationalsozialismus ihnen angetan hat.*" Könne dies angesichts des ungeheuren Leids der Überlebenden nur symbolisch geschehen, so seien doch alle Deutschen dazu verpflichtet, „*aus den ungeheuren Verbrechen des Nazi-Regimes*" die Lehre zu ziehen, „*mit allen Resten des Nationalsozialismus, mit der nationalsozialistischen Ideologie und Mentalität*" endgültig Schluß zu machen:

> „*Es gilt die Ursachen auszumerzen, die zum Faschismus geführt haben: Wahre Menschlichkeit, wahre Toleranz, Achtung vor der Würde des Mitmenschen, Achtung vor allem, was Menschenantlitz trägt, vorbehaltlose Anerkennung der Gleichberechtigung nationaler und rassischer Minderheiten müssen geistiges Gemeingut des deutschen Volkes werden.*"

Noch deutlicher als die Worte Renners waren die Ausführungen von Philipp Auerbach, der mittlerweile zum Staatskommissar für die Opfer des Faschismus im bayerischen Innenministerium ernannt worden war. Auerbach stellte die Singularität des staatlich angeordneten Massenmordes heraus und drängte auf eine rasche und kompromißlose Bestrafung der Täter, deren Verbrechen niemals wieder gutzumachen seien. Fielen jedoch schon die materiellen Zuwendungen äußerst dürftig aus, so sähen sich auch die Hoffnungen auf eine demokratische Weltordnung getäuscht:

> *„Wenn wir zurückdenken an jene Tage der Befreiung (..), da glaubten wir zu träumen, da sahen wir vor unserem geistigen Auge, die weitgeöffneten Tore des Konzentrationslagers und vor uns heraufschwebend die Seelen unserer ermordeten Kameraden. Wir schritten hinterher, begeistert aufgenommen von einer neuen demokratischen Welt. Und heute, – 1 1/2 Jahre nach der Befreiung müssen wir tief bedauernd feststellen – es war nur ein Traum …"*

Für Auerbach hatten die Deutschen keinen Neuanfang gemacht. Diese Sachlage bezeuge sich allein darin, daß an der Stelle der ehemaligen Düsseldorfer Synagoge ein Parkplatz errichtet worden sei, unter dem sich ein Bunkerhotel befinde – was den Staatskommissar zu der sarkastischen Bemerkung veranlaßte: *„Wir danken der Stadtverwaltung von Düsseldorf für den vornehmen Geist, an dieser Stätte eine Gedenktafel einzurichten."*

Versöhnlicher als Auerbachs Ansprache war die Rede von Julius Dreifuß. Dieser ermahnte die Zuhörer, daß die Gedenktafel, *„solange es Menschen gibt"*, daran erinnern solle, *„daß große Teile des deutschen Volkes sich am 9. November 1938 an einer Tat beteiligt haben, die eine Kulturschande und durch nichts wieder gutzumachen ist."* Dreifuß wollte nicht von Haß reden und gab der Zuversicht Ausdruck, *„daß der Geist der Demokratie, der Geist der Wiedergutmachung und das Ethos des Ewig-Menschlichen alle Bürger Düsseldorfs und alle Menschen überhaupt beseelen möge"*. Er bemerkte aber nachdrücklich, daß die Deutschen nicht erwarten könnten, *„daß wir vergessen und an Vergebung für die Schuldigen denken."*

Den Abschluß der Gedenkfeier bildete die Predigt des Rabbiners Dr. Carlebach von der jüdischen Gemeinde London-Goldersgreen, in der die Hoffnung auf den ewigen Frieden zwischen den Menschen geäußert, das Leid der Juden aber nicht ausschließlich als göttliche Prüfung dargestellt wurde:

> *Dieser Stein ist ein Stein der Erinnerung und der Mahnung. Nicht für uns Juden. Wir werden auch so nicht vergessen. Wir sind das Volk mit dem besten historischen Gedächtnis der Welt. Der Erinnerung und Mahnung bedürfen die anderen, das deutsche Volk, die große Welt. Ihnen muß er sagen, zu welcher tierischen Stufe der Mensch sinken kann, wenn dies nicht eine Beleidigung für die gotterschaffene Tierwelt darstellt."*

Im Gegensatz zu den Mitgliedern der jüdischen Gemeinde, die den Inhalt der Gedenkansprachen als *„erhebend"* und *„würdig"* bezeichneten und die in der

Enthüllung des Gedenksteines zum Ausdruck kommende Geste anerkannten, hießen nicht alle Düsseldorfer den Verlauf oder gar den Anlaß der Feierstunde gut. Noch am Tag der Enthüllung sagte ein Passant beim Lesen der Tafelinschrift: *„Schade, daß nicht auch die noch umgebracht worden sind."*[353] [Gemeint sind die 57 überlebenden Mitglieder der Düsseldorfer Jüdischen Gemeinde, F.W.] Der Antisemitismus, jener kernideologische Bestandteil des Nationalsozialismus, war nicht von heute auf morgen aus den Köpfen der Bürger verbannt worden. Im Jahre 1946 steckte die Demokratisierung der Deutschen noch in den Kinderschuhen. Die über Jahre hinweg von der nationalsozialistischen Propagandamaschinerie betriebene Indoktrination hatte ihre Wirkung noch nicht eingebüßt. Aber auch von anderer Seite waren Mißtöne zu vernehmen. Für die kommunistische „Freiheit" erfüllte die Gedenktafel nichts weiter als eine Alibifunktion. *„Was ist heute, 18 Monate nach Kriegsende, geschehen, um die Schuldigen zu bestrafen?"*[354], fragte der für die Berichterstattung verantwortliche Redakteur und kam zu der bitteren Feststellung, daß sich nicht einer der Brandstifter, die die Synagoge angezündet hatten, in Haft befände, kein Nutznießer der Arisierungsmaßnahmen zur Verantwortung gezogen und das jüdische Eigentum weder zurückgegeben noch zu Wiedergutmachungszwecken verwendet worden sei.

> *„Eine Gedenktafel, wie sie die Stadt Düsseldorf ihrer jüdischen Gemeinde am letzten Samstag übergab, kann kein Ersatz für die ungeheuren Opfer sein. Erst dann wird eine wirkliche Ehrung der jüdischen Toten erfolgt sein, wenn in ganz Deutschland eine Wiederkehr der Pogrome und Massenmorde durch die gerechte Bestrafung der Schuldigen für immer unmöglich gemacht worden ist."*

Trotz dieser – zurecht – kritischen Bemerkungen sowie der zwiespältigen Worte Arnolds stellte die Feierstunde zur Enthüllung der Gedenktafel eine herausragende Veranstaltung zum Gedenken an die Naziopfer dar. Niemals zuvor – und danach – wurden die insbesondere an den europäischen Juden begangenen Verbrechen so deutlich gebrandmarkt und der Appell zur geistigen Neuordnung erhoben.

Die Aufforderung zur Abkehr von Kriegsgeist und Menschenverachtung stand auch im Zentrum bei der vom 7. bis zum 14. September 1947 in Düsseldorf veranstalteten „Antifaschistischen Woche". Die Durchführung dieser auch als „Opfergedenkwoche" bezeichneten Gedenktage war auf Anstoß des Landesverbandes der VVN im August 1947 von der Stadt Düsseldorf beschlossen worden. Den Auftakt bildete eine „Antikriegskundgebung der Frauen", die am 7. September unter der Regie der „Arbeitsgemeinschaft demokratischer Frauen", des „Bundes christlicher Sozialisten", der „Deutschen Friedensgesellschaft" sowie der Frauen der VVN im „Neuen Theater" in der Friedrichstraße stattfand. Die

---

[353] Zit. nach: Suchy, Die jüdische Gemeinde Düsseldorf von 1945–1948, S. 340.
[354] Freiheit, 29. Jg., Nr. 74, 12. November 1946. Dort auch das nachfolgende Zitat.

Eröffnungsansprache hielt die bekannte Künstlerin Hulda Pankok. Sie betonte, daß insbesondere die dem weiblichen Geschlecht in die Wiege gelegte Milde dafür sorgen müsse, das Zeitalter der Kriege zu beenden. *„Wir Frauen müssen eine Welt der Wahrheit schaffen. Das sanfte Gesetz muß die Menschen leiten, nicht die Gewalt."*[355] Auch die Ministerial-Referentin Ungerer wies den Frauen eine zentrale Aufgabe bei der Friedenssicherung zu: In ihrer Rolle als Mütter obliege es den Frauen, die heranwachsende Generation im Geiste der Verständigung zu erziehen und auf diese Weise zu den maßgeblichen Trägerinnen des Friedensgedankens zu werden. Nur wenn die deutschen Frauen sich in den Dienst dieser Aufgabe stellten, könnten die Völker der Welt davon überzeugt werden, *„daß das deutsche Volk tatsächlich vom Willen zum Frieden durchdrungen ist."*

Am Nachmittag des gleichen Tages hielt die kommunistische „Freie Deutsche Jugend" in den Räumlichkeiten der „Düsseldorfer Kammerspiele" eine Kundgebung gegen Krieg und Militarismus ab. Dort berichtete ein jugendlicher Referent, daß am Morgen die *„empörende Inschrift am Ulanendenkmal, diesem ersten Kriegsverbrecherdenkmal Deutschlands beseitigt (..) und an deren Stelle der Spruch: ‚Jugend will Frieden' gesetzt"* worden war. Mit der Entfernung der Inschrift des Ulanendenkmals stachen die Mitglieder der „Freien Deutschen Jugend" in ein Wespennest.

Das 5. Ulanen-Regiment war 1814 im Zuge der Befreiungskriege an der Grenze zum heutigen Belgien gegründet und 1822 nach Düsseldorf verlegt worden. Zwar mußten die Ulanen im Zuge der modernen Kriegsführung bereits 1917 auf ihre Wahrzeichen, die blauen Uniformen sowie die Pferde, verzichten, doch blieb die Bezeichnung des Regiments auch im Zweiten Weltkrieg erhalten, nach dessen Ende die Truppeneinheit aufgelöst wurde. Das von Richard Langer entworfene und am Rheinufer in der Achse Inselstraße stehende Ulanen-Denkmal wurde am 26. Mai 1929 feierlich eingeweiht und erinnerte an die Teilnahme der Ulanen im Ersten Weltkrieg. Seine Inschrift lautete:

> *„Wenn tausend einen Mann erschlagen*
> *Das ist nicht Ruhm – das ist nicht Ehr'*
> *Denn heißen wird's in spätren Tagen*
> *Gesiegt hat doch das deutsche Heer."*[356]

Dieser zum Revanchekrieg gegen Frankreich aufrufende Text sowie die martialisch wirkende Reiterfigur gerieten nach dem Ende des Zweiten Weltkrieges zum Gegenstand der Auseinandersetzungen. Der Alliierte Kontrollrat erließ am 3. September 1946 eine Direktive, der zufolge alle Denkmäler, Statuen, Tafeln und Abzeichen, *„die geeignet sind, die deutsche militaristische Tradition zu bewahren und lebendig zu erhalten, den Militarismus wieder zu erwecken, an die Nazi-*

---

[355] Freiheit, 30. Jg., Nr. 70, 2. September 1947. Dort auch die folgenden Zitate.
[356] StAD XXIII 889: Ulanenregiment Nr. 5; nicht paginiert.

Partei zu erinnern, oder kriegerische Ereignisse zu verherrlichen (..) verboten und als ungesetzlich erklärt" wurden. In Frage kommende Denkmäler sollten bis zum 1. Januar 1947 *„vollständig zerstört und entfernt werden."* In Ausnahmefällen sollte es genügen, an *„architektonischen Mustern, Ausschmückungen oder Inschriften Änderungen* [vorzunehmen], *durch die zu Beanstandungen Anlass gebende Merkmale beseitigt werden."*[357]

Trotz dieser Anweisungen waren im Februar 1947 bei den von der Besatzungsbehörde kritisierten Denkmälern, zu denen neben dem Ulanen- auch das 39er-Denkmal am Reeser Platz sowie die 1936 eingeweihte Gedenktafel für die Grafen von Spee zählten, noch keine Änderungen erfolgt. Im September mahnte Oberstadtdirektor Hensel den Vorsitzenden des Kulturausschusses, Werner Schütz, rasch Veränderungsvorschläge auszuarbeiten. Geschehe dies nicht, seien Probleme mit der Militärregierung unvermeidlich.[358] Im Januar 1948 (!) äußerte der Kulturausschuß Bedenken gegen den Abriß der in Frage kommenden Monumente.[359] Einen Monat später sprach sich der Hauptausschuß der Stadt für den Abriß des Ulanen-Denkmals aus, beschloß aber für das 39er-Denkmal *„wegen der künstlerischen Bedeutung (..) als wesentlicher architektonischer Bestandteil des Reeser Platzes"* eine Ausnahmegenehmigung erwirken zu wollen.[360] Drei Monate später kamen die Fraktionsführer der im Stadtrat vertretenen Parteien zu der Übereinkunft, *„die in Betracht kommenden Denkmäler, eventuell unter Hinzuziehung von Fachleuten und der Heimatvereine, an Ort und Stelle zu besichtigen, um sich ein persönliches Urteil zu verschaffen."*[361]

Wie bekannt ist, wurde keines der von den Briten beanstandeten Denkmäler abgerissen. Sowohl das eindeutig als kriegsverherrlichend einzustufende, kurz vor Ausbruch des Zweiten Weltkrieges eingeweihte 39er-Denkmal als auch das Ulanen-Denkmal blieben so erhalten, wie sie erschaffen worden waren. Die von der „Freien Deutschen Jugend" im September 1947 entfernte revanchistische Inschrift wurde sogar kurzzeitig am Volkstrauertag, den 16. November 1958, von Unbekannten wieder angebracht.[362] Die Hinauszögerung der von den Alliierten getroffenen Anordnungen kündigte die nach der Gründung der Bundesrepublik Deutschland vorherrschende Art der Auseinandersetzung mit der Vergangenheit bereits während der Besatzungszeit an. Statt – wie erwartet werden könnte – dem oft bekräftigten Willen, mit dem Nationalsozialismus und dessen geistigen Wurzeln zu brechen, auch sichtbare Taten folgen zu lassen, verlagerten sich selbst Angehörige der demokratischen Parteien und der Verwaltung auf das Feld der Taktik und blockierten so eine redliche Diskussion über die zu zwei Weltkriegen führenden Einstellungen der älteren Generationen.

---

[357] StAD IV 1882: Amt für Kulturelle Angelegenheiten (Amt 31): Verschiedenes; Direktive des Alliierten Kontrollrats vom 3. September 1946, Bl. 1.
[358] StAD IV 1882: Schreiben von Hensel an Schütz vom 12. September 1947, Bl. 10.
[359] StAD IV 1882: Protokoll der Sitzung des Hauptausschusses vom 26. Januar 1948, Bl. 13.
[360] StAD IV 1882: Protokoll der Sitzung des Hauptausschusses vom 16. Februar 1948, Bl. 21.
[361] StAD IV 1882: Protokoll der Sitzung des Hauptausschusses vom 10. Mai 1948; nicht paginiert.
[362] StAD XXIII 889: Ulanenregiment Nr. 5; nicht paginiert.

1947 hingegen gaben die verschiedenen Ansprachen während der „Antifaschistischen Woche" noch Anlaß, an die grundlegende Neuordnung der deutschen Gesellschaft zu glauben. Bei der am 10. September von der Stadt Düsseldorf und den politischen Parteien in der Reitallee veranstalteten Antikriegskundgebung erklärte Oberbürgermeister Arnold, *„daß aus dem großen Schmerz, den der Krieg über unser Volk gebracht habe, ein neuer Volksgeist erwachsen müsse, der ein einziges machtvolles Bekenntnis zum Frieden sei."*[363] Wies Arnolds Rede in die Zukunft, erläuterte der Ministerialdirigent Müller von der „Deutschen Friedensgesellschaft" die Ursachen, weshalb Deutschland *„trotz vieler Mahnrufe unaufhaltsam dem Abgrund entgegengetrieben"* sei. Er verurteilte den Geist der Kriegsbegeisterung und der Menschenverachtung und forderte die Zuhörer auf, sich zur demokratischen Wertordnung zu bekennen. Der Vertreter der Gewerkschaften, Ludwig Rosenberg, richtete seine Stimme an die Völker der Welt und bemerkte, daß, *„wenn Deutschland auch das Recht verloren hätte, an die Menschlichkeit der Welt zu appellieren, (..) ihm doch das Recht geblieben (sei), die Vernunft der Welt anzurufen."* Wolle man nicht erneut in einen Krieg hineingeraten, sei es unumgänglich, das Kriegspotential sowohl im Westen wie im Osten abzurüsten und gemeinsam den Frieden zu bewahren.

Den Abschluß der „Antifaschistischen Woche" stellten mehrere „schlichte" Gedenkfeiern auf den Düsseldorfer Friedhöfen am 14. September dar. Vertreter der Stadt, der Parteien, der VVN und anderer Organisationen legten Kränze an den Gräbern der Opfer des Faschismus nieder. Bei der Trauerfeier auf dem Nordfriedhof würdigte der Domkapitular Pfarrer Buchholz, der ehemals als Gefängnisgeistlicher in der Hinrichtungsstätte Berlin-Plötzensee gewirkt hatte, den aufrechten Gang der zum Tode Verurteilten und rief dazu auf, ihrem nach Freiheit strebenden Lebensweg nachzufolgen. Auch der nordrhein-westfälische Landesvorsitzende der VVN, Ernst Saalwächter, erinnerte an die im Kampf für Frieden und Gerechtigkeit gefallenen Antifaschisten. Deren Opfer hätten aber nur dann einen Sinn gehabt, wenn die Deutschen alle ehemalig überzeugten Nationalsozialisten ohne Nachgiebigkeit zur Rechenschaft zögen und sämtliche sich offenbarende Anzeichen des Neofaschismus im Keim erstickten.[364]

Die „Antifaschistische Woche", an deren Veranstaltungen sich Vertreter aller Parteien, der Stadt, Verfolgten-Organisationen, Kirchen und Gewerkschaften beteiligten, war ein eindrucksvolles Bekenntnis zu Frieden, Freiheit und Menschlichkeit. Obwohl die Verbrechen der Nationalsozialisten bei weitem nicht so demonstrativ verurteilt wurden, wie während der Einweihung der Gedenktafel zur Erinnerung an die Reichspogromnacht im November 1946, bekundete der Großteil der Ansprachen die Notwendigkeit, den Ungeist vergangener Jahre zu überwinden und nur über die Verinnerlichung demokratischer Grundregeln den Anschluß an die Gemeinschaft der Nationen bewerkstelligen zu vermögen.

---

[363] RP, 2. Jg., Nr. 73, 13. September 1947. Dort auch die folgenden Zitate.
[364] Zu Buchholz vgl.: RP, 2. Jg., Nr. 74, 17. September 1947; zu Saalwächter vgl.: Freiheit, 30. Jg., Nr. 74, 16. September 1947.

18 Die erste Maikundgebung des DGB auf den Rheinwiesen in der Cecilienallee (1. Mai 1946)

Auch die Festredner bei den ersten Maikundgebungen nach dem Kriege verdammten die „*verlogenen Phrasen der Naziideologie*"[365] und nutzten den Anlaß, um das „*flammende Aufbegehren aller schaffenden Menschen gegen Unrecht und Unterdrückung, gegen jede Entwürdigung des Menschen durch den Menschen*"[366] zu unterstreichen. Im Gegensatz zu den vornehmlich von gewerkschaftlichen und parteipolitischen Themenvorgaben geprägten Maifeiern vergangener Jahre stellten die Verantwortlichen den ersten Mai in den ersten beiden Nachkriegsveranstaltungen als einen „*Tag des Bekenntnisses zur Menschenwürde, zu Recht und Freiheit*" dar und gedachten der zahlreichen „*Opfer blutigsten Terrors und Krieges*"[367].

Die Sehnsucht, in einer friedlichen und freiheitlichen Welt zu leben, gehörte auch in den folgenden Jahren zu den stetig wiederholten Forderungen. Doch schon 1948 bewegten sich die Maizüge unter der bis dahin geächteten Marschmusik zur Rheinwiese, wo der Bezirksleiter des DGB, Stenzel, die „*Besinnung unseres Volkes auf die Kraft einer neuen Wirtschafts- und Gesellschaftsordnung, die an die Stelle des augenblicklichen Chaos treten müsse*"[368], beschwor. Ein Jahr später

---

[365] RP, 1. Jg., Nr. 19, 4. Mai 1946.
[366] RP, 2. Jg., Nr. 34, 30. April 1947. Dort auch das folgende Zitat.
[367] RP, 1. Jg., Nr. 19, 4. Mai 1946.
[368] RP, 3. Jg., Nr. 36, 5. Mai 1948.

drehte sich die von dem nordrhein-westfälischen Wirtschaftsminister Erich Nölting gehaltene Festrede um *„die gleichberechtigte Mitwirkung des Arbeitnehmers im Wirtschaftsleben, ausreichende Reallöhne, Verbesserung der sozialen Bedingungen und den sozialen Wohnungsbau".*[369]

Wie bei anderen Bevölkerungs- und Interessengruppen konzentrierte sich auch das Augenmerk von Arbeitern und Gewerkschaften auf das eigene Wohlergehen. Diese – in keinem Fall zu verurteilende – Haltung entsprach dem verständlichen Bedürfnis der Bürger, ein Stück des lange entbehrten, nun wiederaufkeimenden Wohlstandes erlangen zu wollen. Viele Jahre mußte nicht nur auf Luxusgüter, sondern auch auf solche des täglichen Bedarfs verzichtet werden. Die Folgeerscheinungen des Krieges zeigten ihre Wirkung noch bis weit in die Nachkriegszeit. Demnach nimmt es nicht Wunder, wenn das Interesse der „Normalbevölkerung" an den – nicht selten auf Geheiß der Besatzungsbehörden – von Verfolgten-Organisationen und städtischen Instanzen durchgeführten Gedenkveranstaltungen für die Opfer des Nationalsozialismus nur mäßig ausfiel. Auch die von offizieller Seite nicht grundlos geäußerten Appelle, sich demokratischen Einstellungen zu öffnen sowie alle nazistischen Überzeugungen über Bord zu werfen, fanden nicht das erwünschte öffentliche Echo. „Rascher wirtschaftlicher Wiederaufbau und gesellschaftliche Säuberungen bildeten (..) Widersprüche, die nicht ohne weiteres zu vereinbaren waren."[370]

Wie sich jedoch zeigte, nahmen nicht nur die „einfachen" Düsseldorfer mehr Anteil an Schützenfesten und Karnevalsveranstaltungen als an der politischen Auseinandersetzung mit der Vergangenheit. Auch die Repräsentanten der Stadt zogen sich mehr und mehr auf das vermeintlich unpolitische Feld der Kultur zurück und verurteilten die Nazi-Barbarei, indem sie ihr die angeblich unbeschadeten Werte des Humanismus, der Poesie und der deutschen Klassik entgegenhielten. Je weiter sich die Gegenwart von der „Stunde Null" entfernte, desto offensichtlicher wurde die Zeit des Nationalsozialismus als historischer Fehltritt dargestellt. Überblicke man die gesamte deutsche Geschichte, stelle sich heraus, daß die Deutschen schon immer für Recht und Freiheit, Schönheit und Geist eingetreten seien. Deshalb solle es auch nicht schwer fallen, die durch die Täuschung der nationalsozialistischen „Volksvergifter" unterbrochene demokratische Tradition wiederaufleben zu lassen.

1.3. Die Unschuld der deutschen Kultur und die demokratische Vergangenheit

Die erste Trauerfeier, bei der die überzeitlichen Werte der deutschen Kultur mit den Grausamkeiten der Nationalsozialisten kontrastiert wurden, fand bereits am 21. November 1945, am Buß- und Bettag, statt. In der von der Stadt im Düsseldorfer Opernhaus initiierten Gedenkstunde erinnerten sich die Anwesenden

---
[369] RP, 4. Jg., Nr. 51, 2. Mai 1949.
[370] Peter Hüttenberger, Sieger und Besiegte. Das tägliche Überleben und die Auseinandersetzung mit dem Nationalsozialismus, in: 1946 Neuanfang, S. 34–38, hier: S. 38.

eines der größten musikalischen Talente, die je in der Stadt gelebt hatten: des Pianisten Karlrobert Kreiten.[371]

Am 26. Juni 1916 in Bonn geboren, verbrachte Karlrobert Kreiten seine gesamte Kindheit und einen Teil seiner Jugend in Düsseldorf, wohin die Familie bereits im Jahre 1917 übergesiedelt war. Als Sohn eines Pianisten und einer Sängerin war er von Kindesbeinen an von Musik umgeben und ließ seine außerordentliche pianistische Begabung früh erkennen. Mit zehn Jahren gab er sein erstes Konzert in der Düsseldorfer Tonhalle; ein Jahr später folgte die erste Rundfunkübertragung. Nachdem er im Jahre 1933 als Sechzehnjähriger innerhalb weniger Monate den „Großen Internationalen Klavierwettbewerb von Wien" sowie den in Berlin vergebenen „Großen Mendelssohn-Preis" gewonnen hatte, überschlug sich die Presse in Ovationen. Kreiten galt Mitte der 30er Jahre als einer der größten Pianisten seiner Zeit. 1937 zog er als Meisterschüler des international angesehenen Pianisten Claudio Arrau nach Berlin, während seine stets ausverkauften und umjubelten Konzertreisen das *„Klavierphänomen"*[372] durch das gesamte Reich, nach Straßburg, Budapest, Wien und Amsterdam führten.

Gefeiert als *„wahrer Paganini und Hexenmeister des Klaviers"*[373], trat das Ende seiner Karriere plötzlich und unerwartet ein. Da er aufgrund eines Umzuges nicht in seiner Wohnung üben konnte, bereitete sich Kreiten im Frühjahr des Jahres 1943 bei Ellen Ott-Moneke, einer alten Bekannten seiner Mutter, auf eine bevorstehende Konzertreise vor. Obwohl von seinen Verwandten und Freunden als *„politisch nicht interessiert"*[374] charakterisiert, hielt er es für nötig, seine Gastgeberin, eine begeisterte Nationalsozialistin, *„über das wahre Wesen des Nationalsozialismus aufklären zu müssen"*. So bezeichnete er Hitler in ihrer Gegenwart als „Wahnsinnigen" und zweifelte am Gewinn des Krieges, der überdies *„zum vollständigen Untergang Deutschlands und seiner Kultur führen würde"*. Daraufhin denunzierte Ott-Moneke ihn auf Druck zweier eingeweihter Freundinnen bei der Reichsmusikkammer und – als diese nicht reagierte – beim Propaganda-

---

[371] Der im Folgenden skizzenhaft aufgezeigte Werdegang Karlrobert Kreitens findet sich ausführlich wiedergegeben in: Theo Kreiten, Wen die Götter lieben … Erinnerungen an Karlrobert Kreiten, Düsseldorf 1947. Unabdingbar auch: Friedrich Lambart (Hrsg.), Tod eines Pianisten. Karlrobert Kreiten und der Fall Werner Höfer, Berlin 1988, wo insbesondere das Verhalten Werner Höfers dargestellt und kritisch bewertet wird. Der spätere Starjournalist und Leiter des „Internationalen Frühschoppens" hatte die Hinrichtung Kreitens im „12 Uhr Blatt" euphorisch gefeiert. Als die DDR dies im Jahre 1963 enthüllte, gelang es Höfer, die Beschuldigung als gezielte Propagandamaßnahme abzuwehren. Wie sich jedoch herausstellte, war die Behauptung keine Erfindung. Im Dezember 1987 bewies der SPIEGEL-Redakteur Harald Wieser endgültig die Richtigkeit der Anklage, so daß Höfer – nun darauf beharrend, daß ihm in seinen Artikel „von oben hinein redigiert" worden sei – schließlich am 22. Dezember 1987 seinen Rücktritt erklärte.
[372] Aus einer Konzertbesprechung der „Berliner Illustrierten Nachtausgabe" vom 31. Januar 1938, zit. nach: Kreiten, Wen die Götter lieben, S. 26.
[373] Aus einer Konzertbesprechung der „Kölnischen Zeitung", zit. nach: Kreiten, Wen die Götter lieben, S. 35.
[374] Ebd., S. 37. Dort auch die nachfolgenden Zitate.

19 Karlrobert Kreiten

ministerium. Am 3. Mai 1943 wurde Kreiten in Heidelberg von der Gestapo verhaftet und genau vier Monate später vom Volksgerichtshof – trotz zahlreicher Fürsprachen hoher Persönlichkeiten – unter Ausschluß der Öffentlichkeit *„wegen Feindbegünstigung und Wehrkraftzersetzung"*[375] zum Tode verurteilt. Alle Gnadengesuche kamen zu spät: In der Nacht vom 7. auf den 8. September 1943 wurde Karlrobert Kreiten zusammen mit 185 anderen Männern in der Strafanstalt Berlin-Plötzensee erhängt.

Vor allem Künstler und Musikliebhaber werteten Kreitens Hinrichtung als Beweis, wie verhaßt dem NS-Regime all jene waren, die sich fernab jeder politischen Betätigung den Werten der Schönheit und der Kunst widmeten. Gerade weil der junge Pianist sich nur für die Musik begeistert, *„banalen Tagesinteressen"* jedoch keine Aufmerksamkeit geschenkt hatte,[376] wurde seine Hinrichtung als Gipfel

---

[375] DN, 26. Jg., 15. September 1943.
[376] Aus dem Nachruf von Hedda Eulenberg. Abgedruckt in: NRZ, 1. Jg., Nr. 35, 21. November 1945.

jener Barbarei dargestellt, welche alle humanen Regungen erstickt und das deutsche Volk ins Verderben geführt habe:

> *"Karlrobert Kreiten wurde am 7. September 1943 in Berlin wegen Beleidigung Adolf Hitlers hingerichtet und in einem Massengrab verscharrt.*
> *Er fiel zum Opfer jenem Ungeist der Unterdrückung, der Treulosigkeit und des Verrats, den die nationalsozialistischen Verbrecher in unserem Volke erweckten. Aus dem Freundeskreis entstand der Judas, der den arglosen Jüngling an die Schergen der Gestapo verriet. Er nahm den Eltern den geliebten Sohn. Uns nahm er den Künstler, eine der großen Hoffnungen aller Kulturfreunde Europas."*[377]

Sowohl in dem von Herbert Eulenberg verfaßten und während der Gedenkstunde verlesenen Prolog als auch in dem aus der Feder Hedda Eulenbergs stammenden, in der „NRZ" erschienenen Nachruf wurde Kreitens *„kindliche Reinheit und Unkenntnis"*[378] mit der Unbarmherzigkeit jener *„am Wahnsinn erkrankte[n] Teufel"* kontrastiert, die den Virtuosen *„grausam (..) aufs Blutgerüst gebunden"*[379]. Die Trauerfeier, an der nach dem Willen der Veranstalter neben führenden Politikern viele Künstler teilnahmen, *„die in der Zeit des Nazi-Regimes eine gerade Haltung bekannt haben"*[380], erhielt den Charakter einer Kundgebung, in der Karlrobert Kreiten als Symbolgestalt der *„Mächte des Guten"*[381] gepriesen wurde.

War es einst selbstverständlich, Menschen als politische Wesen zu bezeichnen, „so wurde unter den Nazis die Sphäre des Politischen anrüchig. So blieb dies auch nach 1945."[382] So bewegt die ehemaligen Künstlerkollegen die Hinrichtung Kreitens ob seiner „Unschuld" und seines ausschließlich für die Musik gelebten Daseins beklagten, so offensichtlich übersahen sie, daß diese Interpretation unterbewußt verstanden werden konnte, als ob diejenigen, die wegen ihrer politischen Überzeugungen von den Nazis ermordet worden waren, in gewissem Sinne für „schuldig" befunden werden konnten! Auf der Grundlage dieser Auslegung wäre die Inhaftierung und Tötung zahlreicher Kommunisten, Sozialdemokraten, Anarchisten und Christen die „Konsequenz" ihrer Auflehnung gegen die Staatsgewalt gewesen.

---

[377] StAD IV 820: Städtisches Orchester: Konzerte; Gedenkkonzert für Karlrobert Kreiten 21. November 1945, Rückseite des Programmzettels, Bl. 363.
[378] NRZ, 1. Jg., Nr. 35, 21. November 1945.
[379] StAD IV 820: Aus dem Prolog von Herbert Eulenberg, Vers 15, Bl. 348. Dort auch das vorhergehende Zitat.
[380] StAD IV 820: Schreiben von Kulturdezernent Kralik an den Intendanten der Städtischen Bühnen, Wolfgang Langhoff, vom 5. November 1945, Bl. 350.
[381] NRZ, 1. Jg., Nr. 35, 21. November 1945.
[382] Albrecht Dümling, Merkwürdige Verstrickungen zweier „Unschuldiger" oder: Das Trauerspiel vom unpolitischen Deutschen, in: Lambart (Hrsg.), Tod eines Pianisten, S. 8–11, hier: S. 9.

Vergleichbar mit der Würdigung des künstlerischen Wirkens Karlrobert Kreitens war das Anliegen der Veranstalter des vom 25. Mai bis zum 1. Juni 1947 in Düsseldorf stattfindenden 102. Niederrheinischen Musikfestes. Die Musik sollte als unpolitische Größe dargestellt werden, deren ewig gültige Ausdruckskraft auch von den Nazis nicht zerstört werden konnte.

Erstmalig im Jahre 1818 in Düsseldorf durchgeführt, wechselte der Veranstaltungsort des Niederrheinischen Musikfestes im regelmäßigen Turnus zwischen Köln, Düsseldorf und Aachen, wo 1946 das erste Musikfest nach dem Krieg stattfand. Wie der 1947 mit der Gesamtleitung betraute Musikdirektor Heinrich Hollreiser in seinen Eröffnungsworten im Programmheft betonte, sollten die verschiedenen Aufführungen das deutsche Volk *„zu seiner geistigen Bestimmung"* zurückführen, *„durch die es allein die Achtung der Welt zurückgewinnen kann."*[383] Deswegen ist es nicht erstaunlich, daß das Programm von Klassikern dominiert wurde, deren Tondichtungen seit jeher die Meisterschaft deutscher Musik bezeugt hatten. Zwar räumten die künstlerischen Leiter auch den Werken ehemals Verfemter wie Igor Strawinsky, Alban Berg und Paul Hindemith, dessen Konzert für Violoncello und Orchester sogar eine europäische Uraufführung erlebte, Raum ein, doch überwogen Symphonien und Chorwerke von Richard Strauss, Ludwig van Beethoven, Johannes Brahms, Johann Sebastian Bach und Georg Friedrich Händel.

Wie in anderen Städten wurde auch in Düsseldorf, wo anläßlich der Reichsmusiktage im Jahre 1938 erstmals die Schau „Entartete Musik" gezeigt worden war, nach dem Krieg „alles (..) aufgeführt, was es auch 1944 gegeben hat[te]"[384]. Die Vorstellung progressiver Komponisten, deren Werke im „Dritten Reich" nicht gespielt werden durften, erfolgte nur zögerlich. Ein grundlegendes Bekenntnis zur modernen Musik, was nicht zuletzt als eine Rehabilitierung der während der Zeit des Nationalsozialismus geächteten Tonkünstler hätte verstanden werden können, unterblieb zunächst.

Auch der Vorsitzende des Düsseldorfer Kulturausschusses, Werner Schütz, zog, wie aus einer schriftlichen Stellungnahme zum Auftaktkonzert des Niederrheinischen Musikfestes im Jahre 1947 zu ersehen ist, nicht in Erwägung, gerade auf dem Felde der von den Nazis zu deren Zwecken mißbrauchten Musik eine deutliche Absage an die Verirrungen der Vergangenheit zu erteilen. In einem an Oberbürgermeister Arnold, Oberstadtdirektor Hensel, das Städtische Kultur- und das Werbeamt gerichteten Schreiben bezeichnete er die Eröffnungsveranstaltung des Musikfestes als *„ausgesprochenen Misserfolg"*. Die fehlende festliche Ausschmückung des Opernhauses empfand er als *„peinlich"* und bemängelte die verspätete Einladung auswärtiger Gäste. Zudem habe das Händel-Konzert verspätet angefangen, seien ganze Reihen leer und die Darbietungen des Orchesters *„leidenschaftslos"* gewesen. Angesichts der holprigen Eröffnungsrede von Bürgermeister

---

[383] StAD IV 2526: Niederrheinische Musikfeste; Niederrheinisches Musikfest 1947. Heinrich Hollreiser, Gedanken zur Programmgestaltung, broschiert, S. 5.
[384] Reinhard Oehlschlägel, Modernität in der Stunde Null. Zur neuen Musik seit 1945, in: 45 ff. Kriegsende: Kontinuität und Neubeginn (Broschüre), S. 84–91, hier: S. 85.

Georg Glock unterbreitete er den Vorschlag, bei künstlerischen Veranstaltungen generell auf Politikeransprachen zu verzichten, um den ästhetischen Gesamteindruck, den er in Bezug auf die kritisierte Aufführung als *„zum mindesten kläglich und mit der Würde und Aufgabe Düsseldorfs (auch als der Hauptstadt des Landes Nordrhein-Westfalen) völlig unvereinbar"* bezeichnete, in Zukunft nicht zu verwischen.[385]

Für Schütz stellte das Niederrheinische Musikfest eine willkommene Gelegenheit dar, um die Stadt nach außen zu repräsentieren. Je prächtiger der Saal ausstaffiert und je umfangreicher die Liste der Ehrengäste war, umso deutlicher strahlte der Glanz des Festes auch auf seine Initiatoren zurück. Politik hingegen sollte nichts in der Kultur zu suchen haben. Vom Nimbus der Belastung umgeben, fügte sie dem Ansehen Düsseldorfs mehr Schaden als Nutzen zu. Entsprechend dieser Argumentation war für die Aufarbeitung der jüngsten Vergangenheit auf der Ebene der Kunst kein Raum.

Die Akzentuierung jener durch den Nationalsozialismus unbeschadeten Werte und Errungenschaften beschränkte sich jedoch nicht nur auf die Musik. Auch deutsche Literaten hatten Werke hinterlassen, deren universale Gültigkeit in den zwölf Jahren des Terrors nicht in Frage gestellt werden konnte. Goethe und Schiller galten ungeachtet aller nationalsozialistischen Umdeutungen als schriftstellerische Genies, durch deren Würdigung Politiker und öffentliche Institutionen beabsichtigten, die internationale Wertschätzung der deutschen Dichtkunst zur Ansehenssteigerung des deutschen Volkes zu gebrauchen.

Nicht nur, weil er in Düsseldorf geboren worden war und seine Liebe zur Stadt immer wieder bekundet hatte, war es ein besonderes Anliegen der Düsseldorfer Stadtväter, einen ihrer größten Söhne öffentlich zu ehren: den Dichter Heinrich Heine. Dieser war nämlich bereits vor der Zeit des Nationalsozialismus zahlreichen Diffamierungen ausgesetzt gewesen. Ein im Jahre 1887 von Kaiserin Elisabeth von Österreich zur Schenkung angebotenes Heine-Denkmal wurde zwar zunächst vom Stadtverordnetenkollegium mit der Mehrheit einer Stimme angenommen, sechs Jahre später aber zurückgewiesen, weil auf dem vorgesehenen Platz inzwischen ein Kriegerdenkmal angebracht worden war, dem „ein Heine-Denkmal nicht zuzumuten" war.[386] Nachdem im Jahre 1926 eine neue Denkmalbewegung in Gang kam, entschied sich die Wettbewerbs-Jury 1932 für die von Georg Kolbe geschaffene Bronze-Plastik „Aufsteigender Jüngling", deren Aufstellung jedoch durch die Nationalsozialisten verhindert wurde.

Um sich von vornherein von der Verunglimpfung Heines – vor allem wegen dessen Zugehörigkeit zur jüdischen Religionsgemeinschaft – zu distanzieren, beschloß die Stadt, dem Dichter zu seinem 150. Geburtstag am 13. Dezember 1947 eine würdige Ehrung zukommen zu lassen. In einer am 11. August 1947 stattge-

---

[385] StAD IV 2526: Brief von Schütz an Arnold, Hensel, das Kultur- und das Werbeamt vom 26. Mai 1947, Bl. 454.
[386] Vgl. Deutscher Gewerkschaftsbund/Kreis Düsseldorf (Hrsg.), Verfolgung und Widerstand in Düsseldorf 1933 bis 1945, S. 92.

fundenen Besprechung verschiedener Angehöriger der Stadtverwaltung wies Oberstadtdirektor Hensel *„auf die ethische Verpflichtung der Stadt Düsseldorf ihrem größten Sohn gegenüber hin"* und betonte, daß sich *„das geradezu unwürdige Verhalten der Vorgänger in der Stadtverwaltung"* auf keinen Fall wiederholen dürfe.[387]

Die Verpflichtung der Düsseldorfer, ja aller Deutschen, *„die Kulturverbrechen einer tempelstürmenden, geschichtlichen Zwischenphase so nachdrücklich als möglich wieder gutzumachen"*[388], hatte auch Oberregierungsrat Dr. Philipp Auerbach in einer Ansprache anläßlich einer am 16. Oktober 1945 im „Neuen Theater" stattfindenden Morgenfeier zu Ehren Heinrich Heines hervorgehoben. Während Auerbach die bereits zu Ende des Jahres 1945 ins Auge gefaßte Absicht, den Poeten von Seiten der Stadt gebührend zu würdigen, lobte und schilderte, *„wie kläglich der Versuch scheitern mußte, Heine aus dem Bewußtsein der Deutschen oder der Welt streichen zu wollen"*, nahm der Dichter Herbert Eulenberg unbewußt eine weitere Auseinandersetzung um die rund zwei Jahre später vorzunehmende Huldigung Heines vorweg. Er warnte, daß *„man (..) es sich sehr überlegen (solle), wie Heinrich Heine sinnvoll zu ehren sei. Lächelt er nicht vielleicht mit überlegenem Spott zu der Möglichkeit, noch sein bronzenes Abbild gegen spießbürgerliche Katzbalgereien schützen lassen zu müssen?"*

Genau dieses befürchtete nämlich Stadtarchivdirektor Dr. Paul Kauhausen in der angesprochenen Sitzung vom 11. August, als es darum ging, ob die Stadt anstelle der allegorischen, nicht direkt auf Heine hinweisenden Plastik Kolbes nicht besser eine Büste des Dichters aufstellen solle, für deren Anfertigung der Bildhauer Jupp Rübsam bereits einen Entwurf abgeliefert hatte. Kauhausen sprach sich gegen die von Hensel favorisierte Büste aus, da durch die Errichtung eines Abbildes von Heine *„der alte leidige Streit (..) wieder heraufbeschwört würde und ein derartiges Denkmal einer nichtswürdigen Schändung anheimfiele."*[389] Diesem Argument pflichtete die Mehrheit der Anwesenden bei, so daß die Aufstellung der Kolbe-Figur beschlossen wurde. Sie sollte den Platz zwischen dem Hindenburgwall und der Bolkerstraße ausschmücken, der fortan „Heinrich-Heine-Platz" heißen sollte. Zusätzlich kamen die Teilnehmer der Besprechung überein, am Tag der Feier einen Wettbewerb für ein weiteres Heine-Denkmal zu verkünden. Diese Entscheidungen wurden jedoch nicht von der Mehrheit des Stadtrates geteilt, der im November beschloß, weder das Kolbe- noch das Rübsam-Denkmal aufzustellen. Stattdessen blieb es bei der Platz-Einweihung auf den Namen „Heinrich Heine" sowie der Ausschreibung eines Denkmalwettbewerbes.[390]

---

[387] StAD XXIII 317: Heinrich Heine – Ehrung aus Anlaß des 150. Geburtstages des Dichters am 13. Dezember 1947; Besprechung der Stadtverwaltung vom 11. August 1947; nicht paginiert.
[388] NRZ, 1. Jg., Nr. 25, 17. Oktober 1945. Dort auch die folgenden Zitate.
[389] StAD XXIII 317: Besprechung der Stadtverwaltung vom 11. August 1947; nicht paginiert.
[390] Vgl. RP, 2. Jg., Nr. 80, 8. Oktober 1947 sowie: RP, 2. Jg., Nr. 92, 19. November 1947. 1949 wurde der „Aufsteigende Jüngling", der nach Deutung Kolbes ein „bildhauerisches Gleichnis des jungen Heine sein" sollte, doch noch aufgestellt, und zwar an der bereits im Jahre 1931

Dieses Vorgehen läßt sich nur zum Teil mit den finanziellen Engpässen erklären, welche durch die Aufstellung des Monuments ohne Zweifel aufgetreten wären. Mit der Ehrung Heinrich Heines sollte „*manches Missverständnis und manche Gehässigkeit vergangener Jahrzehnte gesühnt werden.*"[391] Sie sollte ein einmütiges Bekenntnis „*der Liebe, Verehrung und Dankbarkeit*" darstellen. Die Ausfertigung des Entwurfes von Rübsam schien den Verantwortlichen jedoch wegen befürchteter Ausschreitungen von Heine-Verächtern zu riskant zu sein, wohingegen die Kolbe-Figur schon im Jahre 1932 nicht nur von den Nazis, sondern etwa auch von den „Düsseldorfer Jonges" abgelehnt worden war.[392] Demnach konnte auch die Aufstellung dieser Plastik nicht mit ungeteilter Zustimmung rechnen. Diese Gefahr mußte umso größer eingeschätzt werden, je wichtiger den Verantwortlichen neben der Auseinandersetzung mit der Vergangenheit die Bedeutung der repräsentativen Selbstdarstellung der Stadt war, welche die Durchführung einer Heine-Ehrung ohne Zweifel bot. Werner Schütz, der als Vorsitzender des Kulturausschusses maßgeblich an den Vorbereitungen der Heine-Ehrung beteiligt war, hatte schon im August 1947 betont, daß „*die aussenpolitische Bedeutung eines Gelingens unserer Ehrung (..) gar nicht hoch genug veranschlagt werden (kann).*"[393] Auch der Beigeordnete Friedrich Kottje drängte in einer Denkschrift auf eine angemessene und würdige Zeremonie. Wenn in diesem Jahr nichts geschehe, „*läuft die Stadt wiederum Gefahr vor aller Welt blamiert dazustehen.*"[394] Zwar hatte sich Schütz in seinem Schreiben für die Aufstellung der Kolbe-Plastik eingesetzt, doch ist kein Protest gegen die Entscheidung des Stadtrates von seiner Seite überliefert.

Entgegen der Bekundung von Oberstadtdirektor Hensel, daß die Stadt Düsseldorf zum 150. Geburtstag Heines ein Denkmal errichten „*muß und wird*"[395], kapitulierten die Stadtoberen vor dem angenommenen Druck von Gegnern des Dichters. Statt in aller Öffentlichkeit ein sichtbares Zeichen für die Rehabilitation Heines zu setzen, beließ es die am 14. Dezember 1947 im Opernhaus veranstaltete Morgenfeier beim Vortrag mehrerer Gedichte.[396] Die am Vorabend im „Neuen Theater" von der Stadt durchgeführte offizielle Ehrung des Dichters

---

vorgesehenen Stelle im Ehrenhof vor dem Eingang des heutigen Landesmuseums „Volk und Wirtschaft". Allerdings wurde die Skulptur nicht zum Heine-Denkmal erhoben. Jedweder Bezug zum Dichter, wie er noch 1947 als selbstverständlich erachtet wurde, unterblieb! Vgl. Maes/Houben, Düsseldorf in Stein und Bronze, S. 87 (dort auch das Zitat von Kolbe) sowie: Sonja Schürmann, Düsseldorf. Eine moderne Landeshauptstadt mit 700jähriger Geschichte und Kultur, Köln 1988, S. 242.

[391] StAD XXIII 317: Schreiben von Schütz an den Kulturausschuß vom 11. August 1947; nicht paginiert. Dort auch das folgende Zitat.

[392] Vgl. Deutscher Gewerkschaftsbund/Kreis Düsseldorf (Hrsg.), Verfolgung und Widerstand in Düsseldorf 1933 bis 1945, S. 93.

[393] StAD XXIII 317: Schreiben von Schütz an den Kulturausschuß vom 11. August 1947; nicht paginiert.

[394] StAD XXIII 317: Undatierte Denkschrift von Friedrich Kottje; nicht paginiert.

[395] StAD XXIII 317: Besprechung der Stadtverwaltung vom 11. August 1947; nicht paginiert.

[396] Gustaf Gründgens, Peter Esser und Marianne Hoppe rezitierten Ausschnitte aus dem „Buch Le Grand" und „Deutschland – ein Wintermärchen" sowie die „Harzreise" und das Loreley-Lied. Vgl. Freiheit, 30. Jg., Nr. 100, 16. Dezember 1947.

fand sogar vor geladenen Gästen, also unter Ausschluß der Öffentlichkeit statt. Dort zeichnete der in Mainz lehrende Heine-Forscher Prof. Friedrich Hirth den Lebensweg Heines nach und stellte dessen europäische Mission heraus, die er durch seine Anhänglichkeit zu Deutschland und Frankreich beispielhaft verfolgt habe.[397]

Heine und Europa war auch die vorherrschende Thematik der Festreden im Jahre 1953, als dem Dichter endlich die Ehre eines Denkmals zuteil wurde. Diese Feierlichkeiten sollen jedoch erst in einem späteren Zusammenhang dargestellt werden.[398]

Auch die am 28. August 1949 im Robert-Schumann-Saal veranstaltete Goethefeier, mit der die Stadt des 200. Geburtstages des Dichterfürsten gedachte, führte zu einigen Irritationen. Schon die Vorbereitungen verliefen alles andere als planmäßig. Zunächst beabsichtigte die Stadt, einen namhaften Wissenschaftler für den Festvortrag zu gewinnen. Nachdem jedoch hintereinander der Historiker Wilhelm Mommsen, der Philosoph Eduard Spranger sowie die Literaturwissenschaftler Benno von Wiese und Reinhard Buchwald abgesagt hatten, verlegte man sich darauf, einen Schriftsteller zu verpflichten. Doch auch der aus Österreich stammende Frank Thiess und der renommierte Ernst Wiechert beschieden die Anfragen der Stadtverwaltung mit Absagen, so daß erst einen Monat vor Durchführung der Feier der Dichter und Schriftsteller Wilhelm von Scholz aus Konstanz gegen ein Honorar von 500 Mark zur Ausarbeitung einer Festrede bewogen werden konnte.[399]

War die Verpflichtung von Scholz' schon eine Notlösung, mußten die Veranstalter auch frühzeitig die Hoffnung fahren lassen, durch die Anwesenheit namhafter Persönlichkeiten die Bedeutung der Feier aufzuwerten. Ministerpräsident Arnold, Kultusministerin Christine Teusch sowie der DGB-Vorsitzende Hans Böckler konnten den an sie gerichteten Einladungen wegen dienstlicher Verpflichtungen keine Folge leisten.[400]

In dem trotz verspätet eingesetzter Werbemaßnahmen gut gefüllten Robert-Schumann-Saal bezeichnete von Scholz in seiner Festansprache Goethe als *„transzendente Geistesgestalt"*[401] und versuchte den Gründen, *„die dieses Genie zum Mythos werden ließen"*[402], nachzugehen. Nachdem er das Werk des Poeten,

---

[397] Vgl. ebd. Ferner: Düsseldorfer Amtsblatt, 2. Jg., Nr. 96, 17. Dezember 1947.
[398] Siehe: Kap. IV 2.5.
[399] StAD IV 3484: Goethefeier 1949, Bl. 35. Der 1874 geborene von Scholz, dessen Vater, Adolf von Scholz, der letzte preußische Finanzminister unter Bismarck gewesen war, verfügte als Ehrenpräsident des „Verbandes Deutscher Bühnenschriftsteller" sowie als Mitglied der „Preußischen Akademie der Künste" über einen ausgezeichneten Ruf. Allerdings deutet sein dichterisches Werk auf keine besondere Beziehung zu Goethe hin, wodurch sich der Eindruck, dem zufolge sein Engagement als Festredner bei einer Goethefeier eher eine Verlegenheitslösung darstellte, verstärkt. Zu Werk und Leben von Scholz' vgl.: Wer ist wer?, Das deutsche Who's who, hrsg. von Walter Habel, 11. Ausgabe, Berlin 1951.
[400] StAD IV 3484: Goethefeier 1949, Bl. 60, 78, 82.
[401] Rhein-Echo, 4. Jg., Nr. 102, 29. August 1949.
[402] RP, 4. Jg., Nr. 102, 29. August 1949. Dort auch die folgenden Zitate.

mit dem die Menschheit „*die höchste Stufe der Dichtkunst erklommen habe*", ausführlich gewürdigt hatte, wies von Scholz aber auch auf die gegenwärtige Bedeutung Goethes hin. Zwar habe es „*keinen deutscheren Dichter als ihn*" gegeben, doch sei der Poet „*wie kein anderer weltoffen und allem Menschlichen aufgeschlossen gewesen*". Deshalb verkörpere Goethe in letzter Konsequenz das „*Prinzip der Versöhnung, der Völkerverständigung*"[403], die auch in der Gegenwart dringend benötigt werde. Um keine Mißverständnisse aufkommen zu lassen, fügte von Scholz hinzu, daß Goethe, den er zum „*Schirmherr*[n] *der Deutschen*" ernannte, als „*Führer zu europäischer Gemeinschaft*" vorgeschickt werden solle. An eine Versöhnung zwischen dem kommunistischen und dem transatlantischen Block hatte der Festredner offensichtlich nicht gedacht.

Wie Karlrobert Kreiten und die deutsche Musik wurde auch Johann Wolfgang von Goethe zur Symbolfigur der unvergänglichen, von Deutschen geschaffenen Werte ernannt. Ein Volk, das die größten Komponisten und Dichter hervorgebracht habe, könne unmöglich aus der Gemeinschaft der Nationen ausgeschlossen bleiben. Zum Zeitpunkt der Goethefeier war die Bundesrepublik Deutschland zwar schon gegründet worden, doch verfügte sie weiterhin über keine souveräne Staatsgewalt. Von daher lag es auf der Hand, die Gemeinschaft der europäischen Nationen anzuführen, in welche die Deutschen – schon allein wegen der Abgrenzung gegen die kommunistischen Länder – als vollwertig anerkanntes Mitglied zurückkehren wollten.

Wie sich jedoch herausstellte, war von Scholz denkbar ungeeignet, um unter Berufung auf Goethe die Stimme für eine vollständige Integration Deutschlands in die europäische Gemeinschaft zu erheben. Im Jahre 1941 hatte er nämlich ein Buch unter dem Titel „Das deutsche Gedicht. Ein Jahrtausend deutscher Lyrik" herausgegeben. Dort hatte der Schriftsteller einige Gedichte Goethes zusammen mit lyrischen Versuchen von Nazischriftstellern und -größen wie Heinrich Anacker, Baldur von Schirach und Horst Wessel abgedruckt, die so vielsagende Titel trugen wie: „An Adolf Hitler", „Stürzender Flieger", „Weihelied der Deutschen in Polen" oder „Volk und Führer". Dagegen fehlten Beiträge von Heine, Hermann Hesse, Herbert Eulenberg oder Erich Kästner.[404] Während das „Drei-Groschen-Blatt" eine Veröffentlichung der entsprechenden Protokolle forderte und empört wissen wollte, wer für die Auswahl des ehemals regimetreuen von Scholz die Verantwortung trage, übermittelte dieser, Hanns Kralik, dem Festredner den wärmsten Dank für dessen würdigen Festbeitrag.[405] Zur Stellungnahme von Oberstadtdirektor Hensel aufgefordert, rechtfertigte sich der Beigeordnete, daß die Verpflichtung von Scholz' aufgrund der vielen Absagen unter ungeheurem Zeitdruck erfolgt sei, die Rede aber nichtsdestotrotz als gelungen bezeichnet werden müsse. „*Im übrigen*", schloß Kralik, „*glaube ich, dass es sehr schwierig sein dürfte, auch Namen von Format ohne 'Rostflecke' zu finden*". Für

---

[403] Drei-Groschen-Blatt vom 2. September 1949 (zit. nach: StAD IV 3484: Goethefeier 1949, Presseausschnittsammlung). Dort auch das folgende Zitat.
[404] Vgl. ebd.
[405] StAD IV 3484: Schreiben von Kralik an von Scholz vom 8. September 1949, Bl. 102.

ihn besaß der inkriminierte Gedichtband bei weitem nicht „*so tiefgehende Bedeutung*", wie von einigen wenigen suggeriert werde.[406]
Der Hinweis auf den Zeitmangel deutet darauf hin, daß auch Kralik das Engagement Wilhelm von Scholz' unangenehm gewesen zu sein scheint. Interessanter ist jedoch die fast resignativ anmutende Begründung, mit der er das Engagement gegen die kritischen Anmerkungen des „Drei-Groschen-Blattes" dennoch verteidigte. Mehr als vier Jahre nach der Überwindung des staatlich angeordneten Terrors hatten es viele, die der nationalsozialistischen Ideologie treu ergeben gewesen waren, geschafft, sich unentbehrlich zu machen und auch in der gerade gegründeten Bundesrepublik Deutschland wichtige Ämter sowie einflußreiche Positionen zu bekleiden. So wie „das nüchterne Effizienzdenken von Behördenleitern, denen es um die Bewältigung des Elends und um einen wirtschaftlichen Aufschwung ging"[407], die Entnazifizierung von Beamten, Angestellten und anderen Fachleuten begünstigte, vermeinte man auch im Kultur- und Geistesleben nicht auf ehemalige Repräsentanten des Systems verzichten zu können, was durch zahlreiche Beispiele in Film, Literatur und Musik, aber auch Malerei, Theaterleben und Architektur belegt wird. Wie Kralik nüchtern anführte, gehörte Wilhelm von Scholz nicht zur ersten Garde der sich den Nazis anbiedernden Kulturschaffenden. So gesehen, konnte die Verpflichtung des Schriftstellers sogar als Glücksgriff verstanden werden. Dies darf aber nicht darüber hinwegtäuschen, daß der sich in Düsseldorf und anderen deutschen Städten bereits vor 1949 herausgebildete Schwebezustand, „in dem Verschleierung der Wahrheit, Distanzierung vom Nationalsozialismus, Opportunismus, resignative Flucht aus der Politik, heimliche Widerborstigkeit und verzeifeltes Ringen um ein Begreifen des Geschehens vor 1945 sowie kalter Pragmatismus miteinander einhergingen", eine aufrichtige Beschäftigung mit der jüngsten deutschen Geschichte erheblich erschwerte und zunehmend zweitrangig werden ließ.

Diese Feststellung wirkt umso ernüchternder, als noch im Jahr zuvor, anläßlich des 100. Jubiläums der Revolution von 1848, die Zuversicht gehegt worden war, *„daß der Geist, die Fahne und das Gesetz der Freiheit immer über Düsseldorf und dem ganzen deutschen Vaterland walten möge."*[408]
Die Düsseldorfer Stadtverwaltung und verschiedene Kulturinstitute, wie die Volkshochschule, die Künstlervereinigung „Düsseldorfer Malkasten" und die Städtische Kunsthalle, hatten die Düsseldorfer Hundertjahrfeier der 48er-Revolution mit viel Aufwand vorbereitet. Die VHS organisierte für die Woche vom 9. bis zum 16. August 1948 eine Vortragsreihe, in der Beiträge von Prof. Dr. Wentzcke, Prof. von Hippel, Pater Schräder, Prof. Gerhardt, Dr. August Langen und Dr. Günter Aders die Auswirkungen des Jahres 1848/49 auf das soziale, politische und geistige Leben in Deutschland behandelten.[409] Die Kunsthalle zeigte zwi-

---

[406] StAD IV 3484: Schreiben von Kralik an Hensel vom 20. September 1949, Bl. 106.
[407] Hüttenberger, Düsseldorf unter britischer Besatzung, S. 694. Dort auch das folgende Zitat.
[408] RP, 3. Jg., Nr. 73, 11. August 1948. Diese Formulierung stammt aus der Rede Oberbürgermeister Gockelns anläßlich der Enthüllung der Cantador-Plakette am 7. August 1948.
[409] Vgl. Das Tor, 14. Jg., Nr. 11, September 1948, S. 85.

schen dem 7. August und dem 5. September 1948 gleich zwei Ausstellungen: „Düsseldorf 1848" und „Hundert Jahre Künstlerverein Malkasten", während die Künstlervereinigung zu ihrem Jubiläum eine Festschrift veröffentlichte und am 6. August eine Feier im Garten des Jacobi-Hauses veranstaltete.[410]

Anknüpfend an das am 6. August 1848 in Düsseldorf begangene „Fest der deutschen Einheit" war auf Anregung des Direktors der Landes- und Stadtbibliothek, Dr. Hermann Reuter, bereits im Februar beschlossen worden, die Düsseldorfer Jubiläumsfeier nicht im März, sondern erst im August stattfinden zu lassen, was zusätzlich mehr Zeit für die Planung ließ.[411] Nach mehrmaliger Umstellung der Festfolge verteilten sich die gemeinsam vom Amt für Kulturelle Angelegenheiten und dem Werbeamt koordinierten städtischen Feierlichkeiten auf drei Tage. Am Freitag, den 6. August, eröffnete Bürgermeister Glock in Vertretung des verhinderten Oberbürgermeisters Gockeln den Festakt im Kongreßsaal der Ausstellungshallen am Ehrenhof. Die Festrede hielt der Marburger Historiker Prof. Wilhelm Mommsen, der erst nach Absagen von Prof. Friedrich Meinecke und Prof. Willi Helpach angefragt worden war. Mommsen zeigte die Erfolge und Mißerfolge der 48er-Bewegung auf, die zwar den Weg zur Durchführung ihrer freiheitlichen Ziele geebnet hätte, diese aber selbst nicht verwirklichen konnte. Trotz des Scheiterns der Revolution hätte das politische Interesse des Volkes zugenommen und die Stellung des Bürgertums gestärkt werden können.[412]

Am folgenden Tag eröffnete Oberbürgermeister Gockeln zunächst die Ausstellung „Düsseldorf 1848", bevor am Nachmittag auf dem Marktplatz eine Gedenkstunde für den Chef der Düsseldorfer Bürgerwehr, Lorenz Cantador, abgehalten wurde, die sich nach Ansicht des größten Teils der Düsseldorfer Presse *„zu einem machtvollen Bekenntnis für den Gedanken und den Geist der Freiheit gestaltete."*[413] Da der St.-Sebastianus-Schützenverein bereits im Juni erklärt hatte, nicht die alleinigen Kosten zu übernehmen, enthielt die zu Ehren Cantadors enthüllte Gedenktafel keinen Hinweis auf dessen Funktion als Schützenchef.[414]

Für die am 8. August im Opernhaus veranstaltete öffentliche Kundgebung, die der Düsseldorfer Jugend die historische Bedeutung der 48er-Revolution vor Augen führen sollte, hatte der Kulturausschuß fest mit der Zusage von Ministerpräsident Arnold gerechnet, dessen *„anerkannte Persönlichkeit"*[415] volle Rei-

---

[410] Vgl. RP, 3. Jg., Nr. 69, 2. August 1948.
[411] StAD IV 3483: Erinnerungsfeier 1848/1948: Schreiben von Reuter an Hensel vom 7. Februar 1948, Bl. 3.
[412] Vgl. Das Tor, 14. Jg., Nr. 11, September 1948, S. 84 sowie: Westdeutsche Rundschau vom 12. August 1948 (zit. nach: StAD IV 3483: Erinnerungsfeier 1848/1948, Presseausschnittsammlung).
[413] Westdeutsche Rundschau vom 12. August 1948 (zit. nach: StAD IV 3483: Erinnerungsfeier 1848/1948, Presseausschnittsammlung).
[414] Die Inschrift der Plakette lautet: *„Dem Vorkämpfer für bürgerliche Freiheit Lorenz Cantador, Chef der Düsseldorfer Bürgerwehr 1848"*. Zur Weigerung der Schützen, die alleinigen Kosten zu tragen, siehe: StAD IV 3483: Nicht gezeichnete Mitteilung vom 5. Juni 1948, Bl. 62.
[415] StAD IV 3483: Schreiben von Werner Schütz an Oberbürgermeister Gockeln und Oberstadtdirektor Walther Hensel betreffend die Programmgestaltung vom 12. März 1948, Bl. 10/11, Zitat: Bl. 11.

hen und ein großes öffentliches Echo garantiere. Arnold wurde jedoch erst drei Wochen vor der Veranstaltung über dieses Anliegen informiert und konnte wichtigere Termine nicht mehr verschieben. An seiner Stelle sprach die nordrheinwestfälische Kultusministerin Christine Teusch über „das Vermächtnis von 1848". Sie betonte, daß die von den „48ern" gehegten Ideale nach wie vor ihre Gültigkeit besäßen und die deutsche Jugend sie übernehmen müsse, *„um daraus die Kraft für die geistige Klärung der Gegenwart und für die Mitarbeit am Aufbau eines neuen Staates in der Gemeinschaft der Völker zu schöpfen."*[416] Allerdings solle die Jugend nicht allzu lange in der Erinnerung verweilen, sondern durch *„höchstes sittliches Wollen"*, Wahrhaftigkeit und christliche Nächstenliebe helfen, die Nöte der *„lebendigen sorgenvollen Gegenwart"* zu überwinden[417] – ein Appell, der die „Freiheit" zu der Bemerkung veranlaßte, Teusch habe *„aus dieser ‚Revolutionsfeier' eine Propagandakundgebung für die CDU"*[418] gemacht.

Trotz des Überwindens zahlreicher organisatorischer und finanzieller Schwierigkeiten gerieten die Revolutionsfeierlichkeiten in Düsseldorf zum Fehlschlag. Entgegen der Berichterstattung von „Rheinischer Post", „Westdeutscher Zeitung" und „Westdeutscher Rundschau", der zufolge die Veranstaltungen von *„vielen, vielen Düsseldorfer Bürgern"*[419] frequentiert wurden und sich zu *„glanzvolle*[n] *Tage*[n] *des Gedenkens"*[420] entwickelten, stellte die Beteiligung der Bevölkerung in Wirklichkeit eine Enttäuschung dar. Der Eröffnung im Saal des Ehrenhofes, der über 1.000 Menschen Platz geboten hätte, wohnten gerade einmal 200 Besucher bei, während die überwiegende Zahl der ungefähr 300 Anwesenden im Opernhaus sich nicht aus Jugendlichen, sondern aus Erwachsenen zusammensetzte. Selbst die vom Aufmarsch der Schützen- und Heimatvereine begleitete Enthüllung der Cantador-Plakette fand nicht den erhofften Zuspruch.[421] Dieses ernüchternde Resümee wurde in einer Sitzung des Hauptausschusses am 23. August 1948 *„auf die wenig zugkräftige Werbung und die nicht ansprechende Art der Hinweise auf die Veranstaltungen"* zurückgeführt und daraufhin eine eingehende Erörterung über die städtische Reklame mit dem Leiter des Werbe- und Verkehrsamtes, Wenzel, beschlossen.[422]

Der beklagte Mangel ansprechender Hinweise in der Öffentlichkeit ist jedoch nur bedingt für die fehlende Resonanz der Revolutionsfeier verantwortlich zu machen. Bereits Mitte Juli, also rund zwei Wochen vor Durchführung der Festtage, hatte das Städtische Presseamt entsprechende Informationen an die Tageszeitungen weitergegeben, die über die geplante Veranstaltung von Feierlichkeiten berichteten. Spätestens eine Woche vor Beginn der Festfolge hätte jeder interes-

---

[416] Düsseldorfer Amtsblatt, 3. Jg., Nr. 85, 10. August 1948.
[417] RP, 3. Jg., Nr. 72, 9. August 1948.
[418] Freiheit, 31. Jg., Nr. 50, 10. August 1948.
[419] Westdeutsche Rundschau vom 12. August 1948 (zit. nach: StAD IV 3483: Erinnerungsfeier 1848/1948, Presseausschnittsammlung).
[420] Westdeutsche Zeitung vom 9. August 1948 (zit. nach: StAD IV 3483: Erinnerungsfeier 1848/1948, Presseausschnittsammlung).
[421] Freiheit, 31. Jg., Nr. 50, 10. August 1948.
[422] StAD IV 3483: Protokoll der Sitzung des Hauptausschusses vom 23. August 1948, Bl. 226.

sierte Bürger über den Ablauf der Veranstaltungen informiert sein können. Offensichtlich interessierte sich der Großteil der Düsseldorfer aber nicht für die Vorgänge der 48er-Revolution. Nicht nur Trauerfeiern zum Gedenken an die Nazi-Opfer, sondern auch Erinnerungsfeiern, in denen herausgestellt wurde, *„daß in Deutschland demokratische Tradition bester Art durch unsere ganze Geschichte hindurch lebendig geblieben und mit dem besten Teil deutschen Wesens innig verwachsen sei"*[423], wurden nur von einem Bruchteil der Bevölkerung als wichtig erachtet. Wenn bereits der Hauptausschuß der Stadt dafür plädierte, das Revolutionsgedenken durch ein Volksfest im Rheinstadion aufzulockern und sich gegen jede *„politische Einzeldeutung"* der Feierlichkeiten aussprach,[424] nimmt es nicht Wunder, daß das mit persönlichen Nöten beschäftigte Gros der Düsseldorfer den politischen Traditionen von 1848 weniger Aufmerksamkeit entgegenbrachte als etwa der ausreichenden Versorgung mit Wohnungen.

Die Besatzungsjahre waren keine Zeit der Demokratie. „Gekennzeichnet durch eine verwickelte und verwirrende Mischung von Kontinuitäten und Diskontinuitäten"[425], können die Jahre zwischen 1945 und 1949 als Periode des Übergangs bezeichnet werden. Ob dieser Übergang jedoch in eine Zukunft verwies, in der die Düsseldorfer und Deutschen – geläutert durch die Ereignisse der jüngsten Geschichte – sich überzeugt zu der Wertordnung der demokratischen Idee bekannten und nachhaltig mit der nationalsozialistischen Vergangenheit brachen, konnte allein wegen der widersprüchlichen Auseinandersetzung mit dem Nationalsozialismus in der frühen Nachkriegszeit auf Skepsis stoßen.

2. „Wir sind wieder wer": Das gewandelte Gedächtnis in den frühen 50er Jahren

„Die Hitler-Infektion ist
gründlich auskuriert."[426]

2.1. „Im Tode sind wir alle gleich" – Die große Gemeinschaft der Opfer

Am 3. Juli 1946 trug der ehemalige Gefängnisgeistliche Pater Superior Kremer in einem Brief an Oberbürgermeister Karl Arnold das Anliegen vor, für alle während des „Dritten Reiches" von der Gestapo erschossenen oder an Mißhandlungen gestorbenen Düsseldorfer Bürger eine Ehrengrabstätte einzurichten. Aus diesem

---

[423] RP, 3. Jg., Nr. 39, 15. Mai 1948. Diese Behauptung wurde während einer 48er-Feier der Düsseldorfer Lehrerschaft im „Neuen Theater" aufgestellt.
[424] StAD IV 3483: Protokoll der Sitzung des Hauptausschusses vom 10. Mai 1948, Bl. 37.
[425] Peter Hüttenberger, Zwischen Ende des NS-Regimes und demokratischem Neubeginn, in: 1946 Neuanfang, S. 365–372, hier: S. 372.
[426] RP, 8. Jg., Nr. 261, 9. November 1953.

Grunde solle Arnold sondieren, ob es möglich sei, eine Liste der momentan in Einzelgräbern ruhenden Opfer zu erstellen. Zur Erleichterung dieses Vorhabens schlug Kremer vor, das städtische Friedhofsamt zu informieren, sich mit bekannten Angehörigen in Verbindung zu setzen und einen Aufruf in den Tageszeitungen zu veröffentlichen.[427] Rund eine Woche nach Versenden dieses Schreibens – am 11. Juli 1946 – traf sich der Pater, nachdem er bereits im Juni Kontakt mit dem damaligen Vorsitzenden der „Vereinigung ehemaliger politischer Konzentrationäre", Ernst Saalwächter, zwecks würdiger Gestaltung eines Ehrenplatzes aufgenommen hatte, zu einer weiteren Besprechung mit einem Beigeordneten der Friedhofsverwaltung. In diesem Gespräch ging es um die Modalitäten für die Errichtung einer *„Begräbnisstätte für politisch und religiös Verfolgte".*[428]

Im Oktober 1946 bat Oberstadtdirektor Hensel den Oberbürgermeister, in einer der nächsten Sitzungen des Hauptausschusses einen Bericht über die geplante Erstellung einer *„Ehren-Grabstätte für die Opfer des Nazismus auf [die] Tagesordnung zu setzen".*[429] Diese Sitzung fand am 2. Dezember 1946 statt. Nachdem die Stadtverordneten über den Stand der Dinge unterrichtet worden waren, beschlossen sie, ein Ehrenmal zu errichten, allerdings *„über den ursprünglichen Plan hinaus (..) für die Opfer des Nationalsozialismus, für die Opfer des Bombenterrors und für die an der Front Gefallenen."*[430] Pater Kremers im Februar 1947 erneut vorgetragener Wunsch, die religiös und politisch Verfolgten des Nazi-Regimes umzubetten, wurde mit der Begründung abgelehnt, daß die vorgesehene Ehrenstätte nicht ausschließlich einer Opfergruppe gewidmet werde.[431]

Der Beschluß der Stadtverordnetenversammlung setzte den Diskussionen um das Mahnmal allerdings kein Ende, sondern leitete sie erst richtig ein. Im Februar 1947 schrieb die Stadt Düsseldorf für alle im Regierungsbezirk geborenen oder ansässigen Künstler einen Wettbewerb aus, dessen Teilnehmer bis zum 1. Juli 1947 einen geeigneten Entwurf für das Ehrenmal ausarbeiten sollten. Als Aufstellungsort wurde der Platz auf dem Nordfriedhof bestimmt, auf dem bis zum Kriegsende das 1931 errichtete und von den Nazis zum Nationaldenkmal ernannte „Schlageterkreuz" gestanden hatte.[432] Die insgesamt 31 bis zum Stichtag eingereichten Arbeiten wurden zwischen dem 9. und dem 30. September 1947 im Hetjens-Museum ausgestellt. Bereits am 3. September hingegen entschied die Wettbewerbsjury, der Oberbürgermeister Gockeln, Ernst Saalwächter, Pater Kremer, der Bildhauer Willi Hoselmann sowie verschiedene Beigeordnete und Bauräte angehörten, über die Vergabe der Auszeichnungen.

---

[427] StAD IV 13047: Mahnmal für die Opfer des Dritten Reiches (Juli 1946 – Juli 1954); Schreiben von Pater Superior Kremer an Oberbürgermeister Arnold vom 3. Juli 1946, Bl. 3.
[428] StAD IV 13047: Protokollarische Zusammenfassung des Treffens zwischen Pater Kremer und dem Beigeordneten der Friedhofsverwaltung vom 11. Juli 1946, Bl. 4.
[429] StAD IV 13047: Schreiben von OStD Hensel an OB Arnold vom 17. Oktober 1946, Bl. 5.
[430] StAD IV 13047: Protokoll der Sitzung des Hauptausschusses vom 2. Dezember 1946, Bl. 8.
[431] StAD IV 13047: Nicht datierte und gezeichnete Ablehnung der Bitte von Pater Kremer, die Umbettung bis Ende Februar 1947 vorzunehmen, Bl. 11.
[432] StAD IV 13047: Ausschreibung des Denkmal-Wettbewerbs, Bl. 14/15. Albert Leo Schlageter, ein ehemaliger Freicorpsoffizier, war im Jahre 1923, nachdem er eine Eisenbahnbrücke bei Kalkum, über die Reparationsgüter nach Frankreich transportiert wurden, gesprengt hatte,

Den ersten Preis erhielt die Gemeinschaftsarbeit der beiden Architekten Nosbüsch und Stung sowie des Bildhauers Moshage. Besondere Anerkennung fand die gelungene Raumaufteilung des rondellförmigen Entwurfes, der sich harmonisch in die Friedhofsarchitektur einfüge. An zweiter Stelle zeichnete das Preisgericht das Modell des Bildhauers Jupp Rübsam aus. Dieser sah vor, drei in Stein gehauene Nornen zu errichten, die gemäß der städtischen Vorgabe die verschiedenen „Opfergattungen" symbolisieren sollten. Obwohl Rübsam nicht den ersten Preis errang, beauftragten ihn die Juroren, die beiden besten Arbeiten miteinander zu kombinieren und diesen Entwurf so bald wie möglich vorzulegen.[433] Nachdem die „Freiheit" jedoch im Oktober 1947 enthüllte, daß die drei ersten Preisträger Mitglieder der NSDAP gewesen waren, zogen diese ihre Vorlage zurück, so daß Rübsams Entwurf zur vollen Geltung kommen sollte.[434]
Als im März 1949 – also weitere 1½ Jahre später – bekannt wurde, daß die Stadtvertretung nach langem Zögern beabsichtigte, die auf insgesamt 400.000 Mark geschätzten Kosten für die Errichtung des Mahnmales zu bewilligen, erregte dies große Empörung. Die „Westdeutsche Rundschau" schlug vor, die vorgesehene Summe besser in den städtischen Wohnungbau zu investieren, statt für ein Mahnmal zu verschleudern, dessen Aussagekraft zudem höchst zweifelhaft sei:

> *„Und schliesslich sollte man bedenken, dass ein Mahnmal für die Opfer des Faschismus höchstenfalls **nach** einem Mahnmal für unsere gefallenen Soldaten des zweiten Weltkrieges kommen dürfte. Eine Stadt, die überhaupt daran zu denken wagt, ein Mahnmal zu errichten, sollte **den ersten Platz im Etat den deutschen Soldaten einräumen!** Diesen kleinen Rest nationaler Pflicht müsste man sich doch trotz bedingungsloser Kapitulation erhalten haben."*[435]

Eine solch eindeutige Stellungnahme konnte nur aufgrund der offensichtlichen Unkenntnis über die bereits im Dezember 1946 getroffene Entscheidung des Stadtrates sowie über das Ergebnis des Wettbewerbes veröffentlicht werden. Für den verantwortlichen Redakteur dieser Sätze standen die toten Soldaten – und zwar ausschließlich die deutschen – nicht mehr nur gleichrangig neben den in den KZs und Gestapokerkern ermordeten Opfern des Faschismus. Zehn Monate nach der Gründung der Bundesrepublik Deutschland wurden die toten deutschen Soldaten nicht mehr nur mit den Opfern von Kriegs- und NS-Verbrechen gleichgesetzt: Gemäß der Aussage des zitierten Artikels hatte sich das während

---

von der französischen Besatzungsmacht in der Golzheimer Heide erschossen worden. Die Nationalsozialisten idealisierten Schlageter zum „ersten Soldaten des Dritten Reiches". Düsseldorf wurde zur „Schlageterstadt" ernannt und avancierte – auf eigenes Betreiben hin – zu einer der Hochburgen des Schlagerterkultes. Vgl. Deutscher Gewerkschaftsbund/Kreis Düsseldorf (Hrsg.), Verfolgung und Widerstand in Düsseldorf 1933 bis 1945, S. 171/72.

[433] StAD IV 13047: Zusammensetzung des Preisgerichts und Preisvergabe, Bl. 19/20.
[434] StAD IV 13047, Bl. 27.
[435] Westdeutsche Rundschau vom 17. Mai 1949 (Hervorhebungen im Original); zit. nach: StAD IV 13047, Bl. 206.

der Besatzungszeit geforderte Gedenken gegenüber den Verfolgten des Nazi-Regimes in sein völliges Gegenteil verkehrt. Die Erinnerung an die nationalsozialistischen Verbrechen stellte nichtmals mehr eine Verpflichtung, sondern genau genommen eine Beleidigung der deutschen Soldaten dar, „die im Glauben an eine gute Sache tapfer gekämpft hätten, und die – von einer verbrecherischen Führung irregeleitet – schließlich selbst Opfer geworden seien."[436] Wenn aber, wie diese Argumentation suggeriert, die Judenverfolgung, die Vernichtungslager sowie „die völkerrechtswidrige Ermordung sowjetischer Kriegsgefangener und andere genuin und historisch einmalige nationalsozialistische Greueltaten" zu „sozusagen gewöhnlichen und zwangsläufigen" Begleitumständen des Krieges gehörten,[437] gab es keine Täter mehr, sondern nur noch Opfer, die von allen Völkern zu beklagen seien.

Statt sich vom Inhalt dieser Aussage zu distanzieren, nahm die Stadtverordnetenversammlung den Artikel der „Westdeutschen Rundschau" noch am selben Tage zum Anlaß, um abermals herauszustellen, *„dass mit dem zu errichtenden Mahnmal aller Opfer des Nationalsozialismus gedacht werden soll. Die Ehrung umfasse also nicht nur die Opfer der Verfolgten, sondern auch die des Krieges an den Fronten und des Luftkrieges in der Heimat."* – eine Erklärung, die von Bürgermeister Georg Glock als *„glücklich"* bezeichnet wurde.[438]

Zweieinhalb Jahre später war die Grundsteinlegung des Mahnmales wegen erneuter finanzieller Engpässe immer noch nicht erfolgt. Diesmal fehlten der Stadt die Mittel für die gärtnerische Gestaltung der Mahnmalsumgebung sowie für die Anlage von Wegen. Diese Verzögerung nutzten die Düsseldorfer Vertreter der ostdeutschen Landsmannschaften, um in einer am 16. Dezember 1952 im Düsseldorfer Landtagsgebäude stattfindenden Besprechung mit Oberbürgermeister Gockeln und dem Direktor des Städtischen Gartenamtes, Küchler, anzufragen, ob es möglich sei, das Mahnmal zusätzlich zu den drei Opfergruppen den „Toten des deutschen Ostens" zu widmen. Gockeln stimmte dem Anliegen zu, da sich durch diese Maßnahme nicht nur ein gesondertes Ehrenmal für die Vertriebenen erübrige – wodurch die Kosten gesenkt würden -, sondern zudem eine einseitige (!) Auslegung des Mahnmales verhindert würde.[439] Rübsam lehnte den Vorschlag jedoch ab, weil er bildhauerisch nicht zu verwirklichen sei.

Im September 1953 wurde aufgrund der Neuwahlen des Stadtrates ein neuer Mahnmalausschuß gebildet, der trotz des Vorsitzes von Bürgermeister Glock vollkommen uninformiert über die zurückliegende Entwicklung zu sein schien und deshalb den Kulturdezernenten Erwin Menken mit der Anfertigung einer „Denkschrift über die Bemühungen der Stadt Düsseldorf um die Schaffung eines Mahnmales für die Opfer des Nationalsozialismus und des Krieges" beauftragte. Nachdem diese im November des gleichen Jahres vorgelegt worden war, ver-

---

[436] Reichel, Das NS-Bild und seine politische Funktion in den 50er Jahren, S. 691.
[437] Benz, Nachkriegsgesellschaft und Nationalsozialismus, S. 20.
[438] StAD IV 13047: Protokoll der Sitzung des Hauptausschusses vom 17. Mai 1949, Bl. 89.
[439] StAD IV 13047: Protokoll einer Besprechung zwischen OB Gockeln, Küchler und vier Vertretern des „Deutschen Ostens" (Dr. Brand, Cremani, Reis, Schultz) am 16. Dezember 1952 im Landtagsgebäude, Bl. 153.

20 „Glaube – Liebe – Hoffnung": Das am 16. November 1958 auf dem Nordfriedhof eingeweihte Mahnmal für die Opfer des „Dritten Reiches"

schwanden plötzlich die im Kunstmuseum aufbewahrten, von Rübsam erstellten Zeichnungen sowie das immerhin 100 Kilogramm schwere Gipsmodell der drei Nornen.[440] Da diese Unterlagen nie mehr wieder aufgefunden wurden, war Rübsam zur Herstellung einer neuen Figur genötigt. Diese stellte er im Januar 1954 vor, mußte sich aber vier Monate später einem weiteren Wettbewerb mit dem Bildhauer Szekessy stellen, dessen Arbeit im September 1947 den vierten Platz erhalten hatte. Nachdem endlich beschlossen worden war, Rübsams Entwurf zur Ausführung zu bringen, und im September 1954 eine Attrappe zur vorläufigen Besichtigung aufgestellt wurde, erhoben sich abermals Stimmen gegen die Gestaltung des Mahnmals. Insbesondere die „Rheinische Post" monierte, daß die drei Nornen keine christlichen Symbolfiguren seien, während die „Kirchenzeitung für das Erzbistum Köln" kritisierte, die Darstellung der Schicksalsgöttinnen impliziere, daß Hitler unschuldig, Krieg und KZs hingegen vorherbestimmt und

---

[440] StAD IV 13047, Bl. 243/44.

unabwendbar gewesen seien.[441] Daraufhin erklärte sich Rübsam bereit, das Mahnmal abzuändern und die Nornen in die christlichen Werte „Glaube – Liebe – Hoffnung" umzudeuten.[442]

Im November 1956 wurde endlich mit den Fundamentierungsarbeiten begonnen. Die Einweihung des Mahnmales fand am 16. November 1958 (!), am Volkstrauertag, statt. Um die Neutralität der Veranstaltung zu wahren, hielt Oberbürgermeister Gockeln die einzige Ansprache. In dieser betonte er, daß das Mahnmal für alle Opfer des Krieges geschaffen worden sei und keine Prioritäten setze. Zum Abschluß der Feierstunde legten der Oberbürgermeister sowie Vertreter des Landes Nordrhein-Westfalen, der Bundeswehr, der Heimatvereine und verschiedener Verfolgten- und Vertriebenorganisationen Kränze nieder, währenddessen die städtische Polizeikapelle das Lied „Ich hatt' einen Kameraden" intonierte.[443]

Die sich über mehr als zwölf Jahre hinwegziehenden Verhandlungen, Diskussionen und Fristverlängerungen können nicht allein mit finanziellen Engpässen erklärt werden. Auch die Auseinandersetzung über die bildhauerische Gestaltung des Mahnmales führt nicht ins Zentrum der Problematik. Die Verzögerungen hatten politische Gründe. Noch während der Besatzungszeit war die ursprüngliche Absicht, mit einer Ehrengrabstätte an das Leiden der durch Folterungen, Deportierungen und Hinrichtungen ermordeten Opfer der nationalsozialistischen Gewaltherrschaft zu erinnern, der Überzeugung gewichen, daß ein würdiges Gedenken sich nicht einseitig auf die Verfolgten des Nazi-Regimes beschränken dürfe. Diese Bewußtseinsänderung spiegelte aber nur scheinbar das Anliegen wider, allen Opfern des „Dritten Reiches" gerecht werden zu wollen. Vielmehr trat – zunächst unterschwellig – das Bestreben zu Tage, Schuld gegeneinander aufrechnen zu wollen. Indem die von den Nazis verübten Grausamkeiten mit den von den Alliierten durchgeführten Luftangriffen auf die Zivilbevölkerung verglichen wurden, erhielten die NS-Verbrechen den Stellenwert von kriegsbedingten Ausschreitungen, wodurch sich die Schuld der Deutschen verminderte. Der Zweite Weltkrieg – „die eigentliche und endgültige Inkarnation nationalsozialistischer Politik"[444] –, dessen Zielsetzung nichts weniger als die „Vernichtung, Ausrottung [und] Versklavung ganzer Völker", kurz: die „Durchsetzung einer inhumanen Weltanschauung mit allen Mitteln" war, sank laut dieser Auffassung zu einem in seinem Umfang zwar überdimensionalen, in seiner Art aber doch herkömmlichen und notwendigen Waffengang herab.

Durch diese schuldverharmlosende Deutung wurden aber nicht nur sehr heterogene Opfergruppen zusammengefaßt, sondern zudem die Ereignisse zwischen 1933 und 1939 von der Betrachtung ausgeschlossen. Die Diffamierungen, Repressalien und Entrechtungen, die Kommunisten, Sozialdemokraten, Christen, Intel-

---

[441] RP vom 21., 24. und 26. Mai 1955 und Kirchenzeitung für das Erzbistum Köln vom 29. Mai 1955, wiedergegeben nach: StAD IV 13048: Mahnmal für die Opfer des Dritten Reiches (September 1954 – Januar 1957), Presseausschnittsammlung.
[442] StAD IV 13048, Bl. 153/157.
[443] StAD 13049 (Dezember 1956 – Juli 1959), Bl. 163–166.
[444] Benz, Nachkriegsgesellschaft und Nationalsozialismus, S. 20. Dort auch die folgenden Zitate.

lektuelle, Homosexuelle, Sinti und Roma, Behinderte und Juden jahrelang unter der Duldung oder gar Zustimmung des Großteils der deutschen Bevölkerung ertragen mußten, hatten nicht erst mit dem Beginn der Kampfhandlungen eingesetzt. Indem deren Leiden jedoch auf eine Stufe mit den während der Bombennächte durchgestandenen Ängsten sowie der Trauer um die getöteten Angehörigen gesetzt wurde, konnte eine differenzierende, „vergegenwärtigende und historisch bewußte Erinnerung" nur verhindert werden. Vermittelt wurde „lediglich die Interpretation des Krieges als Schicksalsmacht."[445]

Die sich in Bezeichnungen wie *„der unglückliche Zweite Weltkrieg"* oder *„schwere Schicksalsprüfung"*[446] ausdrückende Tendenz, die Verantwortung für den Ausbruch des Krieges zu verdrängen und das auch an Deutschen begangene Unrecht in den Mittelpunkt der kollektiven Erinnerung zu stellen, fand ihren Ausdruck in solchen, zunehmend veranstalteten Gedenkfeiern, in denen die Behandlung der deutschen Kriegsgefangenen verurteilt und die vermeintlichen Heldentaten deutscher Soldaten gepriesen wurden.

Während die Westmächte bis Ende 1948 die letzten deutschen Kriegsgefangenen entlassen hatten, erfolgte die Rückführung aus der Sowjetunion erheblich langsamer. Dieser Zustand war vor allem deshalb für viele Deutsche bedrückend, weil keine genaue Klarheit über die Zahl der sich noch in den sowjetischen Lagern befindenden ehemaligen Soldaten bestand, so daß viele Angehörige hofften, ihre Vermißten lebendig wiederzusehen. Obwohl die UNO-Vollversammlung 1951 alle Staaten aufgefordert hatte, noch zurückgehaltene Kriegsgefangene zu entlassen, vermutete das bundesdeutsche Auswärtige Amt im Jahre 1953 noch etwa 100.000 Kriegsgefangene und rund 134.000 verschleppte Zivilpersonen in der UdSSR.[447] Das nimmermüde Pochen gegen das Unrecht der fortgesetzten Internierung der Kriegsgefangenen hielt jedoch nicht nur die Hoffnungen auf Familienzusammenführungen wach. Wie ein im Dezember 1950 in der Düsseldorfer „Schützenzeitung" veröffentlichter Artikel zeigt, ließ sich das Schicksal der Kriegsgefangenen auch dazu instrumentalisieren, das von Deutschen während des Zweiten Weltkrieges verübte Unrecht herunterzuspielen. Bezugnehmend auf den im Juni des gleichen Jahres ausgebrochenen Koreakrieg, der kurzzeitig den Erhalt des Weltfriedens zu gefährden schien und – insbesondere in Deutschland – die Bedrohung der kommunistischen Expansion deutlich vor Augen treten ließ, nutzte der Verfasser der folgenden Zeilen, Theo Jansen, die antikommunistische Stimmung, um die Rechtsprechung der Sowjets in Frage zu stellen und die Freilassung der deutschen Kriegsgefangenen einzufordern:

---

[445] Ulrike Haß, Mahnmaltexte 1945 bis 1988. Annäherung an eine schwierige Textsorte, in: Dachauer Hefte. Studien und Dokumente zur Geschichte der nationalsozialistischen Konzentrationslager, 6. Jg., Heft 6, November 1990: Erinnern oder Verweigern – Das schwierige Thema Nationalsozialismus, S. 135–161, hier: S. 138.

[446] Schützenzeitung, 1. Jg., Nr. 3, Juli 1949, S. 1 und S. 4. Die zweite Formulierung stammt von Oberbürgermeister Gockeln.

[447] Vgl. Günter Moltmann, Die Entwicklung Deutschlands von 1949 bis zu den Pariser Verträgen 1955, in: Herbert Lilge (Hrsg.), Deutschland 1945-1963, Hannover 1967[6], S. 71–147, hier: S. 88.

> *„Wurde (..) von uns einer zum Richter herangezogen, wenn es galt, über Kriegsverbrechen abzuurteilen, die wir alle aufs tiefste verabscheuen, die aber heute wieder zum Bestandteil neuerlicher Kriegsführung zählen und unseren Generalen, unseren Kriegsgefangenen noch und noch zum lebenbeendenden Vorwurf gemacht werden?"*[448]

Die Anklage gegen das sich in der Gefangenschaft der deutschen Soldaten ausdrückende *„geschundene Recht"*[449] stand auch im Zentrum der vom 19. bis zum 25. Oktober 1953 im gesamten Bundesgebiet stattfindenden „Kriegsgefangenengedenkwoche". Unterstützt durch die Bundesregierung organisierte der „Verband der Heimkehrer, Kriegsgefangenen und Vermißtenangehörigen Deutschlands" einen „Freiheitslauf der deutschen Jugend". In dessen Verlauf trugen Mitglieder verschiedener Jugendorganisationen in einem Stafettenlauf die „Fackel der Freiheit" vom Bodensee bis zur Burg Greene an der deutsch-deutschen Grenze im Harz. Am 23. Oktober erreichten die Läufer Düsseldorf, wo die Flamme durch das Stadtgebiet bis zum Kriegsgefangenenmahnmal vor dem Wilhelm-Marx-Haus gebracht, gelöscht und am nächsten Tag neu entzündet wurde.[450]

Den Auftrag zur Errichtung eines Mahnmales für die aus Düsseldorf stammenden Kriegsgefangenen hatte die Stadtverwaltung im Oktober 1952 an den Bildhauer und Grafiker Alois Frankenhauser erteilt, der innerhalb von nur drei Monaten eine 7,50 m hohe steinerne Gedenksäule schuf, in welche die Anzahl der sich noch in Haft befindenden Gefangenen und deren Aufenthaltsländer eingemeißelt worden waren.[451]

Den Auftakt der in Düsseldorf durchgeführten Feierlichkeiten bildete eine am 19. Oktober unmittelbar vor dem Mahnmal stattfindende Gedenkstunde, an der neben vielen Bürgern auch zahlreiche Ratsherren teilnahmen. Nachdem von Seiten der Stadt, des Heimkehrerverbandes und mehrerer soldatischer Organisationen Blumengebinde niedergelegt worden waren, brachten die Ansprachen den Gedanken zum Ausdruck, *„nicht eher zu ruhen, bis auch der letzte Kriegsgefangene wieder in Freiheit ist."*[452]

Den Höhepunkt der Gedenkwoche, während derer sämtliche öffentlichen Gebäude auf Halbmast geflaggt waren, stellte die am 25. Oktober in der restlos gefüllten Rheinhalle abgehaltene Gedenkfeier dar, zu der sich Vertreter der Stadt,

---

[448] Schützenzeitung, 2. Jg., Nr. 12, Dezember 1950, S. 1.
[449] RP, 8. Jg., Nr. 249, 26. Oktober 1953.
[450] Vgl. RP, 8. Jg., Nr. 244, 20. Oktober 1953.
[451] StAD IV 5398: Spätheimkehrer, Bl. 58–66. Wie anhand dieses Beispiels deutlich wird, war die Stadt Düsseldorf durchaus in der Lage, in sehr kurzer Zeit ausreichende finanzielle Mittel für die Errichtung eines Denkmals bereitzustellen. Die mehrmals vorgebrachte Begründung für die Verzögerung der Errichtung des Mahnmals auf dem Nordfriedhof, der zufolge nicht genügend Geld zur Verfügung stehe, scheint angesichts der unbürokratisch und ohne längere Diskussionen erfolgten Finanzierung des Kriegsgefangenen-Denkmals vorgeschoben gewesen zu sein.
[452] RP, 8. Jg., Nr. 244, 20. Oktober 1953.

21 Das 1953 aufgestellte Kriegsgefangenen-Mahnmal auf der Alleestraße (heute Heinrich-Heinrich-Allee) vor dem Wilhelm-Marx-Haus

von Heimatvereinen, Heimkehrer- und Soldatenverbänden sowie mehrere Mitglieder der Landesregierung eingefunden hatten. Oberbürgermeister Gockeln appellierte, daß *„die Grundlage des politischen Lebens aller zivilisierten Völker"* das Recht sein möge, welches in der Vergangenheit mehrmals dem *„frivolen Mißbrauch"* zum Opfer gefallen sei.[453] Jeder heimkehrende Kriegsgefangene sei ein *„Träger des Optimismus"*, der die Richtigkeit des Widerstandes und des Durchhaltevermögens der Deutschen gegen das Unrecht der Inhaftierung beweise. Er schloß seine Rede mit dem Schwur, daß *„das deutsche Volk (..) seine Forderung solange in die Welt schreien (werde), bis alle heimgekehrt seien und die Düsseldorfer Gedenkflamme am Marxhaus (..) so lange brennen (werde), bis der letzte Heimkehrer sie selbst löschen werde."*

Der Bundestagsabgeordnete Admiral a. D. Heye (CDU) richtete seine Stimme an die Staatsmänner der Welt, ihre Herzen zu öffnen und alle sich in fremder Haft befindlichen deutschen Gefangenen – also nicht nur die Kriegsgefangenen – freizulassen. In diese Bitte bezog er ausdrücklich auch jene mit ein, *„die vielleicht das Opfer falscher Ideale geworden seien."* Das deutsche Volk habe in den letzten

---

[453] RP, 8. Jg., Nr. 249, 26. Oktober 1953. Dort auch die folgenden Zitate.

Jahren glaubwürdig nachgewiesen, *„daß es zur Maßhaltung zurückgefunden habe"*, weshalb keine Begründung für die andauernde Internierung seiner Angehörigen mehr bestehe.

Trotz des beschwörenden Schlußwortes von Oberbürgermeister Gockeln und des Aufrufes von Admiral a. D. Heye, auch jene Soldaten zu begnadigen, die sich vor Jahren zu den Zielen des Nationalsozialismus bekannt hätten, schlug die abschließend in Düsseldorf abgehaltene Gedenkfeier zur „Kriegsgefangenengedenkwoche" gemäßigte Töne an. Mehr als acht Jahre nach Beendigung des Krieges war das Mitgefühl für die immer noch in sowjetischen Lagern festgehaltenen ehemaligen deutschen Soldaten mehr als verständlich. Angesichts des streng antikommunistischen Kurses von Bundesregierung und -opposition sowie der mannigfaltigen Sorgen und Ängste der um das Wohlergehen der Internierten bangenden Angehörigen müssen die Ansprachen der Redner sogar als versöhnlich bezeichnet werden. Zudem versäumten weder Gockeln noch Heye, auf das in der Vergangenheit in deutschem Namen begangene Unrecht hinzuweisen und zu betonen, daß das deutsche Volk den Weg in die gesittete Welt zurückgefunden habe.

Auch bei der am 13. September 1953 auf dem Düsseldorfer Südfriedhof vollzogenen Einweihung eines Gedenkkreuzes für die Gefallenen beider Weltkriege wurde betont, daß die Erinnerung an die Schrecken des Krieges die Überlebenden *„im Kampf für Frieden und Völkerverständigung"*[454] stärken müsse. Die Anfertigung des 15 Meter hohen Kreuzes, dessen Realisierung bereits von Altoberbürgermeister Wilhelm Marx geplant worden war, ging auf die Initiative einer „Arbeitsgemeinschaft für die Errichtung eines Hochkreuzes auf dem Südfriedhof" zurück, die unter der Führung von Georg Spickhoff zahlreiche Spenden aus Kreisen der Industrie, des Handels und des Handwerks sowie der Schützen- und Heimatvereine gesammelt hatte. Wie der Bundestagsabgeordnete und Ratsherr Johann Caspers (CDU), der in Vertretung von Oberbürgermeister Gockeln das Kreuz in die Obhut der Stadt übernahm, vor rund 2.000 Anwesenden hervorhob, mahnten alle Toten der beiden großen Kriege, das *„unermeßliche Leid"* nicht zu vergessen. Die Aufstellung des Kreuzes beweise, daß diese Mahnung *„von denen gehört werde, für welche die Gefallenen ihr Leben opferten."*

Den gleichen Tenor hatte die am 15. November desselben Jahres von Oberstadtdirektor Hensel anläßlich des Volkstrauertages gehaltene Gedenkansprache. In der vom „Volksbund Deutsche Kriegsgräberfürsorge" auf dem Nordfriedhof veranstalteten Gedenkfeier sagte Hensel, *„daß die Toten der beiden Weltkriege, der Bombenangriffe und des Terrors nicht vergessen sind."*[455] Diese Stunde des

---

[454] RP, 8. Jg., Nr. 213, 14. September 1953. Dort auch die folgenden Zitate. Zur Feierstunde anläßlich der Aufstellung des Hochkreuzes vgl. auch: Schützenzeitung, 5. Jg., Nr. 10, Oktober 1953, S. 6.

[455] RP, 8. Jg., Nr. 267, 16. November 1953. Dort auch die folgenden Zitate.

Gedenkens, die auch jenen gewidmet sei, *„die auf der anderen Seite kämpften und den Heldentod für ihre Nationen starben"*, fordere die Lebenden auf, *„auf dem Boden echter christlicher Nächstenliebe einen Geist der Toleranz und des Verstehens zu pflegen, damit nicht wieder eine neue Katastrophe über die Völker hereinbricht und Menschenleben fordert und Kulturen zerschlägt."*
In Gegensatz zu einem Artikel in der „Schützenzeitung", in dem die toten deutschen Soldaten aus Anlaß des Volkstrauertages 1955 einseitig als *„Märtyrer"* bezeichnet wurden und der Verfasser in aggressiv antikommunistischer Wortwahl beschrieb, wie die Menschenwürde der deutschen Kriegsgefangenen *„in den Dreck getreten wurde"*[456], war es Hensels Anliegen, nicht zwischen den Toten deutscher und anderer Herkunft zu polarisieren. In der am 14. November 1954 vor dem Hochkreuz auf dem Südfriedhof gehaltenen Rede zum Volkstrauertag wandte sich der Oberstadtdirektor ausdrücklich gegen jede *„nationalistische Überheblichkeit"* und bezog in sein Gedenken diejenigen mit ein, *„die von einem unbarmherzigen Regime um der Politik, des Glaubens und der Rasse willen umgebracht wurden"* sowie jene, *„die als Opfer des Chaos der Nachkriegszeit, in den Flüchtlingstrecks und in den Gefangenenlagern sterben mußten."* Für Hensel war es *„müßig zu fragen, ob die Sache, für die sie* [die Toten, F.W.] *starben, dieses Opfer wert gewesen sei."* Ohne Unterschied lehrten *„alle diese Toten (..), daß kein Raum mehr sein dürfe für Haß zwischen den Völkern"*.[457]
Die unübersehbare Konsequenz der gutgemeinten Absicht, sich jeder Parteilichkeit zu enthalten, war aber, daß – wie bereits bei den Diskussionen über das zu errichtende Mahnmal auf dem Nordfriedhof sichtbar wurde – sämtliche während des Zweiten Weltkrieges getöteten Personen zu Opfern erklärt wurden. In das Zentrum seiner Botschaft stellte Hensel die Tatsache des Todes, nicht hingegen die Umstände der Tötung. Dieser Deutung lag nicht nur eine mangelnde Reflexion über die Kausalität der Kriegsereignisse zu Grunde, sondern auch die zu kurz geratene Differenzierung der durchaus unterschiedlich durch Tod, Haß und Gewalt betroffenen Opfer, als deren Folge das spezifische Gedenken an die von den Nationalsozialisten planmäßig ermordeten KZ-Häftlinge nur noch in Ausnahmefällen in den Mittelpunkt einer Veranstaltung gestellt wurde. Je weiter der zeitliche Abstand zum Kriegsende wuchs, desto mehr nahm die Bereitschaft ab, die nationalsozialistischen Greueltaten zu geißeln, ohne gleichzeitig auf das Schicksal der gefallenen Soldaten, Kriegsgefangenen und Vertriebenen hinzuweisen.

In Düsseldorf beschränkte sich die offizielle Erinnerung an die Ermordung der Juden zu Beginn der 50er Jahre auf zwei Veranstaltungen: die jährlich stattfindende „Woche der Brüderlichkeit" sowie die von der Düsseldorfer Jüdischen Gemeinde jeweils am 9. November durchgeführte Trauerfeier zum Gedenken an die Reichspogromnacht.

---
[456] Schützenzeitung, 7. Jg., Nr. 11, November 1955, S. 2.
[457] RP, 9. Jg., Nr. 266, 15. November 1954. Dort auch die vorhergehenden Zitate.

Die von der „Gesellschaft für christlich-jüdische Zusammenarbeit" initiierte „Woche der Brüderlichkeit" fand erstmals vom 9. bis zum 15. März 1952 statt. Ziel der Veranstalter war es, eine neue Vertrauensbasis zwischen allen Glaubensrichtungen zu schaffen, um die *„Förderung der Gerechtigkeit und Brüderlichkeit"* sowie die *„Gesundung aller religiösen, rassischen, sozialen und politischen Beziehungen der Menschen"*[458] voranzutreiben. Die Eröffnungsansprache am 9. März hielt Ministerpräsident Karl Arnold im Robert-Schumann-Saal. Dort führte er vor Vertretern der Landesministerien, des Landtags und der Stadtvertretung, der Gewerkschaften und Wirtschaftsverbände sowie Journalisten von Funk und Fernsehen aus, daß die Maxime der Brüderlichkeit neben jenen der Freiheit und der Gleichheit kaum noch beachtet werde, obwohl sie die *„unabdingbare Vorbedingung friedlichen menschlichen Zusammenlebens"*[459] sei. Wer die Forderung der Brüderlichkeit mißachte, bringe auch die Freiheit und die Gleichheit im Staate zu Fall und zerstöre die Grundlagen der Demokratie. Dieses sei gerade während der Zeit des Nationalsozialismus deutlich geworden, als die Machthaber die Juden zum Gegenstand ihrer Haßpropaganda gemacht und das deutsche Volk in zwei Teile gespalten hätten. *„Ich kann Ihnen versichern"*, rief Arnold den Anwesenden zu, *„daß wir gegen jeden derartigen Versuch Front machen werden."*

Der Vorsitzende der „Gesellschaft für christlich-jüdische Zusammenarbeit", Dr. Hastrich, appellierte an die Menschen und Völker der Erde, Toleranz zu üben und *„die Menschenwürde in jedem einzelnen zu achten, gleich welchem Bekenntnis, welcher Rasse, Nation oder Partei er angehöre."* Während der aus Dortmund stammende Rabbiner Dr. Holz all jenen dankte, *„die inmitten der Verfolgung den Juden Beistand geliehen hätten"*, zeigte der evangelische Pfarrer Dr. Linz *„die antisemitischen Bestrebungen auf, die sich schon wieder bemerkbar machten."* Erschüttert, daß *„die grausige Katastrophe"* an den alten und neuen Judenfeinden scheinbar spurlos vorbeigegangen sei, forderte er alle Deutschen auf, sich gegen die *„Vereisung der Herzen"* zu wappnen und keine Diffamierungen unbeantwortet zu lassen.

Die offen ausgesprochene Reue über die Verbrechen gegen die Juden war zwar auch in den Veranstaltungen der kommenden Jahre stets präsent, wich jedoch mehr und mehr dem allgemein gehaltenen Aufruf, Frieden zwischen den Völkern zu halten und die Gebote der Nächstenliebe und des gegenseitigen Verständnisses zu befolgen. Handelte der 1954 im Bachsaal der Johanneskirche gehaltene Festvortrag vom Erbe und von der Zukunft des Abendlandes, in dem der an der Universität Fribourg (Schweiz) lehrende Physiker Prof. Friedrich Dessauer die Menschen dazu aufrief, *„sich nicht von Dämonen beherrschen zu lassen"*[460] und für das Gute in der Welt einzutreten, lautete das Motto der im folgenden Jahr veranstalteten Woche: "Dienet einander". Während des am 6. März 1955 im vollbesetzten Plenarsaal des Düsseldorfer Landtages durchgeführten Festaktes unter-

---

[458] RP, 7. Jg., Nr. 52, 1. März 1952.
[459] RP, 7. Jg., Nr. 59, 10. März 1952. Dort auch die folgenden Zitate.
[460] RP, 9. Jg., Nr. 62, 15. März 1954.

strichen sowohl der Superintendent Henrichs als auch der aus Stockholm angereiste Rabbiner Dr. Wilhelm, daß die Rückkehr zu Gott die Vorbedingung für den Frieden zwischen den Menschen darstelle, und allein die Verankerung im Glauben vor Egoismus und Verantwortungslosigkeit gegenüber den Mitmenschen bewahre. Einzig der nordrhein-westfälische Justizminister Dr. Rudolf Amelunxen (Zentrum) rief in seiner Ansprache die Untaten ins Gedächtnis, *„die ein der Unduldsamkeit verschriebenes Regime in Deutschland begangen habe."*[461] Falls die Aufforderung zu Wahrheit und Frieden nicht ungehört bleiben solle, sei es unumgänglich, der deutschen Jugend ein echtes Bild der nationalsozialistischen Zeit zu übermitteln und *„die aufrüttelnde Erinnerung an jene Unmenschlichkeiten nicht verblassen* [zu] *lassen."*

Genau dieser Forderung kamen die führenden Verantwortlichen der Stadt aber nur zum Teil nach. Hatte es Ludwig Rosenberg, ein Mitglied des DGB-Vorstandes, während der 1955 durchgeführten „Woche der Brüderlichkeit" noch „schmerzlich" genannt, *„daß wir besonderer Anlässe bedürften, um uns daran zu erinnern, daß wir Brüder seien"*, wurden selbst diese wenigen Anlässe nur von wenigen wahrgenommen, um ihr Mitgefühl mit den Verfolgten und Ermordeten des Nazi-Regimes zu dokumentieren und die Vergangenheit reflektierend aufzuarbeiten.

Die alljährlich von der Düsseldorfer Synagogengemeinde zur Erinnerung an die Ereignisse der Reichspogromnacht vor der 1946 enthüllten Gedenktafel durchgeführte Trauerfeier fand nahezu ohne öffentliche Resonanz statt. Falls die Tageszeitungen die Feier überhaupt ankündigten, erschienen nicht mehr als zwei kurze Sätze. Aber nicht nur die Düsseldorfer Bevölkerung blieb der Gedenkstunde zum großen Teil fern. Auch die Repräsentanten der Stadt und des Landes ließen sich wegen anderweitiger Verpflichtungen fast regelmäßig vertreten. Selbst am 15jährigen Jahrestag der Synagogenverbrennung im Jahre 1953 war Oberbürgermeister Gockeln die einzig herausragende Person des öffentlichen Lebens, die an der Gedenkveranstaltung teilnahm.[462] Entsprechend der fehlenden Anteilnahme der Bevölkerung fielen die Mitteilungen über den Verlauf der Synagogenfeiern sehr knapp aus. Verglichen mit der in der „Rheinischen Post" mehrere Seiten einnehmenden Berichterstattung über die „Kriegsgefangenengedenkwoche" im Oktober 1953 muß die gerade einmal 22 enggedruckte Zeilen einnehmende Meldung über die rund zwei Wochen später stattfindende Synagogenfeier als Nichtbeachtung aufgefaßt werden.[463]

Der Verlauf der Feiern wurde durchweg als „schlicht" bezeichnet. In der Regel brachte der Vorsitzende der Synagogengemeinde, Dr. Weinberg, seine Trauer über die Ermordung der europäischen Juden zum Ausdruck und mahnte die Anwesenden, die Qualen der Getöteten nicht zu vergessen. Abschließend legten Vertreter der Stadt, der Landesregierung und verschiedener Verfolgten-Organisationen Kränze vor dem Mahnmal nieder.

---

[461] RP, 10. Jg., Nr. 55, 7. März 1955. Dort auch die folgenden Zitate.
[462] Vgl. RP, 8. Jg., Nr. 262, 10. November 1953.
[463] Vgl. ebd.

Die Zurückhaltung der Synagogengemeinde, die Erinnerung an jenen Tag, an dem die Epoche des deutschen Judentums ihr Ende gefunden hatte, nicht zum Anlaß zu nehmen, um die mangelnde Auseinandersetzung der Düsseldorfer mit der NS-Vergangenheit anzuprangern oder auf eventuell zu entrichtende symbolische und finanzielle Wiedergutmachungen zu drängen, versetzte Mitte der 50er Jahre nur noch wenige in Erstaunen. Hatte die „Rheinische Post" noch 1951 anerkennend herausgestellt, *„daß an dieser Stätte* [der Gedenktafel in der Kasernenstraße, F.W.], *die so großes und schreckliches Unrecht gesehen, nicht in alten Wunden gewühlt und keine Vergeltung gepredigt wurde*[464], hieß es nur vier Jahre später, daß man sich zwar an den 9. November 1938 erinnern müsse, die Schatten der Vergangenheit aber endgültig überwunden seien. Hitler habe den Deutschen nichts mehr zu sagen, das gesamte Volk bekenne sich einmütig zu den Idealen der Demokratie.[465]

Konnten trotz vielfältiger Bemühungen von Verfolgten-Organisationen und Politikern bereits während der Besatzungszeit erhebliche Vorbehalte gegen eine schonungslose Auseinandersetzung mit der NS-Vergangenheit ausgemacht werden, wurde diese Thematik in den frühen 50er Jahren nur noch in Ausnahmefällen zum Gegenstand von Gedenkstunden und -feiern gemacht. Zwar zeigt die regelmäßige Durchführung der „Woche der Brüderlichkeit", daß die Verbrechen des Nationalsozialismus keineswegs verdrängt wurden und man sich – zumindest die Repräsentanten aus Politik, Kirchen und Verbänden – durchaus der Verantwortung gegenüber den Opfern bewußt war, doch galten die in den Konzentrationslagern und Gefängnissen gefolterten und ermordeten Menschen nurmehr als eine Opfergruppe unter vielen. Der Opferbegriff erlebte eine wahre Inflation. Sowohl der in der Bevölkerung weit verbreitete Unwille, ständig an die über Jahre hinweg gehegten Überzeugungen und Wünsche, die sich als Vorurteile und Desillusionen offenbarten, erinnert zu werden, als auch die von Zeitungen und vielen Politikern verlautbarte Ansicht, den nationalsozialistischen Ungeist überwunden zu haben, verstärkte die in der frühen Nachkriegszeit angelegte Neigung, eigene Fehler und Versäumnisse zu verschweigen und stattdessen auf die Schicksalhaftigkeit des Krieges hinzuweisen. Der Krieg leistete eine entlastende Funktion.
Da die Deutschen aber während des Krieges genauso schwer gelitten hätten wie die anderen Völker, da auch sie Millionen von Menschenleben zu beklagen hätten, sei – so der herrschende Tenor der Zeit – nicht einzusehen, weshalb den toten deutschen Soldaten und Zivilisten nicht die gleiche Würdigung zukommen solle, wie jenen, die von den Deutschen getötet worden waren. Die – vollkommen legitime – Forderung, auf das Leid aller während des Zweiten Weltkrieges Umgekommenen hinzuweisen, implizierte jedoch – wie bereits geschildert – den Verzicht auf eine notwendige Unterscheidung zwischen den Ursachen des jeweiligen Sterbens. Die von weiten Teilen der Bevölkerung als selbstverständlich erachtete

---

[464] RP, 6. Jg., Nr. 263, 10. November 1951.
[465] Vgl. RP, 8. Jg., Nr. 261, 9. November 1953.

Gleichsetzung verschiedener „Opfergattungen" leistete einer „großen Amnesiebewegung"[466] Vorschub, als deren Folge eigene Verfehlungen nicht nur bagatellisiert, sondern sogar geleugnet wurden.

2.2. „Nie wieder?" – Das Heldentum der deutschen Soldaten und die wahren Opfer des Krieges

„Zu Tausenden mähte das Stahlgewitter einst die Kameraden nieder. Und aus dem Opfertod der Kameraden erstand erst recht die große Kameradschaft, die nicht mehr vergeht. Inzwischen pflegt man Tradition und Geist, bewahrt sich Gesinnung gegen Betrug an Volk und Vaterland. Und mit hochgemutem Geist gedenken die Ehemaligen heute der Geschichte ihres Regimentes und ihrer Toten."[467]

Diese Zeilen wurden nicht – wie man vermuten könnte – nach der Beendigung des Ersten Weltkrieges verfaßt. Sie entstammen auch nicht der Feder eines hochrangigen Militärs, der die Tapferkeit und den Zusammenhalt seiner Truppe beschwört. Stadtarchivdirektor Dr. Paul Kauhausen begrüßte mit diesen Worten die Angehörigen des ehemaligen Infanterie-Regiments Nr. 39, die sich am 6. und 7. Juni 1953 in Düsseldorf zu einer Wiedersehensfeier und Gefallenenehrung versammelten!

Die „39er" waren 1818 als „Preußisches Füsilier-Regiment Nr. 39" in Koblenz gegründet und 1866 nach Düsseldorf verlegt worden. Beim Einmarsch in die Stadt wurde dem Regiment, das mehrmals in der Vergangenheit unter Beweis stellen konnte, *„daß es alte preußische Soldatenehre und Disziplin mit seinen drei stolzen Fahnen fest verbunden hatte"*, von der Düsseldorfer Bevölkerung ein begeisterter Empfang bereitet. Von Düsseldorf aus zogen die jeweils unter verschiedenen Namen firmierenden „39er" in den deutsch-französischen Krieg 1870/71, den Ersten Weltkrieg und – nachdem im Jahre 1936 ein neues aktives Regiment gegründet worden war – auch in den Zweiten Weltkrieg.

Als sichtbarstes Zeichen der Verbundenheit zwischen den Düsseldorfern und den „Knüffkes", wie die „39er" zur Bezeugung ihrer Beliebtheit genannt wurden, errichtete die Stadt gleich zwei Denkmale zu Ehren des Truppenverbandes. 1926 bildeten Angehörige des Regiments einen Denkmalausschuß und erkannten in einem Wettbewerb dem Bildhauer Jupp Rübsam, der während des Ersten Weltkrieges selber als „39er" gedient hatte, den ersten Preis für seinen Entwurf „Innere Festigung" zu. Dieses im September 1928 vor dem ehemaligen Planetarium enthüllte Denkmal stieß von Anfang an auf heftigen Protest. Es stellte zwei liegende Soldaten dar, von denen der eine die Hand seines verwundeten Kameraden hielt. General Erich Ludendorff, der während des Ersten Weltkrieges

---

[466] Reichel, Das NS-Bild und seine politische Funktion in den 50er Jahren, S. 691.
[467] StAD XX 622: Festschrift anläßlich der Wiedersehensfeier und Gefallenenehrung aller 39er am 6. und 7. Juni 1953 in Düsseldorf; Aus dem Grußwort von Stadtarchivdirektor Dr. Paul Kauhausen, S. 8. Dort auch das folgende Zitat.

zusammen mit Paul von Beneckendorff und von Hindenburg – dem späteren Reichspräsidenten – die Führung der Obersten Heeresleitung (OHL) gebildet hatte, zu den Teilnehmern des sogenannten Hitlerputsches im November 1923 gehörte und im Jahre 1913 kurzzeitig die Befehlsführung über das nach ihm benannte „Niederrheinische Füsilier-Regiment ‚General Ludendorff' Nr. 39" inne hatte, blieb der Einweihung des Monuments demonstrativ fern. Nationale und nationalsozialistische Kreise bemängelten den „asiatischen" und „jüdischen" Charakter des Werkes und beschmierten das Denkmal kurz nach seiner Enthüllung mit Hakenkreuzen. Im Mai 1930 wurde sogar ein Sprengstoffanschlag verübt.[468]

Konnten Oberbürgermeister Robert Lehr und die Stadtverwaltung den wütenden Angriffen bis zur Machtübernahme noch widerstehen, rissen die Nazis das Ehrenmal im März 1933 ab und deponierten die Einzelteile auf einem städtischen Lagerplatz. Dort fiel das Denkmal den Bombenangriffen der Alliierten weitgehend zum Opfer. Die Reste, der Kopf des linken und die Schultern des rechten Soldaten, wurden 1978 – nach zeitweiliger Aufstellung im Garten des Stadtmuseums – wieder auf dem alten Platz vor der Tonhalle aufgerichtet: „bewußt in der grausam zerstückelten Form, nurmehr Denkmal eines Denkmals".[469]

Den Entwurf für das zweite „39er-Denkmal" lieferten die beiden Architekten Klophaus und Tachill, deren Werk der von den Nationalsozialisten vorgegebenen Anforderung entsprach, „in allen Teilen dem heroischen Geist der Gefallenen gerecht [zu] werden".[470] Das sich am Reeser Platz in Düsseldorf-Golzheim befindende gigantische Monument zeigt in der Mitte einer mit Muschelkalkplatten verkleideten Wand eine Totengruft, aus deren Tor bewaffnete Soldaten für die „Ehre und Freiheit des deutschen Volkes" zu beiden Seiten in den Kampf ausziehen. Diese Symbolik des im Juli 1939 eingeweihten Denkmals nahm den zwei Monate später erfolgten Überfall auf Polen vorweg.

Nach Beendigung des Zweiten Weltkrieges wurde zunächst der Abbruch des kriegsverherrlichenden Denkmals beschlossen, unter dem Hinweis auf dessen künstlerische und architektonische Bedeutung jedoch nicht durchgeführt. Noch im Jahre 1986 fehlte jeder Hinweis auf die Geschichte des Denkmals. Über Jahrzehnte hinweg marschierten Angehörige der „Kameradschaft der ehemaligen 39er", der Bundeswehr, der Britischen Rheinarmee und der „Düsseldorfer Jonges", aber auch der rechtsradikalen HIAG (Hilfsgemeinschaft auf Gegenseitigkeit der Angehörigen der ehemaligen Waffen-SS), der SS-Traditionsgemeinschaft Panzerkorps Großdeutschland sowie der Ordensgemeinschaft der Ritter-

---

[468] Zur Geschichte des ersten „39er"-Denkmals vgl.: Christa-Maria Zimmermann, Das 39er Denkmal. Eine Dokumentation, hrsg. vom Kulturamt der Landeshauptstadt Düsseldorf, Düsseldorf 1978 sowie: Maes/Houben, Düsseldorf in Stein und Bronze, S. 88. Ferner: Deutscher Gewerkschaftsbund/Kreis Düsseldorf (Hrsg.), Verfolgung und Widerstand in Düsseldorf 1933 bis 1945, S. 169.
[469] Zimmermann, Das 39er Denkmal. Eine Dokumentation, S. 24.
[470] Zit. nach: Maes/Houben, Düsseldorf in Stein und Bronze, S. 110.

kreuzträger zu dem Denkmal, um Kränze niederzulegen und die Gefallenen des Regiments zu ehren.[471]

Von den Protesten, die die Aufmärsche vor dem „39er-Denkmal" in den 70er und 80er Jahren auslösten, blieb die 1953 durchgeführte Gefallenenehrung „verschont". Nachdem sich etwa 2.000 Angehörige der ehemaligen Regimenter am 6. Juli in Düsseldorf eingefunden hatten, begannen die Feierlichkeiten am Morgen des nächsten Tages mit einem gemeinsamen Gottesdienst. Anschließend bewegte sich die Menge in einem Schweigemarsch zum Reeser Platz, wo General a. D. Auleb, der das Regiment von 1936 bis 1939 kommandiert hatte, die Gedenkansprache hielt. Am Nachmittag begingen die „39er" in der von der Stadt zur Verfügung gestellten Rheinhalle ihre Wiedersehensfeier, bei welcher der während des Rußlandfeldzuges befehlsführende General a. D. Wiese die Festansprache vortrug.[472]

In der Presse wurden die Inhalte der Reden nicht wiedergegeben. Der Geist, der bei den Veranstaltungen verbreitet wurde, läßt sich jedoch unschwer aus den Beiträgen ablesen, die in der eigens angefertigten Festschrift publiziert wurden. Generalleutnant a. D. Kühne, der die „39er" kurzzeitig im Jahre 1936 befehligt hatte, leistete den Schwur: *„Alles für Deutschland!"* und forderte alle Kameraden auf, *„mitzuhelfen, daß die alten soldatischen Tugenden der Vaterlandsliebe, Mannhaftigkeit und Sauberkeit wieder zu Ehren kommen und die großen Leistungen unserer Wehrmacht ihre verdiente Anerkennung im Volke finden."*[473]

Generaloberst a. D. Weiss würdigte den glorreichen *„Vormarsch nach Osten"* und erinnerte an den *„schweren Weg, den wir durch Staub und Hitze, Schlamm und Regen, Eis und Schnee gemeinsam zogen"*[474], bevor General a. D. Wiese sich ausführlich in der Ereignisschilderung des Rußlandfeldzuges erging, deren kriegsverherrlichender, menschenfeindlicher, antikommunistischer und von unleugbarer Sympathie für den Nationalsozialismus gekennzeichneter Ton kaum zu überbieten ist und die in Auszügen kurz wiedergegeben werden soll:

„Mögen die folgenden Zeilen den Kampfgefährten einen Anhaltspunkt für das Gedächtnis geben und mit den Namen der Schlachten und der Führer wieder zum Leben erwecken, was der einzelne an Taten und Leistungen, an Not und Gefahr und an treuer Kameradschaft in seinem Einsatz für Deutschland erlebt hat. (...).

---

[471] Vgl. Düsseldorfer Friedensforum (Hrsg.), „Kriegsverherrlichend". Dokumentation zur Geschichte des 39er Denkmals, Düsseldorf 1988 (= StAD XXIII 1507: Kriegerdenkmal des Westfälischen Füsilierregiments Nr. 39). Zur Geschichte und Organisation der HIAG sowie ihrer Vorgänger-Organisation, der ODESSA (Organisation der ehemaligen SS-Angehörigen), siehe: Michael Schmidt, „Heute gehört uns die Straße ..." Der Inside-Report aus der Neonazi-Szene, Düsseldorf/Wien 1994 (erweiterte und aktualisierte Auflage), S. 90f. und S. 297f.
[472] RP, 8. Jg., Nr. 127, 4. Juni 1953 (Programmankündigung).
[473] StAD XX 622: Festschrift; Grußworte von Generalleutnant a. D. Kühne, S. 9.
[474] StAD XX 622: Festschrift; Grußworte von Generaloberst a. D. Weiss, S. 9.

22 Wiedersehensfeier und Gefallenenehrung der Angehörigen der ehemaligen Infanterie-Regimenter Nr. 39 am 7. Juni 1953 vor dem „39er-Denkmal" auf dem Reeser Platz

> *Bis viermal täglich rannte der Russe mit Massen gegen die Höhe 199 und Tolkatschi vergeblich an. (...). Am 27. 8. gelang dem eiligst herbeigeholten I/39 in schneidigem Gegenangriff den (..) tief eingebrochenen Gegner zu vernichten und die alte Front wiederherzustellen. Es war ein Nahkampf, wie ihn das Regiment noch nicht erlebt hatte. (...). Diese Gefechtshandlung ist wieder ein Ruhmesblatt des Rgts. Die Verluste waren dank der vorzüglichen Disziplin des Rgts. erträglich. (...). Gegen den Feind, gegen die Elemente und gegen die Versorgungsnot erzwang das Heldentum der deutschen Soldaten diesen großen Erfolg* [gemeint ist die Einkesselung der ukrainischen Stadt Rshew, F.W.], *der die Ostfront vor dem Zusammenbruch bewahrte.* "[475]

---

[475] StAD XX 622: Festschrift; General der Infanterie a. D. Wiese, Das Inf. Rgt. 39 im Rußlandfeldzug, S. 20-29. In diesem Zusammenhang muß die den Angehörigen des Regiments sicherlich nicht unbekannte Tatsache erwähnt werden, daß die Stadt Rshew nach ihrer Einnahme von SS-Verbänden dem Erdboden gleichgemacht wurde! Vgl. Deutscher Gewerkschaftsbund/Kreis Düsseldorf (Hrsg.), Verfolgung und Widerstand in Düsseldorf 1933 bis 1945, S. 170.

Diente die Wiedersehensfeier der ehemaligen „39er" abseits der großen Öffentlichkeit in erster Linie der gegenseitigen Vergewisserung, für eine gerechte Sache eingetreten zu sein und das Zusammengehörigkeitsgefühl der alten Kameraden zu stärken, erfuhr sie aufgrund der Übernahme der Schirmherrschaft durch den amtierenden Bundesinnenminister und ehemaligen Düsseldorfer Oberbürgermeister Dr. Robert Lehr eine bedenkliche politische Aufwertung. Dies war vor allem deshalb der Fall, weil Lehr sich in seinem in der Festschrift abgedruckten Vorwort nicht eindeutig von der glorifizierenden Darstellung des Krieges distanzierte und den Tod der Soldaten nicht als Mahnung, sondern vielmehr als Zeichen der Vaterlandsliebe darstellte:

> *„Lassen Sie uns in Ehrfurcht derer gedenken, die, wie durch das Denkmal versinnbildlicht, in vier Kriegen hinauszogen und für unser Deutschland Blut und Gesundheit geopfert haben. Lassen Sie uns ebenso ihrer Hinterbliebenen gedenken.*
> *Möge sich die Jugend an der Liebe der Toten zu unserem Vaterland und an der Kameradschaft der Lebenden ein Beispiel nehmen, wenn sie zum Dienst gerufen wird, um Deutschlands und Europas Freiheit zu bewahren."*[476]

Diese Stellungnahme aus dem Jahr 1953, die blinde Opferbereitschaft mit Vaterlandsliebe verwechselte, war umso problematischer, als die Wortführer der ehemaligen „39er" sich ausdrücklich zur kontinuierlichen politischen Apathie bekannten:

> *„Es ist noch kurz zu erwähnen, daß sich natürlicherweise die innere Linie der Kameradschaften der Tendenz der jeweiligen Staatsform immer anpaßte, ohne aber politisch jemals in Erscheinung zu treten. So ist es auch in der jetzigen Kameradschaft eine fest beschlossene Sache! Unsere Versammlungen sind unpolitisch und unsere Ziele liegen auf rein kulturellem Gebiet."*[477]

Könnte es auf den ersten Blick den Anschein haben, als hätte Lehr über die Bedeutung seiner Äußerungen nicht lange genug nachgedacht, nahm die Kameradschaft der ehemaligen „39er" die von dem früheren Düsseldorfer Oberbürgermeister vermeintlich bekundete *„wohlwollende Einstellung zum echten Soldatentum"*[478] zum Anlaß, Lehr auch 1956 die Schirmherrschaft über die am 7. und 8. Juli in Düsseldorf stattfindende Wiedersehensfeier anzutragen. In seinem Antwortschreiben an Oberst a. D. Hermann Dropmann, den Vorsitzenden des Fest-

---

[476] StAD XX 622: Festschrift; Grußworte von Bundesinnenminister Dr. Dr. Robert Lehr, S. 4.
[477] StAD XX 622: Festschrift; Georg Lauffs, 39er Kameraden!, S. 31/32, hier: S. 32.
[478] StAD: Nachlaß Robert Lehr, Akte Nr. 35, Schreiben von Oberst a. D. Hermann Dropmann (Vorsitzender des Festausschusses für die Wiedersehensfeier der „39er" am 7./8. Juli 1956 in Düsseldorf) an Bundesinnenminister a. D. Robert Lehr vom 10. Februar 1956; nicht paginiert.

ausschusses, unterstrich der im September 1953 aus seinem Amt als Bundesinnenminister geschiedene Lehr seine persönliche Beziehung zu den Mitgliedern *„dieses tapferen und in schweren Einsätzen bewährten Regiments"*[479] und sagte die Übernahme der Schirmherrschaft zu. Dies falle ihm nicht schwer, da zum einen Oberbürgermeister Gockeln die volle Unterstützung der städtischen Behörden zugesichert habe, er es zum anderen aber als *„eine vaterländische Aufgabe für unser ganzes Volk* [ansehe]*, unserer neuerstandenen Wehrmacht dadurch behilflich zu sein, daß man das Ansehen des deutschen Soldaten auf jede Weise fördert.*

> *Dazu gehört, daß man den Wiedersehensfeiern alter Soldaten mindestens das Interesse entgegenbringt, das man in so reichem Maße bei Veranstaltungen geübt hat, die keineswegs eine so ernste Bedeutung für Sicherheit und Wiederaufstieg unseres Volkes haben. Es ist wirklich Zeit, daß anstelle billiger Kabarett- und Karnevalswitze im deutschen Volke wieder eine Wehrbereitschaft angeregt und gefördert wird."*

Solch kernige Worte fand Lehr nicht nur in seiner Privatkorrespondenz. Zwar konnte er der Wiedersehensfeier und Gefallenenehrung im Juli 1956 aufgrund einer Krankheit nicht beiwohnen, verfaßte aber wiederum ein Grußwort, in dem er die *„ernsten und entschlossenen Gesichter"*[480] der auf dem *„39er-Denkmal"* dargestellten Soldaten lobte. Da es *„gewiß nicht leicht* [sei]*, unserer Jugend den Sinn für echte Wehrbereitschaft zu erschließen, nachdem zwei Weltkriege unter furchtbaren Verlusten verloren sind und die Sieger inmitten einer waffenstarrenden Umgebung mehr als ein Jahrzehnt uns wehrlos gehalten haben"*, müsse gerade das *„makellose Soldatentum"* der ehemaligen *„39er"*, die *„treu kämpften und fielen"*, als Richtschnur für die Angehörigen der Bundeswehr – die Lehr konsequent als *„neue Wehrmacht"* bezeichnete (!) – in Erinnerung behalten werden.

Auch wenn über die Wiedersehensfeiern der ehemaligen „39er" nicht in dem Ausmaß wie etwa über die „Kriegsgefangenengedenkwoche" oder die Gedenkstunden zum Volkstrauertag berichtet wurde, stellten die Kameradschaftstreffen ehemaliger Truppenverbände keine von der Öffentlichkeit negierten oder gar mißbilligten Veranstaltungen dar.[481] Allein die Fürsprachen durch Robert Lehr und Oberbürgermeister Gockeln bezeugten eindrucksvoll, daß sowohl die Durchführung als auch die vermittelten Botschaften der Gefallenenehrungen gutgeheißen wurden. Dies geschah trotz der kriegsverherrlichenden Diktion der

---

[479] StAD: Nachlaß Robert Lehr, Akte Nr. 35, Antwortschreiben von Lehr an Dropmann vom 18. Februar 1956; nicht paginiert. Dort auch die folgenden Zitate.
[480] StAD: Nachlaß Robert Lehr, Akte Nr. 35, Von Lehr verfaßte Grußworte für die Festschrift der „39er"-Feier im Jahre 1956; nicht paginiert. Dort auch die folgenden Zitate.
[481] Zu der im März 1955 in den Räumen der „Union Betriebe" auf der Witzelstraße veranstalteten Feierstunde der ehemaligen 5. Ulanen anläßlich deren 140. „Geburtstages" konnten die Ausrichter nahezu 1.000 Gäste begrüßen. Vgl. RP, 10. Jg., Nr. 61, 14. März 1955.

Beiträge in der Festschrift sowie der kritiklosen Glorifizierung der (NS-)Vergangenheit.

Überzeugt davon, *„mit reinem Gewissen im Bewußtsein der Erfüllung vaterländischer Pflicht"*[482] für Deutschland gekämpft zu haben, sahen die ehemaligen „39er" keine Veranlassung, selbst eindeutig als Verbrechen einzuschätzende Aktionen, wie die Vernichtung der Stadt Rshew – an der Verbände der SS beteiligt waren[483] –, zu verschweigen. Wie viele andere gewonnenen Schlachten wurde auch dieses Vorgehen als „Ruhmestat" des Regiments dargestellt. Auf diese Weise erhielt jedoch nicht nur die Deutung des Kriegsgeschehens, sondern auch jene der Nachkriegszeit eine völlig neue Qualität. Wenn die deutschen Soldaten, wie alle anderen Soldaten auch, nichts weiter getan hatten, als ihre Pflicht zu erfüllen, gab es keine Begründung, das deutsche Volk allein für alle Greuel des Krieges verantwortlich zu machen, es selbst nach dem Wechsel der politischen Repräsentanten über Jahre hinweg „wehrlos" zu halten und es an der Ausübung der souveränen Staatsgewalt zu hindern. Im Lichte dieser Auslegung wurde nicht dem nationalsozialistischen Eroberungskrieg, sondern vielmehr der Besatzungspolitik der Alliierten und deren „Siegerjustiz" das Kainsmal der Unrechtshandlung angeheftet.

Dieser von oberflächlicher Ursachenforschung gekennzeichneten, völlig unangemessenen und beschönigenden Argumentation bediente sich auch eine andere Interessensgruppe, deren Kundgebungen, Aufmärsche und Versammlungen im Düsseldorf der frühen 50er Jahre auf eine überwältigende Resonanz stießen: die Landsmannschaften der Heimatvertriebenen.[484]

Bis Ende 1952 waren rund 8,3 Millionen Heimatvertriebene aus den Ostgebieten nach Westdeutschland zugewandert. Damit stellten sie insgesamt 17 Prozent der Gesamtbevölkerung.[485] In Düsseldorf nahm die Anzahl der Heimatvertriebenen sowohl insgesamt als auch im Verhältnis zur einheimischen Bevölkerung kontinuierlich zu. Im Oktober 1946 betrug die Summe der Vertriebenen 9.108 Menschen. Damit stellten sie 2,1 Prozent der Stadtbevölkerung. Rund fünf Jahre später, im Dezember 1951, wurden 45.796 Heimatvertriebene (8,5 Prozent der Bevölkerung) gezählt, bis schließlich im Dezember 1955 93.132 Flüchtlinge aus den ehemals deutschen Ostgebieten (15,5 Prozent der Bevölkerung) in der Stadt lebten.[486]

---

[482] StAD XX 622: Festschrift; Grußworte von Generaloberst a. D. Weiss, S. 9.
[483] Siehe Anmerkung Nr. 475.
[484] Nicht alle der im Folgenden beschriebenen Veranstaltungen können im eigentlichen Sinne als „Feste" oder „Feiern" bezeichnet werden. Um jedoch die Ansichten und Forderungen der zahlreichen Landsmannschaften transparent zu machen, werden auch solche Zusammenkünfte geschildert, in denen die Funktionäre der Vertriebenenverbände ihre Mitglieder abseits der großen Öffentlichkeit auf bestimmte Anliegen einschworen.
[485] Vgl. Moltmann, Die Entwicklung Deutschlands von 1949 bis zu den Pariser Verträgen 1955, S. 87.
[486] Vgl. Hüttenberger, Düsseldorf unter britischer Besatzung, S. 705 (Tabelle 4: Der Anteil der Vertriebenen an der Düsseldorfer Bevölkerung 1946–1956).

Einer Zählung aus dem Jahre 1950 zufolge stellte die Landsmannschaft der Schlesier mit 28,2 Prozent die größte Gruppe aller in Düsseldorf wohnenden Heimatvertriebenen dar. Ihnen folgten die Ostpreußen (25,8 Prozent), die Pommern (13,1 Prozent) und die Sudetendeutschen (8,4 Prozent).[487]
Angesichts der beachtlichen Anzahl der in Düsseldorf lebenden Vertriebenen verwundert es nicht, wenn die Landeshauptstadt in den frühen 50er Jahren ein bevorzugter Versammlungsort der Landsmannschaften war. Auf den jährlich stattfindenden Landestreffen der einzelnen Verbände wurden nicht selten bis zu 20.000 Teilnehmer gezählt, deren herausragende Forderung, in die alte Heimat zurückkehren zu können, von den führenden Politikern weitgehend unterstützt wurde. Der Beistand der Stadtoberen und der Düsseldorfer Heimatvereine sowie die wohlwollende Berichterstattung in der Tagespresse hatte verschiedene Motivationen. Die Repräsentanten der Stadt befürworteten die Ansprüche der Vertriebenen nicht zuletzt deshalb, weil die Rückführung der Flüchtlinge eine erhebliche Entlastung der angespannten Wohnungssituation bewirkt hätte. Im Gegensatz dazu erkannten die „Düsseldorfer Jonges" sowie der St.-Sebastianus-Schützenverein in den Vertriebenen gleichgesinnte Verbündete, die ebenso wie sie die Wahrung der heimatlichen Sitten und Bräuche proklamierten und mit deren Hilfe der Düsseldorfer Bevölkerung die elementare Bedeutung der Heimatliebe vor Augen geführt werden könne.

Hervorstechendes Merkmal der Zusammenkünfte und Gedenkstunden der Vertriebenen war die nicht selten wehmütig-melancholische Gestimmtheit der Anwesenden. In den Ansprachen der Funktionäre und Gastredner wurde *„in bewegten Worten der verlorenen Heimat, ihrer landschaftlichen Schönheit und ihrer Bedeutung"*[488] gedacht. Der äußerliche Rahmen einer am 16. Juli 1950 in der Düsseldorfer Rheinhalle veranstalteten Feierstunde der Ost- und Westpreußen zur Erinnerung an die Abstimmungen am 11. Juli 1920 in Masuren und Westpreußen, in denen der Großteil der Bevölkerung für den Verbleib im Deutschen Reich votiert hatte, erinnerte an die zeremonielle Gestaltung eines Gottesdienstes:

> *„Der ostpreußische Adler krönte das Podium, auf dem ein Kästchen mit ostpreußischer Erde und Bernstein, umgeben von Mädels in ostdeutscher Tracht, den Ehrenplatz einnahm."*[489]

Nach dem Gedenken an jene, *„die im Laufe einer lange Geschichte im Kampfe um die Heimat gefallen"* waren, und der Verlesung mehrerer Ansprachen – unter anderen durch Bürgermeister Georg Glock, Oberkonsistorialrat Beckmann, Ministerialdirektor Dr. Wegener und Regierungspräsident Kurt Bauricher – ließen das Städtische Kammerorchester und der Ostpreußenchor vor rund 12.000

---

[487] Vgl. ebd., S. 703 (Abbildung 136: Die Düsseldorfer Vertriebenen nach ihrer Herkunft 1950).
[488] RP, 7. Jg., Nr. 179, 4. August 1952.
[489] RP, 5. Jg., Nr. 164, 17. Juli 1950. Dort auch die folgenden Zitate.

Teilnehmern das Ostpreußenlied erklingen, *"bei dessen Klängen manchem Anwesenden die Tränen in die Augen traten"*.
"Rührende Szenen" spielten sich auch bei einem am 18. September 1955 im Düsseldorfer Rheinstadion durchgeführten Treffen der Danziger ab, als *"sich plötzlich Menschen gegenüberstanden, die bis dahin vom anderen nicht wußten, ob sie die Schrecken des Kriegsgeschehens in Danzig und die Flucht überlebt hatten."*[490]
Ergriffenheit löste *"das Spiel der Danziger Jugend"* aus, die vor mehr als 20.000 Anwesenden *"auf der weiten Rasenfläche in symbolischen Bildern das Schicksal Danzigs vor Augen führte und von einer Tonbandübertragung, die den Untergang der Stadt und das Schicksal ihrer Bewohner als Hörspiel wiedergab, begleitet"* wurde.
Nicht nur die inhaltsschwere Symbolik der Veranstaltungen jedoch erfüllte die Heimatvertriebenen mit Schwermut. Auch Ansprachen, in denen *"von der unwandelbaren Liebe zur Heimat, dem Glauben an die Gerechtigkeit und der Hoffnung, daß die Mächtigen dieser Erde ein Einsehen haben möchten, daß eine jahrhundertalte Verbundenheit nicht einfach ausgelöscht werden kann"* die Rede war, veranlaßte die Zuhörer, *"die Tränen zu verhüllen"*.[491]
Die Hervorhebung der jahrhundertalten deutschen Geschichte und Kultur der Ostgebiete stellte neben dem Verweis auf die Abstimmungsergebnisse, mit denen Schlesier, West- und Ostpreußen *"ihren Willen zu Deutschtum und Heimat"*[492] bekannt hätten, die meistgenannte Rechtfertigung für die von den Landsmannschaften bekundeten Ansprüche dar. In einer am 20. März 1954 im Plenarsaal des Düsseldorfer Landtages abgehaltenen Gedenkfeier zur Erinnerung an die auf den Tag vor 33 Jahren stattgefundene Volksabstimmung in Oberschlesien schilderte der Vorsitzende des Deutschen Volksbundes, Ministerialrat a. D. Dr. Ulitz, *"wie dieses Land* [gemeint ist Oberschlesien, F.W.] *durch Kräfte, die von Deutschland kamen (..) Kulturboden wurde.*

> *Gegenseitig schenkten sich der Südostzipfel und das Kernland in Kunst, Wissenschaft und Technik schöpferische Kraft. Niemand (..) könne angesichts dieses gegenseitigen Einflusses und angesichts der in diesem Gebiet überall lebendigen deutschen Kultur behaupten, Oberschlesien sei kein deutsches Land."*

Die herausragenden Leistungen der deutschen Ostkolonisation wurden auch bei den im Frühling 1951 durchgeführten Landestreffen der Westpreußen und Pommern herausgestellt. *"Das umstrittene Gebiet sei schon vor Christi Geburt Wohnraum der Germanen gewesen"*[493], betonte der Sprecher der westpreußischen Landsmannschaft, von Witzleben, in seiner Ansprache bei einer am 18. März 1951 in der Ausstellungshalle am Ehrenhof stattfindenden Versammlung der West-

---
[490] RP, 10. Jg., Nr. 217, 19. September 1955. Dort auch das folgende Zitat.
[491] RP, 7. Jg., Nr. 209, 8. September 1952.
[492] RP, 9. Jg., Nr. 68, 22. März 1954. Dort auch das folgende Zitat.
[493] RP, 6. Jg., Nr. 66, 19. März 1951.

preußen. Ebenso begründete der Vorsitzende der nordrhein-westfälischen Landsmannschaft der Pommern, Dr. Eggert, in einer am 8. April 1951 gehaltenen Rede auf dem ebenfalls im Ehrenhof durchgeführten „Heimattag der Pommern" den Anspruch, daß Pommern zu Deutschland gehöre:

> *„Pommern ist deutsch in seinen Siedlungen, deutsch in seiner Kultur, deutsch in seinen Baudenkmälern, deutsch in seinem Geist!"*[494]

Die ohne Unterlaß wiederholte Beteuerung, die angestammten Gebiete seien stets „deutsch" gewesen und würden es auch für alle Zukunft bleiben, implizierte, wie der Vertreter aller Düsseldorfer Landsmannschaften, Ernst Grimoni, im Juli 1950 stellvertretend feststellte, daß *„niemand (..) das Recht* [habe]*, über das Schicksal Ost- und Westpreußens sowie der übrigen Ostgebiete zu bestimmen als die Bewohner dieser Gebiete allein. Sie werden ihre Heimat niemals aufgeben! Das sollen sich im besonderen auch alle sogenannten 'Realpolitiker' in der russischen und in der Westzone, die Ost- und Westpreußen schon abgeschrieben haben, nachdrücklichst gesagt sein lassen."*[495] Die in Form einer Drohung formulierte Hoffnung, daß die nach dem Zweiten Weltkrieg vorgenommenen Grenzverschiebungen nicht endgültig seien, wurde nicht nur von Funktionären der Landsmannschaften genährt. Wie der nordrhein-westfälische Regierungspräsident Kurt Baurichter während des am 16. Juli 1950 in der Düsseldorfer Rheinhalle abgehaltenen Landestreffens der Ost- und Westpreußen ausführte, halte er *den* Russen für viel *„zu realpolitisch, um sich auf die Oder-Neiße-Grenze zu versteifen, wenn ihm eine andere Politik mehr Vorteile biete."* Allerdings müßten alle Vertriebenen einsehen, daß es *„hetzerischer Unsinn sei, zu behaupten, nur durch Krieg könne diese Ungerechtigkeit* [die von den Alliierten bestimmte Abtretung der Ostgebiete, F.W.] *beseitigt werden."*[496]

Um sich eindrucksvoll von diesem „Unsinn", der vor allem im Ausland Anlaß zu Befürchtungen gab, die auch von der Bundesregierung unterstützten Ansprüche der Heimatvertriebenen könnten die Wurzel für neue gewaltsame Entwicklungen in der Zukunft bilden, öffentlich zu distanzieren, verabschiedeten alle in Westdeutschland ansässigen Vertriebenen- und Flüchtlingsorganisationen bereits am 5. August 1950 eine „Charta der Heimatvertriebenen", in der auf Rache und Vergeltung verzichtet, aber eine gerechte Verteilung der Kriegslasten gefordert wurde.[497] Gemäß dieser Resolution betonten die Landsmannschaften zwar, daß *„zum polnischen Volk (..) ein Weg des Friedens gefunden werden (müsse)"*[498], beharrten aber darauf, daß die Frage der Rückkehr der Ostvertriebenen über nichts weniger entscheide, *„ob das christliche Abendland zum Untergang be-*

---

[494] RP, 6. Jg., Nr. 82, 9. April 1951.
[495] RP, 5. Jg., Nr. 157, 8. Juli 1950.
[496] RP, 5. Jg., Nr. 164, 17. Juli 1950.
[497] Vgl. Moltmann, Die Entwicklung Deutschlands von 1949 bis zu den Pariser Verträgen 1955, S. 88.
[498] RP, 9. Jg., Nr. 68, 22. März 1954.

stimmt ist oder nicht."⁴⁹⁹ Wolle Deutschland nicht im Spannungsfeld zwischen Ost und West zerrieben werden, ergebe sich die *„Notwendigkeit, sich von allen Angstkomplexen zu befreien und deutsche Politik zu treiben."*⁵⁰⁰ Deutsche Politik zu betreiben bedeute aber nichts anderes, als das Heimatrecht der Vertriebenen wiederherzustellen und die Ostgebiete für Deutschland zurückzufordern. Um die Legitimität solcher Ansprüche, die sich gegen die von der Bundesregierung forcierte Westanbindung der Bundesrepublik Deutschland richteten, zu untermauern, wurden die Vertreter der Landsmannschaften nicht müde, die „Willkürpolitik" der Alliierten zu verurteilen. Einmütig wurden die Beschlüsse der vom 17. Juli bis zum 2. August 1945 abgehaltenen Konferenz in Potsdam („Potsdamer Abkommen"), die unter anderem die vorläufige Festlegung der Oder-Neiße-Linie als deutsche Ostgrenze bestimmten und – damit verbunden – die Umsiedlung der Deutschen aus den nunmehr polnischen, ungarischen und tschechoslowakischen Gebieten nach Deutschland hinnahmen, als Unrecht bezeichnet, wodurch die Rechtmäßigkeit der Vertreibung überhaupt entfiel. Mit dieser Argumentation bezogen die Vertriebenen aber keineswegs eine Außenseiterposition. Aus Anlaß des am 2. August 1953 in Düsseldorf vom „Verband der Landsmannschaften", dem „Zentralverband vertriebener Deutscher", den „Vereinigten Landsmannschaften der Sowjetzone", dem „Deutschen Heimatbund" sowie der „Deutschen Jugend des Ostens" veranstalteten „Tages der deutschen Heimat" veröffentlichte die Schützenzeitung einen Artikel, in dem beschworen wurde, daß es so lange keinen Weltfrieden gebe, bis *„der rote Terror im Osten"* die deutschen Ostgebiete zurückgegeben habe:

> *„Mitten durch unser Vaterland geht die blutende Wunde, die uns und Europa nicht zur Ruhe kommen läßt. Ein Beschluß der Unmenschlichkeit hat Millionen von Deutschen ihre Heimat gekostet und einen Explosionsherd geschaffen, wie ihn die Geschichte kein zweitesmal [sic!] kennt. Die ganze Welt krankt an den Folgen dieses verbrecherischen Übereinkommens von Yalta, aber uns brennt es wie Feuer unmittelbar auf der Haut."*⁵⁰¹

Die „Rheinische Post" publizierte aus Anlaß des am 17. und 18. September 1955 in Düsseldorf stattfindenden „Tages der Danziger" einen Artikel, in dem die Geschichte und das Schicksal der Stadt Danzig ausführlich behandelt wurden. Wie

---

⁴⁹⁹ RP, 5. Jg., Nr. 157, 8. Juli 1950.
⁵⁰⁰ RP, 7. Jg., Nr. 179, 4. August 1952.
⁵⁰¹ Schützenzeitung, 5. Jg., Nr. 8, August 1953, S. 9. Anscheinend war die „Schützenzeitung" nicht richtiggehend über die Beschlüsse der Konferenz von Jalta (4.–11. Februar 1945) informiert. Dort erklärten Churchill, Roosevelt und Stalin zwar, Deutschland nach dem Kriegsende in (vorerst drei) Besatzungszonen einzuteilen, legten aber keine polnische Westgrenze fest. Dies geschah erst im „Potsdamer Abkommen" – und zwar gegen den Willen der Briten und Amerikaner: Die Sowjets hatten ihre Verbündeten vor vollendete Tatsachen gestellt. Vgl. Manfred Rexin, Die Jahre 1945–1949, in: Herbert Lilge (Hrsg.), Deutschland 1945–1963, S. 3–67, hier: S. 4–10.

der nicht genannte Autor des Essays schilderte, habe sich die Stadt „*trotz wechselnder Geschicke (..) über Jahrhunderte hinweg ihre deutsche Art treu bewahrt (..), bis im Frühjahr 1945 die Rote Armee allem Schönen und Edlen, das hier in 800 Jahren gewachsen war, ein grausiges Ende bereitete.*"[502] So wie die „Schützenzeitung" die Annexion der Ostgebiete als „*Raub*" bezeichnete, den die Siegermächte „*widerrechtlich in* [ihren] *Klauen*" hielten"[503], charakterisierte die „Rheinische Post" die Einnahme der Stadt Danzig als unrechtmäßige „*Eroberung*", als deren Folge das „*deutsche Gesicht der Freien Stadt*"[504] gewaltsam zugrunde gerichtet wurde.

Inhaltlich vergleichbar mit diesen Beurteilungen fiel auch die Rede von Oberbürgermeister Josef Gockeln aus, die er während des ersten, am 6. und 7. September 1952 in Düsseldorf veranstalteten, „Tages der Danziger" hielt. Aus Bekundung der Solidarität mit dem Schicksal der aus Danzig stammenden Vertriebenen sowie zur Unterstützung des Begehrens, daß die „Königin der Ostsee" wieder den Status einer zu Deutschland gehörenden „Freien Stadt" erhalte, übernahm die Stadt Düsseldorf im September 1952 die Patenschaft für die Stadt Danzig. Am 6. September versammelten sich in der Rheinhalle mehrere tausend Menschen, um unter dem Spruchband „*Danzig den Danzigern*" einen Festakt zu begehen, in dem die Verbindung der beiden an Rhein und Weichsel gelegenen Städte durch die Überreichung eines Blakers [das ist ein Wandleuchter, F.W.], zwei goldener Teller und einer Urkunde feierlich vollzogen wurde. Oberbürgermeister Gockeln begrüßte die in Düsseldorf lebenden Danziger als „*Schwestern und Brüder*" und gab der Hoffnung Ausdruck, „*daß das Ziel der Freiheit einmal erreicht wird.*"[505] Von Freiheit könne momentan nämlich nicht die Rede sein, sei die derzeitige Situation Danzigs doch durch „*Macht und Willkür*" bestimmt worden.

Mit solchen Formulierungen unterschied sich der oberste Repräsentant der Stadt Düsseldorf höchstens formal von den Stellungnahmen der Funktionäre verschiedener Vertriebenenorganisationen. Auch der Präsident der Vertretung der Freien Stadt Danzig, Dr. Sternfeld, geißelte die Abtretung Danzigs als „*Raub*" und „*bitteres Unrecht*"[506], während der geschäftsführende Vorsitzende des nordrheinwestfälischen Landesbeirats für Vertriebenen- und Flüchtlingsfragen, Wilhelm Matzel, noch 1955 hartnäckigsten Widerstand gegen die „*grobe*[n] *polnische*[n] *Verfälschungen der Danziger Geschichte*" ankündigte, denen zufolge die kulturelle und politische Entwicklung der Stadt in erster Linie von polnischen Einflüssen geprägt worden sei: „*Solange wir atmen, geben wir nichts verloren.*"[507]

---

[502] RP, 10. Jg., Nr. 216, 17. September 1955.
[503] Schützenzeitung, 5. Jg., Nr. 8, August 1953, S. 9.
[504] RP, 10. Jg., Nr. 216, 17. September 1955.
[505] RP, 7. Jg., Nr. 209, 8. September 1952. Dort auch das folgende Zitat. Im Jahre 1955 übernahm Gockeln gar die Schirmherrschft über den „Tag der Danziger".
[506] StAD XXIII 282: Bund der Danziger; Festschrift zum „Tag der Danziger" am 17./18. September 1955 in Düsseldorf, Geleitwort Sternfeld, S. 3.
[507] StAD XXIII 282: Festschrift; Geleitwort Matzel, S. 6.

Derartige von Unversöhnlichkeit und anti-polnischen Ressentiments geprägten Appelle ließen nicht nur die von allen Landsmannschaften und Vertriebenenorganisationen mit Nachdruck bekräftigte Versicherung, keine Vergeltung für das Unrecht der Vertreibung üben zu wollen, in einem faden Licht erscheinen. Sie offenbarten zudem die Überzeugung, daß die Kapitalverbrechen des Zweiten Weltkrieges in der – ohne Zweifel erzwungenen und gewaltsam verlaufenen – Aussiedlung der Deutschen aus den Ostgebieten ihre äquivalente Fortsetzung gefunden hätten. Von der Intention der Alliierten, durch die Verkleinerung und Aufteilung Deutschlands eine weitere Aggression von Seiten der Deutschen für immer zu verhindern, war bei den Versammlungen der Vertriebenen keine Rede. Auch die Kriegsführung der deutschen Wehrmacht, in deren Zuge mehrere tausend polnische, tschechoslowakische, ungarische und russische Städte und Dörfer einer schonungslosen Politik der Zerstörung und „ethnischen Säuberung" zum Opfer gefallen waren, wurde mit keinem Wort erwähnt.
Übten sich die Vertriebenenverbände in späteren Jahren darin, zweierlei Unrecht gegeneinander aufzurechnen, um die Berechtigung ihrer Forderungen zu manifestieren, wurden die Greueltaten der Nazis in den frühen 50er Jahren schlicht in den Hintergrund gedrängt. Die Hervorhebung der Schuld der Siegermächte und insbesondere die einseitige Akzentuierung der von der Roten Armee begangenen Greueltaten dokumentiert aber nicht allein die von Soldaten- und Vertriebenenverbänden forcierte Verharmlosung der nationalsozialistischen Verbrechen. Darüber hinaus veranschaulicht die fehlende Differenzierung zwischen den Terroraktionen der Nazis und den gewaltsamen Übergriffen der Roten Armee die von einem Großteil der Düsseldorfer und der deutschen Bevölkerung geteilte Empfindung, daß die bedingungslose Kapitulation Deutschlands im Mai 1945 nicht ohne weiteres als „Befreiung" verstanden werden mochte. Als befreiend erlebten die meisten Menschen das Ende der Kampfhandlungen, Bombenangriffe und Nächte in den Schutzbunkern. Die unmittelbar empfundene Erleichterung, noch einmal mit dem Leben davon gekommen zu sein, wich jedoch rasch dem Unmut über den Zustand der Besatzung, die Aufteilung Deutschlands, die umfangreichen Gebietsabtretungen, Reparationen und Demontagen, die Richtlinien zur Entnazifizierung und nicht zuletzt über die politische Entmündigung – Maßnahmen, die von vielen Deutschen als bewußte Demütigung, nicht aber als komplexes Geflecht von Bestimmungen verstanden wurden, mit denen die – untereinander zerstrittenen – Alliierten gleichzeitig versuchten, den Forderungen der eigenen Bevölkerung entgegen zu kommen, das europäische Gleichgewicht wiederherzustellen, den Weltfrieden zu fördern und nicht zuletzt das deutsche Volk auf lange Sicht in die Gemeinschaft der „gesitteten Nationen" zurückzuführen.
Diese Stimmungslage spiegelt sich in den Düsseldorfer Festen und Feiern deutlich wider. Schien die Gründung der Bundesrepublik zu bezeugen, daß die Deutschen aus den Fehlern der Vergangenheit gelernt hatten und sich zu demokratischen Gepflogenheiten bekannten, beschleunigte die sich abzeichnende Einbindung Deutschlands in das Bündnissystem der Westmächte den Prozeß der kollektiven Verdrängung. Die im „Kalten Krieg" kulminierende Konfrontation zwi-

schen den Staaten der westlichen und der östlichen Hemisphäre beförderte den Antikommunismus in der Bundesrepublik in den Rang einer Staatsdoktrin. Je intensiver jedoch der Fokus auf die Unterdrückungspolitik der Sowjets gerichtet wurde, desto nachhaltiger gerieten die von den Nazis begangenen Verbrechen ins Abseits der Betrachtung. Wie anhand der im Jahre 1955 in Düsseldorf stattgefundenen Feier zu Ehren Friedrich Schillers[508] aufgezeigt werden kann, stieß die bewußt provozierend geäußerte Kritik an der mangelnden Bereitschaft der Deutschen, aus der Vergangenheit zu lernen, mehrheitlich auf Unverständnis und Ablehnung. Vielmehr stelle der – symbolträchtig in der Veranstaltung mehrerer Auslandswochen zum Ausdruck kommende – mehrheitlich von der Bevölkerung bezeugte Wille, mit den westlichen Nachbarn und ehemaligen Kriegsgegnern ein freundschaftliches Verhältnis zu führen, anschaulich unter Beweis, daß die Deutschen – und nicht zuletzt die Düsseldorfer – sich zu den demokratischen Grundregeln genauso wie zum Geist der Völkerversöhnung und der Bejahung Europas bekannten.

Solche Bekundungen der politisch verantwortlich Handelnden gaben aber nur bedingt die mehrheitlich geteilte Meinung des so oft angesprochenen Volkes wieder. Die weitaus größte Begeisterung wurde nicht durch eindrucksvolle Bekenntnisse zu Demokratie und europäischer Zusammenarbeit ausgelöst, sondern vielmehr durch das Ergebnis einer Sportveranstaltung,[509] welches viele Deutsche und Düsseldorfer dazu veranlaßte, internationale Sympathien und Anerkennung einzufordern sowie den wiedergewonnenen Nationalstolz zu dokumentieren.

2.3. Demokratische Anknüpfungspunkte

> *„Wichtiger als der amtlich gesteuerte Patriotismus ist uns das Ziel, Seele und Herz unseres Volkes zu erfüllen mit dem Stolz auf sein eigenes Werk, mit Hoffnung und Vertrauen zu stärken für die unvermeidbaren Schwierigkeiten seines Weges. Es muß uns gelingen, die Seele unseres Volkes anzusprechen und das Herz dem Staat zu gewinnen. Der Staat des Volkes muß auch in seinen Feiern zum Fest des Volkes werden."*[510]

So lautete der Wunsch, den Oberbürgermeister Josef Gockeln zum Abschluß seiner am 12. September 1951 im Düsseldorfer Landtag gehaltenen Rede aus Anlaß des erstmals begangenen „Nationalen Gedenktages" kundgab. Der 1950 von der Bundesregierung als offizieller Feiertag eingeführte 12. September sollte die deutschen Bürger über die Erinnerung an die Wahl des ersten Bundespräsidenten, Theodor Heuss, am 12. September 1949 auf die demokratische Staatsordnung einschwören. Hatte es die Stadt Düsseldorf im Vorjahr bei der Beflaggung der öffentlichen Gebäude und einem früheren Dienstschluß für die Angestellten der

---

[508] Siehe Kap. IV. 2.4.
[509] Siehe Kap. IV. 2.5.
[510] RP, 6. Jg., Nr. 214, 13. September 1951.

23 Nationaler Gedenktag am 12. September 1951 in Düsseldorf: Die Spitze des Fackelzuges auf dem Burgplatz

Stadtverwaltung belassen,[511] stellte man im Jahre 1951 ein großes Programm auf die Beine. Nachdem die Düsseldorfer Schüler am Vormittag in besonderen Schulfeiern über die Bedeutung des Gedenktages hingewiesen worden waren, veranstalteten Musikkapellen vor dem Hauptbahnhof, dem Graf-Adolf-Platz und der Alleestraße mehrere Platzkonzerte. Am frühen Abend führten jugendliche Mitglieder aus den Düsseldorfer Sportvereinen auf verschiedenen Plätzen in der Innenstadt Beispiele ihres Könnens vor, bevor um 19 Uhr die offizielle Festsitzung im Düsseldorfer Landtag begann. Daran anschließend bewegte sich ein von Oberstadtdirektor Hensel, Regierungspräsident Baurichter und Oberbürgermeister Gockeln angeführter „endlos langer Fackelzug"[512] vom Jürgensplatz bis zum Burgplatz. Die ganze Stadt war mit Fahnen und Lampions geschmückt, während der Burgplatz von mehreren Scheinwerfern illuminiert wurde. Angesichts der großen Anteilnahme der vieltausendköpfigen Menge, die den Fackelzug durch die Stadt begleitete und am Burgplatz empfing, rief Oberbürgermeister Gockeln den Versammelten begeistert zu: „*Ihr habt ein machtvolles Bekenntnis*

---

[511] StAD IV 4890: Anweisung von OStD Hensel für den „Nationalen Gedenktag" 1950, Bl. 100.
[512] RP, 6. Jg., Nr. 214, 13. September 1951. Dort auch die folgenden Zitate. Zur Programmgestaltung des 1951 abgehaltenen „Nationalen Gedenktages" siehe auch: Wochenspiegel, 4. Jg., Nr. 17, 1.–15. September 1951, S. 36.

24 Nationaler Gedenktag am 12. September 1951 in Düsseldorf: Verteilung von Papierfähnchen für den Fackelzug

zur Demokratie abgelegt, und wir alle hoffen, daß dieses Beispiel überall in der Bundesrepublik im nächsten Jahre Nachahmer finden wird."
Regierungspräsident Baurichter mahnte alle Bundesbürger, sich zu den Grundsätzen der Demokratie zu bekennen und gelobte feierlich, *"daß ein zweites 1933 in Deutschland unmöglich sei."* Die Besatzungsmächte hingegen forderte er auf, dem deutschen Volk die Ausübung seiner vollen souveränen Staatsgewalt zu gestatten, damit es sich in die Gemeinschaft der freien Nationen einfügen könne.
Im Gegensatz zu Bundeskanzler Konrad Adenauer, der in seiner Ansprache zur Eröffnung des Festaktes im Bonner Bundeshaus kritisch anmerkte, *"daß dieser Staat zur Zeit nicht das gesamte deutsche Volk umfaßt und noch nicht tief in den Herzen aller Deutschen verankert ist"*, deutete Oberbürgermeister Gockeln die Glocken, Fahnen, Hochrufe und allgemeine Fröhlichkeit auf den Düsseldorfer Straßen als *"Glückauf für den neuen deutschen Volksstaat. (..) Düsseldorf darf stolz sein, als erste deutsche Stadt den Nationaltag als Volksfest gefeiert zu haben."*
Auch im folgenden Jahr war die Anzahl der Passanten und Teilnehmer, die dem Fackelzug und der Schlußkundgebung des "Nationalen Gedenktages" beiwohn-

ten, sehr groß. Dieser war auf den 7. September, den Tag, an dem im Jahre 1949 die konstituierenden Sitzungen von Bundestag und Bundesrat stattgefunden hatten, verschoben worden. Nahezu 200.000 Menschen versammelten sich am Rheinufer, um den Ansprachen von Ministerpräsident Arnold und Oberbürgermeister Gockeln zu lauschen, vor allem aber, um das große Feuerwerk mitzuerleben. Hatte Gockeln im zeitlich vorangegangenen städtischen Festakt, der wiederum im Düsseldorfer Landtag stattfand, vor zahlreichen Kabinettsmitgliedern, Abgeordneten, Stadtvertretern, Verwaltungsspitzen und Repräsentanten der in Düsseldorf ansässigen Konsulate den 7. September als „*Tag der Besinnung*"[513] gewürdigt, der die Menschen dazu anleiten möge, das Leid der Vergangenheit zu überwinden, nicht aber den „*geschichtlichen Grund*" der Not zu vergessen, beschränkte sich der Inhalt seiner Ansprache am Rheinufer hauptsächlich auf den Dank an die Menge für ihr zahlreiches Erscheinen. Besondere Grußworte fand er für die 20.000 in Düsseldorf lebenden Danziger, deren alljährliche Versammlung („Tag der Danziger") mit dem „Nationalen Gedenktag" zusammen gefeiert wurde. Ministerpräsident Arnold stellte in seiner Ansprache heraus, daß das deutsche Volk „*mit Stolz*" auf die Leistungen der letzten drei Jahre blicken könne. Trotz des schweren Schicksals und der vielen Nöte habe es die Bundesrepublik Deutschland und insbesondere das Land Nordrhein-Westfalen wieder zu erstaunlicher Blüte gebracht, was die Lebenskraft des deutschen Volkes eindrucksvoll unterstreiche. Hatte Gockeln die deutsche Einheit und die Zugehörigkeit Danzigs zum deutschen Staatsverband mit den Worten: „*Wir gehören zusammen und werden immer zusammen bleiben*" beschworen, beschloß Arnold seine Rede mit dem Bekenntnis zu einem freien und einigen Europa.
Standen die in Düsseldorf veranstalteten Feierlichkeiten und Ansprachen zum 1951 durchgeführten „Nationalen Gedenktag" ganz im Zeichen der Freude über die Gründung der Bundesrepublik, beließen es Gockeln und Arnold im folgenden Jahr im wesentlichen bei der Wiederholung von Allgemeinplätzen. Zwar war während der Festsitzung im Landtag betont worden, daß „*die Erziehungsaufgabe der Zukunft*" in der Hinleitung der Bürger zur demokratischen Gesinnung bestehe, was darauf hindeutet, daß noch Zweifel an der Verankerung des demokratischen Gedankenguts in der Bevölkerung gehegt wurden. In der öffentlichen Schlußkundgebung jedoch attestierten die beiden Repräsentanten der Stadt und des Landes den Düsseldorfern, auf das Erreichte stolz sein zu können und durch ihr Erscheinen Stadt, Land und Volk geehrt zu haben. Offensichtlich sollte der Eindruck vermittelt werden, als sei die Demokratisierung schon weit vorangeschritten, weshalb auf kritische Bemerkungen verzichtet wurde. Zudem erhielt die Botschaft des Feiertages durch die Zusammenlegung mit dem „Tag der Danziger" eine veränderte Bedeutung. Nicht die eventuell mangelnde demokratische Einstellung der Bundesbürger, sondern vielmehr das Schicksal der in der Sowjetzone lebenden Menschen gab Anlaß zur Klage. Um die Wirkung der Kontrastierung zwischen deren Unfreiheit und der Freiheit der Düsseldorfer nicht abzuschwächen, erschien der Hinweis auf die unheilvolle deutsche Ver-

---

[513] RP, 7. Jg., Nr. 209, 8. September 1952. Dort auch die folgenden Zitate.

gangenheit, die nicht zu vergessen Gockeln während der Festsitzung im Landtag noch gemahnt hatte, unangebracht.

Das als zögerliches Verhalten gegenüber dem befürchteten Unverständnis der Bevölkerung interpretierbare öffentliche Auftreten führender Politiker während des „Nationalen Gedenktages" ging einher mit der Tendenz, die Würdigung von Personen, die während der Zeit des Nationalsozialismus eine oppositionelle Haltung bewiesen hatten, tagespolitischen Erfordernissen unterzuordnen.
Dies hatte sich bereits zwei Jahre vorher gezeigt, als die Stadt Düsseldorf am 27. Februar 1950 eine Gedenkfeier zu Ehren Friedrich Eberts inszenierte. Der Vorschlag, den 25. Todestag des ersten deutschen Reichspräsidenten zum Anlaß einer Feier zu machen, um an die geschichtlichen Verdienste Eberts zu erinnern und die Tradition bedeutender deutscher Demokraten aufzuzeigen, war am 14. Januar 1950 von der Stadtverordnetenfraktion der SPD unterbreitet worden. Zudem beantragte die Fraktion, die bereits beschlossene Umbenennung der Kaiser-Wilhelm-Straße in „Friedrich-Ebert-Straße" am 28. Februar offiziell vorzunehmen.[514]
Nicht zuletzt, weil die Sozialdemokraten die Zusage eines geeigneten Redners für den Festvortrag vorweisen konnten – den ehemaligen Mitarbeiter Eberts, Prof. Ludwig Bergsträsser aus Darmstadt –, stimmte der Hauptausschuß dem Antrag am 30. Januar in allen Punkten einstimmig zu. Auf harsche Ablehnung stieß hingegen der Vorschlag des Stadtverordneten Karl Schabrod (KPD), den gleichnamigen Sohn des Reichspräsidenten und amtierenden Oberbürgermeister des Ostsektors von Berlin, Friedrich Ebert, zu der Feier einzuladen. *„Dieser verdiene es, wegen der unter dem Nationalsozialismus bewiesenen Haltung bei der Ehrung seines Vaters anwesend zu sein. Damit würde auch der überparteiliche Charakter der Veranstaltung besonders unterstrichen."*[515] Dieser Argumentation konnte sich die Mehrheit der Stadtverordnetenversammlung nicht anschließen. Wie das Protokoll der Sitzung wiedergibt, komme eine Einladung Eberts nicht in Frage, da *„es sich nicht um eine Veranstaltung handeln könne, auf der sich die zwischen Ost und West bestehenden politischen Gegensätze offenbaren [sollen], sondern um eine städtische Gedenkfeier, die in der Bürgerschaft die Erinnerung an den 1. Reichspräsidenten wachrufen soll."* Düsseldorf sei nicht der Ort, um den Antagonismus zwischen den beiden politischen Blöcken auszugleichen. *„Wenn eine solche Absicht bestehe, könne diese in Berlin verwirklicht werden."* Zudem sei eine solch versöhnliche Geste schon allein deswegen nicht zu vertreten, da auch *„westdeutsche Politiker im Osten nicht öffentlich auftreten können"*.
Wie die Begründung der Ablehnung durch die Mehrheit des Hauptausschusses verdeutlicht, wurde auf die Argumente Schabrods, mit denen er eine Einladung des Reichspräsidentensohnes zu rechtfertigen suchte, mit keiner Silbe eingegan-

---

[514] StAD IV 1882: Friedrich-Ebert-Feier, 27. Februar 1950; Antrag der SPD-Stadtverordnetenfraktion vom 14. Januar 1950; nicht paginiert.
[515] StAD IV 1882: Protokoll der Sitzung des Hauptausschusses vom 30. Januar 1950; nicht paginiert. Dort auch die folgenden Zitate.

gen. Daß der damalige Oberbürgermeister von Ostberlin sich gegen die Nazis gewandt hatte und deshalb erheblichen Repressalien ausgesetzt war, wurde nicht zum Gegenstand der Diskussion gemacht. Stattdessen befürchtete man, durch die Einladung eines Kommunisten aus der „Sowjetzone" – von der DDR zu sprechen war in der Bundesrepublik noch verfemt – nicht nur die offizielle Politik der Bundesregierung zu unterlaufen, sondern auch einen „würdigen" Ablauf der Gedenkfeier zu gefährden.

Auf diese Weise verlief die Gedenkstunde im geplanten Rahmen, erhielt aber dennoch durch die Anwesenheit Karl Arnolds „*ihre über die Stadt hinausragende Bedeutung*"[516]. Eröffnet wurde die im Robert-Schumann-Saal stattfindende Feier durch Beethovens Coriolan-Ouvertüre, in welcher nach Ansicht der „Rheinischen Post" „*das tragisch-unvollendete Wirken des ersten Reichspräsidenten seine Ausdeutung fand.*" Anschließend entwarf Ludwig Bergsträsser in prägnanten Worten ein idealisierendes Charakterbild Eberts, der seine politischen Grundsätze nie um taktischer Aspekte wegen verleugnet habe und deshalb als Vorbild für die Gegenwart verstanden werden müsse. Hätte Bergsträsser allerdings um die vorangegangene Auseinandersetzung über die Einladung von Friedrich Ebert (jr.) gewußt, hätte er wahrscheinlich darauf verzichtet, zu betonen, daß der Reichspräsident „*als ein weitblickender Mann die Fähigkeit besaß, sich über dogmatische Gegensätze der Parteien und der Interessengruppen zu erheben*" – eine Gabe, die viele Stadtverordneten gerade wegen ihrer politischen Dogmatik hatten vermissen lassen!

2.4. Unerwünschte Ermahnungen

Nicht alle Gedenkfeiern nahmen jedoch den von den Organisatoren vorgesehenen Verlauf. Bereits im August 1954 begann die Stadtverwaltung mit Vorbereitungen, um den im Mai 1955 anfallenden 150. Todestag Friedrich Schillers zu begehen. In einem internen Schreiben bezeichnete Oberstadtdirektor Hensel es als „*eine Verpflichtung (für die Stadt Düsseldorf), des 150. Todestages Friedrich Schillers in einer wirklich würdig erscheinenden Form zu gedenken.*"[517] Nachdem er die Vorsitzenden der Städtischen Bühnen, der Volkshochschule, der Landes- und Stadtbibliothek sowie der Volksbüchereien dazu aufgefordert hatte, „*einmal zu überlegen, welche Veranstaltungen zur Ehrung Schillers für diesen Tag in Frage kämen*", beschränkten sich diese auf den Vorschlag von geeigneten Festrednern. Genannt wurden Prof. Reinhard Buchwald, Prof. Hans Heinrich Borcherdt, Prof. Joseph Kunz, und Prof. Herbert Cysanz, die den Begründungen zufolge alle über hervorragende rhetorische Fähigkeiten verfügten und als bedeutende Schiller-Forscher bekannt waren. Der Leiter des Dumont-Lindemann-Archivs,

---

[516] RP, 5. Jg., Nr. 50, 28. Februar 1950. Dort auch die folgenden Zitate.

[517] StAD IV 5391: Kulturelle Werbung; Schiller-Feier 1955, Schreiben von OStD Hensel vom 20. August 1954 an den Generalintendanten der Städtischen Bühnen, Jetz, den Direktor der VHS, Dr. Mager, den Direktor der Landes- und Stadtbibliothek, Dr. Gießler, und den Direktor der Volksbüchereien, Dr. Dr. Peters, Bl. 80. Dort auch das folgende Zitat.

Kurt Loup, brachte Prof. Benno von Wiese ins Spiel, dessen Vortrag eine *„repräsentative Schillerfeier"*[518] garantiere.

Im Dezember 1954 hielt man in einer Sitzung der Stadtdezernenten fest, daß, *„obwohl keine historische Beziehung zu Persönlichkeit und Werk Schillers besteht"*, auch die Stadt Düsseldorf *„der Tatsache, daß im Schillerjahr 1955 in vielen Städten der Bundesrepublik Deutschland größere Veranstaltungen zum Gedenken Schillers stattfinden sollen"*[519], Rechnung tragen müsse. Neben einer repräsentativen Feier wurden ein von der VHS organisierter Vortragsabend und eine Ausstellung im Goethe-Museum als mögliche Veranstaltungen genannt.

Der Aspekt der Repräsentation stand auch in den folgenden Monaten im Mittelpunkt der Diskussionen. Da eine aus mehreren Düsseldorfer kulturellen Organisationen bestehende Arbeitsgemeinschaft, zu der unter anderen auch die Volkshochschule, das Dumont-Lindemann-Archiv und die Landes- und Stadtbibliothek gehörten, eine gesonderte Schiller-Feier plante, für die Gustaf Gründgens als Rezitator gewonnen werden konnte,[520] teilte der Kulturdezernent Erwin Menken im März 1955 resignativ fest, daß *„eine weitere repräsentative Schiller-Feier in Düsseldorf mit keiner Resonanz rechnen"*[521] könne. Um einen Reinfall zu vermeiden, veranlaßte das Amt für Kulturelle Angelegenheiten Oberbürgermeister Gockeln, offiziell zu der in städtischer Regie veranstalteten Feier einzuladen, *„weil die Veranstaltung besonders repräsentativ werden muß."*[522] Allerdings, so forderte der Leiter des Städtischen Kulturamtes, Voß, den Kulturdezernenten Menken im April 1955 auf, müsse *„sichergestellt werden, daß nicht Herr Dr. Mager* [dies war der Direktor der VHS, F.W.] *seine Schiller-Feier ähnlich repräsentativ gestalten will, denn der Oberbürgermeister kann nur einmal zu einer städtischen Feier einladen."* Um die Veranstaltung *„ehrenvoller"*[523] zu gestalten, wurde zudem auf die ursprünglich vorgesehene Überschrift des Festprogramms verzichtet, der zufolge die Schiller-Feier als „Feierstunde für die Jugend" angekündigt werden sollte.

Als Festredner engagierte die Stadtverwaltung auf Wunsch des mittlerweile als nordrhein-westfälischer Kultusminister fungierenden Werner Schütz den Dichter Fritz von Unruh, der 1948 mit dem Goethe-Preis der Stadt Frankfurt ausgezeichnet worden war und als begnadeter Rhetoriker auch die geeignete Persönlichkeit zu sein schien, das Werk Schillers gebührend zu würdigen. Dessen Vortrag kam umso größere Bedeutung zu, als Schütz die Aufforderung von Oberstadtdirektor Hensel, die einleitenden Worte zu sprechen, erst drei Tage vor der

---

[518] StAD IV 5391: Schreiben von Kurt Loup an das Amt für Kulturelle Angelegenheiten vom 4. Oktober 1954, Bl. 86.
[519] StAD IV 5391: Niederschrift einer Dezernatsbesprechung vom 14. Dezember 1954, Bl. 92.
[520] Diese Feier fand am 17. Mai 1955 im Robert-Schumann-Saal statt.
[521] StAD IV 5391: Interne Mitteilung von Menken am 26. März 1955, Bl. 94.
[522] StAD IV 5391: Schreiben von Voß an Menken vom 27. April 1955, Bl. 101. Dort auch das folgende Zitat.
[523] StAD IV 5391: Nachträglich von OStD Hensel in einem Schreiben vom 11. Mai 1955 an den Beigeordneten Friedrich Kottje abgegebene Erklärung für die Programmänderung, Bl. 135.

Feier erhielt, dieser aber wegen einer dringenden Besprechung in Ostwestfalen nicht nachkommen konnte.[524]

Wie sich jedoch am Abend des 9. Mai 1955 im gut gefüllten Robert-Schumann-Saal zeigen sollte, nahm von Unruh das Werk Schillers zum Anlaß, um sich äußerst kritisch mit der deutschen Geschichte und Gegenwart auseinanderzusetzen. Bezugnehmend auf die kurzfristig erfolgte Änderung des Festprogramms und die daraus resultierende fehlende Anwesenheit der Düsseldorfer Jugend, vermutete der Dichter, daß *„ein Wirbel der Angst entstanden* [sei] *vor dem, was ich eventuell sagen könnte.*[525]

> *Sind wir schon wieder da angelangt, daß einer wie ich, dessen Bücher das Hitler-Regime verbrannte, in der demokratisch-schwarzrotgoldenen Bundesrepublik Deutschland nicht mehr zu der Jugend sprechen darf? Ich stelle daher meine Rede jetzt unter das Motto: Sire, geben Sie Gedankenfreiheit!"*

Seinem Namen alle Ehre machend, übertrug von Unruh Schillers Diktum, daß es alleine an den Menschen liege, *„ob wir Freiheit zeugen oder Sklaven in uns selber"*[526], auf die deutsche Vergangenheit und konstatierte einen negativen Befund. Schon Bismarck habe sich eindeutig gegen die Demokratie gewandt und die Kaisererhebung Wilhelm des Zweiten sei die *„Abdankung freier Männer"* gewesen. Nichts sei jedoch vergleichbar mit den Greueltaten des 20. Jahrhunderts, diesem *„bluttriefenden Säkulum"*, das bei jedem freiheitsliebenden Menschen Ekel hervorrufen müsse. Statt jedoch aus der Geschichte Konsequenzen zu ziehen, werde das *„erhabene Wort Freiheit"* schon wieder mißbraucht, *„um zu neuen Kreuzzügen um Länderfetzen, Ölquellen und Weltbeherrschungsplänen aufzurufen."*[527] Eindringlich warnte von Unruh vor jenen, *„die beim Bier und mit Dauerzigarre im Mund von Freiheit und Vaterland sprechen"*[528], in Wirklichkeit hingegen die Jugend zu Militarismus und Obrigkeitshörigkeit erziehen wollten.

Unruhs Rede, die mit einem dreifachen an die deutsche Jugend gerichteten „Wehe" endete, sich nicht vor den Karren der Kriegstreiber spannen zu lassen, rief lebhafte Reaktionen hervor, wenn auch nicht jene, die von den Stadtvätern erhofft worden waren. *„Aus Protest gegen Unruhs einseitige Deutung der Geschichte"*[529], wie die „Rheinische Post" kommentierte, verließen die ersten Zuhörer bereits nach der Verdammung der beiden Weltkriege demonstrativ den Saal. Bis zum Ende der Ansprache hatte von Unruh rund 200 Gäste zum vorzei-

---

[524] StAD IV 5391: Schreiben von Schütz an Menken (Abschrift an Gockeln und Hensel) vom 7. Mai 1955, Bl. 128.
[525] NRZ vom 11. Mai 1955 (zit. nach: StAD IV 5391, Presseausschnittsammlung). Dort auch das folgende Zitat.
[526] RP, 10. Jg., Nr. 109, 11. Mai 1955. Dort auch die folgenden Zitate.
[527] NRZ vom 11. Mai 1955 (zit. nach: StAD IV 5391, Presseausschnittsammlung).
[528] Freies Volk vom 11. Mai 1955 (zit. nach: StAD IV 5391, Presseausschnittsammlung).
[529] RP, 10. Jg., Nr. 109, 11. Mai 1955.

tigen Aufbruch bewogen. Während die kommunistische Tageszeitung „Freies Volk" die Äußerungen des Dichters guthieß[530] und die „Düsseldorfer Nachrichten" angesichts des persönlichen Schicksals von Unruhs Verständnis für den flammenden Aufruf gegen Krieg und Wiederbewaffnung zeigten[531], kritisierte die „Rheinische Post", daß die Rede *„alle harmonisch ebnenden, ausgleichenden und diplomatischen Worte mied"*[532]. Selbst die abschließend gesprochenen Worte der Beschwichtigung durch Oberbürgermeister Gockeln, der dem Dichter – welcher von den Nazis im französischen Exil verhaftet wurde und nach gelungener Flucht aus dem Konzentrationslager in die USA übergesiedelt war – zugute hielt, seine kompromißlosen Ausführungen in Wort und Leben glaubhaft gemacht zu haben, beantworteten für die „Rheinische Post" nicht schlüssig die Frage, *„ob Fritz von Unruh der berufene Sprecher für diese Feier gewesen sei"*.

Nicht nur in der Düsseldorfer Presse jedoch gaben die Äußerungen von Unruhs Anlaß zu Diskussionen. In einem an den Beigeordneten Friedrich Kottje gerichteten Schreiben vom 11. Mai 1955 resümierte Oberstadtdirektor Hensel, daß von Unruh sich aufgrund eines Irrtums verrannt habe. Die Düsseldorfer Jugend sei nicht „aus Angst" vor des Dichters Worten nicht eingeladen worden, sondern allein aus dem Grunde, die Schillerfeier in der Öffentlichkeit nicht als Schülerfeier erscheinen zu lassen. Zwar seien sich die Organisatoren der Feier darüber im Klaren gewesen, *„dass gerade die Stadt Düsseldorf sich ihrer Legitimation für ihre Heine-Feiern begeben würde, wenn sie nicht den Mut hätte, das (..) Wort des Feuerkopfes Unruh anzuhören"*, doch sei nicht zu bestreiten, *„dass durch eine unglückliche Verkettung von Umständen"* – zu der auch das Nichterscheinen von Kultusminister Schütz gehörte – *„Missverständnisse aufgekommen sind und dass das Gewicht der Feier darunter gelitten hat."*[533]

Ganz offensichtlich waren die Hoffnungen der Stadt, mit der Durchführung einer repräsentativen Feierstunde zum Gedenken an Friedrich Schiller dem guten Ruf Düsseldorfs Rechnung tragen zu können, enttäuscht worden. Statt auf die erwartete positive öffentliche Resonanz stieß der Verlauf der Düsseldorfer Schillerfeier in den Schlagzeilen und Berichten der überregionalen Zeitungen vornehmlich auf Unverständnis. Gemäß des allgemeinen Echos in der „Frankfurter Allgemeinen Zeitung", der „Welt" und der „Deutschen Zeitung" hätte mit der verbitterten und unversöhnlichen Rede von Unruhs gerechnet werden können, da dieser in den letzten zehn Jahren für keines seiner Bücher einen Verleger gefunden habe und sich von der Kritik ungerecht behandelt fühle.[534] Schwerer als das Versäumnis, den Poeten Schiller nicht gebührend geehrt zu haben, wog jedoch – wie auch die „Rheinische Post" rügte – die nur wenig versteckt angedeutete Behauptung von Unruhs, der zufolge es den Deutschen und insbesondere den deutschen Politikern an demokratischer Gesinnung und Freiheitsliebe mangele.

---

[530] Vgl. Freies Volk vom 11. Mai 1955 (StAD IV 5391, Presseausschnittsammlung).
[531] Vgl. DN vom 10. Mai 1955 (StAD IV 5391, Presseausschnittsammlung).
[532] RP, 10. Jg., Nr. 109, 11. Mai 1955. Dort auch das folgende Zitat.
[533] StAD IV 5391: Schreiben von OStD Hensel an den Beigeordneten Kottje vom 11. Mai 1955, Bl. 137.
[534] Vgl. StAD IV 5391: Presseausschnittsammlung.

Doch dokumentierte allein der ernüchternde Besucherzuspruch bei einer am 10. Juli 1955 veranstalteten Feier, in der die Stadt Düsseldorf der zehnjährigen Wiederkehr jenes Tages gedachte, an dem die erste Gemeindevertretung bestellt worden war, daß von Unruhs Fingerzeig nicht völlig aus der Luft gegriffen war. Am 10. Juli 1945 hatten – wie bereits geschildert – die Mitglieder des im Auftrag der britischen Militärregierung gebildeten „Vertrauensausschusses" im Sitzungssaal des Rheinbahnhauses an der Wilhelmstraße ihre erste Sitzung abgehalten, die zur Geburtsstunde der kommunalen Selbstverwaltung nach 1945 avancierte. Um den Düsseldorfern die Bedeutung dieses Ereignisses vor Augen zu führen, beschloß die Ältestenratssitzung der Stadt am 16. April 1955, dem Tag, an dem die Düsseldorfer des Schicksals von Franz Jürgens und seiner Mitstreiter gedachten, am 10. Juli 1955 eine öffentliche Gedenkstunde im Robert-Schumann-Saal zu veranstalten.[535]

Statt des erwarteten hohen Andrangs war der rund 1.000 Menschen Platz bietende Saal aber am Tag der Feierstunde zur „*bitteren Enttäuschung*"[536] Oberbürgermeister Gockelns nicht einmal zur Hälfte gefüllt. Unter Berücksichtigung der anwesenden Vertreter der Kirchen, der Stadtverwaltung, zahlreicher Prominenter des kulturellen Bereichs sowie der nahezu vollständig erschienenen Ratsherren ging das Interesse der Düsseldorfer Bevölkerung gegen Null.

Angesichts dieser nicht zu verhehlenden Gleichgültigkeit der Bürger gegenüber der Geschichte der Stadt, muteten die Begrüßungsworte Gockelns, mit denen er sein enges Verhältnis zur Notwendigkeit historischen Verständnisses zum Ausdruck brachte, geradezu niederschmetternd an: „*Wenn wir heute diese Gedenkstunde begehen*", so führte er aus, „*so ist sie im Hinblick auf den Anfang der neuen politischen Arbeit nicht denkbar, ohne das zu sehen, was war, ohne die Bedingungen erneut zu erkennen und vor sich zu haben, unter denen diese Arbeit begann.*

> *Solche Tage in die Erinnerung zurückzurufen ist notwendig, damit der Vorgang selbst sichtbar wird und im Bewußtsein lebendig bleibt, das heißt mit anderen Worten, daß die Geschichtlichkeit eines solchen Vorganges nicht untergeht.*"[537]

Zur Untermauerung seiner Botschaft, allein durch die Erinnerung an die Vergangenheit die relative Sorgenlosigkeit der Gegenwart würdigen zu können, stellte der Oberbürgermeister die beiden Schicksalsdaten der jüngeren deutschen Geschichte, den 30. Januar 1933 und den 8. Mai 1945, diametral gegenüber und schilderte die von allen Mitgliedern des Vertrauensausschusses geteilte Überzeugung, daß mit dem Tag der deutschen Kapitulation „*die Geschichte wieder anknüpfen*

---

[535] StAD XXIII 291: Zusammentritt der ersten Stadtvertretung am 10. Juni 1945; Feierstunde aus Anlaß der Wiederkehr des Tages, an dem vor 10 Jahren die erste Gemeindevertretung nach dem Zusammenbruch bestellt wurde, Beschluß der Ältestenratssitzung vom 16. April 1955; nicht paginiert.
[536] NRZ, 11. Jg., Nr. 158, 11. Juli 1955.
[537] StAD XXIII 291: Abdruck der Festreden (geheftet), S. 1. Dort auch das folgende Zitat.

würde an eine Ordnung der Freiheit, daß sich die Prinzipien eines freiheitlichen politischen Lebens wieder Geltung verschaffen und somit zur Neugestaltung unseres Volkes fähig sein würden."

Weitaus geringeren appellativen Charakter als die Ansprache Gockelns hatten die Ausführungen von Bürgermeister Georg Glock, der die eigentliche Festrede hielt. Nüchtern, ja *„leidenschaftslos"*[538] erfüllte Glock die Pflicht des ehrlichen Chronisten und trug – beinahe wörtlich! – den von Stadtarchivdirektor Dr. Paul Kauhausen im Auftrag von Oberstadtdirektor Hensel[539] angefertigten Bericht über die Situation und die Ereignisse des Sommers 1945 vor. Er schilderte, wie die Stadt von den Amerikanern besetzt wurde, zitierte ausführlich aus dem Protokoll der ersten Sitzung des Vertrauensausschusses und beschrieb, mit welchen Schwierigkeiten die Stadtverwaltung angesichts der Lebensmittelknappheit, Wohnungsnot sowie des Zerstörungsgrades der Stadt zu kämpfen hatte.

Auf weitaus lebhaftere Aufmerksamkeit als die Rede Glocks, die so ruhig wie *„plätscherndes Wasser"*[540] dahinfloß, stießen die ergänzenden Äußerungen Oberbürgermeister Gockelns, der außerplanmäßig noch einmal das Wort ergriff. Erneut wies er darauf hin, daß der 10. Juli 1945 nicht isoliert vom 16. April betrachtet werden könne, an dem fünf Düsseldorfer Bürger *„für die Freiheit der Stadt ihr Leben hingaben."* Nun sei es aber so, daß das Andenken dieser Männer ausgerechnet durch einen jener Beteiligten geschändet werde, die für ihre Hinrichtung verantwortlich waren: *„Es ist der ehemalige ‚Gauleiter' Karl-Friedrich Florian. (Hört!-Hört!-Rufe.)"* Wie Gockeln im Folgenden ausführte, hatte Florian es in einem Brief an den Oberbürgermeister als unwahr bezeichnet, daß er versucht hätte, seiner Verhaftung durch Flucht zu entgehen und – was Gockeln in wahre Rage versetzte – daß die Hinrichtung der fünf Männer ein Verbrechen gewesen sei. Da Florian diese Behauptungen gleichzeitig der Düsseldorfer Öffentlichkeit durch vielfältigen Versand seines Schreibens zugänglich gemacht hatte, sah sich der Oberbürgermeister zu einer grundsätzlichen Stellungnahme aufgefordert. Erstens sei in dem gegen den ehemaligen Gauleiter geführten Prozeß bewiesen worden, daß Florian sich mit gefälschten Papieren der Verantwortung zu entziehen suchte, in einem Krankenhaus jedoch identifiziert wurde, und zweitens könne die unter schwersten Gewissenskonflikten getroffene Entscheidung, den Gehorsam *„gegenüber einem Staat, der keine Autorität besaß"*, zu verweigern, um das Leben der Düsseldorfer zu retten, schlechterdings nicht als „Meuterei" bezeichnet werden.

---

[538] NRZ, 11. Jg., Nr. 158, 11. Juli 1955.

[539] StAD XXIII 291: Nicht datierte Bitte von OStD Hensel an Stadtarchivdirektor Kauhausen, einen Bericht über die Zeit nach dem Zusammenbruch und die Bildung des Vertrauensausschusses unter Verwendung authentischer Unterlagen in den wichtigsten Grundzügen anzufertigen. Diesen Bericht schickte Kauhausen am 20. Mai 1955 an Hensel; nicht paginiert.

[540] Diese Einschätzung stammt nicht etwa von einem scharfzüngigen Journalisten, sondern von Oberbürgermeister Gockeln, der damit zwar treffend die Trägheit der Glock'schen Rede umschrieb, jedoch andeuten wollte, daß die frühe Nachkriegszeit bei weitem nicht so ruhig verlief, wie die ausgewogenen Worte Glocks vermuten ließen. StAD XXIII 291: Abdruck der Festreden (geheftet), S. 5. Die folgenden Zitate: ebd., S. 6/7.

"Eine solche Deutung müssen wir im Namen unserer Stadt und auch im Namen dieser Toten schärfstens zurückweisen. (...). Herr Florian mutet uns zu, unser eigenes Erlebnis, unser eigenes Wissen, unsere eigenen Einsichten einfach außer Acht zu lassen, um einen ehemaligen ‚Reichsverteidigungskommissar' im Jahre 1955 als einen harmlosen, rechtschaffenen Bürger erscheinen zu lassen. Nein, es wird ihm nicht gelingen, sich von der Anklagebank zu entfernen, auf die er durch die Geschichte gestellt ist! Wir haben kein formales Recht hier, aber die Geschichte selbst liefert die Zeugen und die Beweismittel für das, was geschehen ist."

Demonstrativ wie selten zuvor erteilte Gockeln in seinen beiden Reden jeder Geschichtsklitterei eine klare Absage. Die Düsseldorfer Bürger müßten ihre Vergangenheit so annehmen, wie sie war, und die Jahre der Not und der Entbehrungen *„auch in Stunden des Wohlstandes, des Gewöhnens und des selbstverständlich Gewordenen nicht übersehen."* Allerdings drang diese Aufforderung nur an das Ohr einer Minderheit. Wie bei anderen offiziellen (!) Gedenkfeiern, von denen die Zahl der Anwesenden überliefert ist, so etwa bei den Feierlichkeiten zum Jubiläum der 1848er-Revolution oder den jährlichen Gedenkstunden zur Erinnerung an die Reichspogromnacht, waren das Interesse und die Bereitschaft, sich mit der Vergangenheit – mit der man entweder nichts zu tun hatte oder aber nichts zu tun haben wollte – zu beschäftigen, nur sehr begrenzt. Im Gegensatz zur hohen Beteiligung bei der „Kriegsgefangenengedenkwoche", der Einweihung des Hochkreuzes auf dem Südfriedhof und den „Tagen der Danziger", bei denen die „eigenen" Toten und Nöte beklagt sowie Forderungen gegen die ehemaligen Kriegsgegner erhoben wurden, verfielen jene Gedenkfeiern, in denen an die demokratische Gesinnung appelliert oder zur Trauer über die Ermordeten des Nazi-Regimes aufgerufen wurde, der mehrheitlichen Nichtbeachtung. Von dieser Einschätzung sind auch der „Nationale Gedenktag" und – wie im Folgenden zu sehen sein wird – die „Pariser Woche" nur bedingt auszunehmen. Zwar bekundeten die Redner bei diesen Veranstaltungen vor mehreren tausend Teilnehmern sowohl ihre Abscheu vor dem Krieg, die Notwendigkeit der gesellschaftlichen Demokratisierung sowie den Willen, sich mit allen Kräften für die Verwirklichung eines einheitlichen Europas einzusetzen. Doch wiesen die Inhalte der Ansprachen nur zum Teil in die Vergangenheit. Im Mittelpunkt stand der Blick in die Zukunft. Die Leistungen der jungen Republik zusammenfassend, wurden die unbestreitbar vorhandenen Defizite der Vergangenheitsbewältigung nur am Rande behandelt oder – wie während des 1952 durchgeführten „Nationalen Gedenktages" geschehen – ausschließlich im geschlossenen Kreis angeführt. Zudem darf nicht übersehen werden, daß der Zuspruch für den „Nationalen Gedenktag" und die „Pariser Woche" nicht zuletzt auf das reichhaltige Rahmenprogramm zurückzuführen ist. Genauso wie bei den großen Volksfesten dürften Feuerwerke, musikalische Umzüge und sportliche Vorführungen mehr Schaulustige angelockt haben als die vorhergehenden bzw. sich anschließenden Ansprachen der Politiker.

Konnte bereits während der Besatzungszeit eine gewisse Gedenkmüdigkeit, wenn nicht sogar Erinnerungsabwehr festgestellt werden, verwundert es nicht, wenn in der Mitte der 50er Jahre – als die ersten positiven Auswirkungen des „Wirtschaftswunders" deutlich zu verspüren waren – die Gegenwart einen weitaus höheren Stellenwert besaß als die Vergangenheit. Während die Schützen- und Heimatvereine sich angesichts der als bedrohlich empfundenen „Moderne" zu einer lebensfremden, unreflektierten Glorifizierung alles Alten verleiten ließen, deutete der Großteil der Düsseldorfer den rapiden Aufschwung der Stadt in nahezu allen Lebensbereichen als Beweis wiedergewonnener Größe. In Anbetracht dieser Sachlage hielt es nur noch eine Minderheit für wichtig – und richtig! –, sich mit der jüngsten Historie auseinanderzusetzen. Vielmehr empfanden viele Menschen das Bedürfnis, auf das, was sie in den letzten zehn Jahren wiederaufgebaut und geleistet hatten, ohne Schamgefühl oder Bescheidenheit stolz sein zu können. Mit der Durchführung der „Hollandwoche" im Jahre 1952 sowie der „Pariser Woche" im Jahre 1955 bemühten sich die Stadtväter eindrucksvoll unter Beweis zu stellen, daß die Düsseldorfer sehr wohl aus den Schrecken der Vergangenheit gelernt hatten und den benachbarten Staaten die Hand zur Versöhnung reichten. In den Zustand eines kollektiven Glücksgefühles versetzte die Düsseldorfer und die gesamte deutsche Bevölkerung aber nicht die Verbrüderung mit den ehemaligen Kriegsgegnern, sondern der Ausgang der 1954 stattgefundenen Fußballweltmeisterschaft, welche die deutsche Mannschaft völlig überraschend gewann.

2.5. Das Bekenntnis zu Europa und der Wunsch nach internationaler Gleichberechtigung

Aus der Überzeugung heraus, daß *„das Fehlen einer persönlichen Fühlungnahme"* und der *„mangelnde Erfahrungsaustausch von Mensch zu Mensch die latenten Spannungen im zwischenstaatlichen Zusammenleben"*[541] bedinge, organisierte die Stadt Düsseldorf in Zusammenarbeit mit dem in Düsseldorf ansässigen Generalkonsulat der Niederlande vom 25. Oktober bis zum 2. November 1952 eine „Hollandwoche", welche die Herstellung eines freundschaftlichen und nachbarschaftlichen Verhältnisses zwischen Deutschland und den Niederlanden fördern sollte.[542] Nach der feierlichen Eröffnungsveranstaltung im Kongreßsaal des Ehrenhofs, bei der Oberbürgermeister Gockeln und der Generalkonsul der Niederlande, Dr. A. Sevenster, betonten, die bereits auf wirtschaftlicher und kultureller Ebene vorhandenen deutsch-niederländischen Beziehungen zu vertiefen, empfing die Stadt Düsseldorf nacheinander die offiziellen Delegationen der Städte Rotterdam, Maastricht, Amsterdam und Arnheim, denen in Stadtrundfahrten, Vorträgen und Museumsführungen die Geschichte und Gegenwart der „Stadt an der Düssel" näher gebracht wurde. Zum Abschluß der Woche, die von

---

[541] Wochenspiegel, 5. Jg., Nr. 20, 16.–31. Oktober 1952, S. 3.
[542] StAD IV 3467: Hollandwoche 1952; Ergebnis einer vorbereitenden Besprechung vom 20. Juni 1952; nicht paginiert.

allen Beteiligten als voller Erfolg gewertet wurde, versammelten sich deutsche und niederländische Jugendliche ebenfalls im Kongreßsaal des Ehrenhofs zu einer Kundgebung, in welcher der deutsche Jugendvertreter herausstellte, *„daß die deutsche Jugend aus den furchtbaren Ereignissen der Vergangenheit gelernt hat und heute von dem Gedanken einer echten Verständigung gerade mit der holländischen Jugend beseelt ist."*[543]

Noch größeren Beifall als die „Hollandwoche" erhielt die vom 24. bis zum 30. April 1955 gleichfalls in der nordrhein-westfälischen Landeshauptstadt durchgeführte „Pariser Woche". Aufgemuntert durch die positiven Reaktionen auf die „Hollandwoche" und gleichsam als Untermauerung der durch die Unterzeichnung des deutsch-französischen Kulturabkommens am 24. Oktober 1954 zum Ausdruck gebrachten Annäherung zwischen Deutschland und Frankreich, initiierte die Stadt Düsseldorf die Veranstaltung einer weiteren „Auslandswoche", die zum einen die Verbundenheit zwischen der Rhein- und der Seinemetropole und zum anderen die europäische Bedeutung der deutsch-französischen Kooperation dokumentieren sollte.

Trotz ungewohnter Kühle und Regens fand das am Sonntag, den 24. April 1955, um die Mittagszeit vor dem Düsseldorfer Landtag vorgenommene feierliche Hissen der National- und Stadtflaggen vor mehreren tausend Menschen statt, die unmittelbar zuvor einen von Düsseldorfer Radschlägern angeführten Marsch der Pariser und der Düsseldorfer Polizeikapelle durch die Stadt begleitet hatten.[544] Diesem öffentlichen Schauspiel war die eigentliche Eröffnung der „Pariser Woche" im Plenarsaal des Landtages vorausgegangen. Nach Begrüßung der zahlreichen Ehrengäste, unter denen sich Ministerpräsident Arnold, Bundesinnenminister Dr. Gerhard Schröder (CDU) sowie der Bundesminister für Ernährung, Landwirtschaft und Forsten, Heinrich Lübke (CDU), befanden, würdigte Oberbürgermeister Gockeln die Schönheit und die Aufgeschlossenheit der Stadt Paris, deren Verbundenheit mit Düsseldorf sich bereits durch die von Napoleon getroffene Charakteristik der rheinischen Stadt als „Klein-Paris" offenbare. Jedoch müsse die Botschaft der „Pariser Woche" weit über den kommunalen Raum hinauswirken. Die eigentliche Aufgabe der zahlreichen Veranstaltungen der kommenden Woche sei es, den *„Wille*[n] *zum Gemeinsamen und die Bereitschaft zum Austausch"* als *„elementare*[n] *Ausdruck der Sehnsucht unserer Völker"*[545] zur Geltung zu bringen. Abseits jeder nationalen Engstirnigkeit müsse das Beispiel gegeben werden, daß der Glaube an die Ideale der Menschheit allen Bürgern *„die Pflicht auferlege, dem Guten zu dienen"* und gemeinsam die Zukunft zu gestalten.

Diesen beschwörenden Worten schloß sich der Präsident des Rates der Stadt Paris, Bernard Lafay, begeistert an und ergänzte, daß die Wiederherstellung der deutsch-französischen Freundschaft nicht nur *„ein Friedenspfand für unsere beiden Völker und für ganz Europa"* darstelle, sondern darüber hinaus *„ein kategorischer Imperativ der Vernunft"* sei.

---

[543] Wochenspiegel, 5. Jg., Nr. 20, 16.-31. Oktober 1952, S. 5.
[544] Vgl. RP, 10. Jg., Nr. 95, 25. April 1955.
[545] Das Tor, 21. Jg., Nr. 6, Juni 1955, S. 113. Die folgenden Zitate: ebd., S. 114/115.

25 Eröffnung der Pariser Woche am 24. April 1955 vor dem Landtagsgebäude
(1. Reihe von links: Bernard Lafay, André François-Poncet, Josef Gockeln; 2. Reihe von links: Fritz Vomfelde, Leonhard Ingenhut, Reiner Rausch, Gerhard Schröder, Karl Arnold, Georg Glock, Heinrich Lübke. Hinter Rausch: Walther Hensel)

Auch der französische Hohe Kommissar, André François-Poncet, bezeichnete eine Einigung Europas ohne die Aussöhnung zwischen Deutschland und Frankreich als unmöglich:

> „Deutsche und Franzosen müssen einander kennenlernen. (...). Vor allem muß die heranwachsende Generation mit einem neuen Geist erfüllt werden. Die europäische Union muß aus dem deutschen und französischen Volke getragen werden."[546]

Die zweite, im eigentlichen Sinne als „Festakt" oder „Feierstunde" zu bezeichnende Veranstaltung innerhalb der „Pariser Woche", in deren Verlauf im Kunstmuseum eine Ausstellung über das „Stadtbild und Leben" von Paris eröffnet wurde, Theater- und Filmaufführungen, Kammerkonzerte, Fabrik-Besichtigungen und zwei internationale Galopprennen in Grafenberg stattfanden,[547] vollzog sich am Abend des 26. Aprils in den Räumen des Düsseldorfer Malkastens. Dieses Mal hatten sich die geladenen Gäste aus Anlaß einer Feier zu Ehren Heinrich Heines zusammengefunden, bei der abermals André François-Poncet die Festrede hielt. In ausführlichen Worten schilderte François-Poncet die Biographie und die innere Zerissenheit Heines sowie die zahllosen Anfeindungen und

---

[546] RP, 10. Jg., Nr. 95, 25. April 1955.
[547] Vgl. Wochenspiegel, 8. Jg., Nr. 8, 16.–30. April 1955, S. 7/8 (Programm der „Pariser Woche").

Diffamierungen, denen er Zeit seines Lebens und bis in die Gegenwart hinein ausgesetzt war. Mit zahlreichen Zitaten des Dichters gelang es dem Hohen Kommissar, die Empfindsamkeit, aber auch die bitterböse Ironie der Heine'schen Lyrik und Prosa zu verdeutlichen. Im Zentrum des Vortrages stand jedoch ganz im Sinne der „Pariser Woche" das politische Hauptanliegen Heines – der, abgesehen von einigen Reisen, von 1831 bis zu seinem Tode im Jahre 1856 in Paris lebte –, einen Ausgleich zwischen Deutschland und Frankreich anzubahnen:

> *„Vor einem allerdings verblaßt alles, was gegen Heine gesagt werden kann, und das spricht für ihn, das ist der Grund, warum wir ihm heute huldigen. Er war in seiner Zeit der große Deuter und wollte der große Vermittler sein zwischen den beiden Völkern. Er ahnte, daß ein junges Europa im Entstehen war, er wußte, daß es solange keinen Frieden, keine offene breite Straße zu diesen neuen Zeiten, die er als Vision sah, geben würde, solange Franzosen und Deutsche nicht einander nahe und in guter Nachbarschaft leben würden."*[548]

Fast exakt die gleiche Deutung des Wirkens und Wollens Heines, die mit der an Franzosen und Deutsche gerichteten Aufforderung schloß, sich im Sinne des Dichters zu vereinigen, hatte François-Poncet bereits zwei Jahre zuvor deklamiert.

Am 16. Mai 1953 nämlich war „*endlich*"[549], wie Oberbürgermeister Gockeln stellvertretend für die Mehrheit der Düsseldorfer Bevölkerung ausrief, ein Denkmal zu Ehren Heines feierlich enthüllt worden. Nach erneut längeren Auseinandersetzungen um die Finanzierung und einen geeigneten Ort für die Aufstellung des Denkmals entschied sich die Stadt schließlich, die bereits 1947 geplante Heine-Gedenkstätte auf dem Napoleonsberg im Hofgarten zu errichten. Das eigentliche Heine-Denkmal, welches der Stadt vom „Kunstverein für die Rheinlande und Westfalen" als Schenkung überreicht wurde, war die ausdrücklich als Erinnerung an den Poeten angefertigte letzte Arbeit des französischen Bildhauers Aristide Maillol. Die bronzene Figur, die auf einer kalksteinernen Plattform ruht, zeigt die Gestalt eines jungen Mädchens und trägt den Namen „Harmonie". In die Stirnseite des Steinsockels ist ein von dem Düsseldorfer Künstler Ivo Beucker geschaffenes Bronzerelief mit dem Bildnis Heinrich Heines eingelassen.[550]

Neben François-Poncet, der Heine in beredten Formulierungen als Künder des europäischen Gedankens, aber auch der europäischen Katastrophen des 20. Jahrhunderts charakterisierte und an die Anwesenden appellierte, über die *„Herstellung einer deutsch-französischen Harmonie (..) ein liberales, demokratisches und friedfertiges Europa zu gestalten"*[551], hielten Oberbürgermeister Gockeln

---

[548] Das Tor, 21. Jg., Nr. 6, Juni 1955, S. 111 (Der gesamte von François-Poncet im Malkasten gehaltene Vortrag ist abgedruckt auf den Seiten 102–112).
[549] Das Tor, 19. Jg., Nr. 7, Juli 1953, S. 110.
[550] Vgl. Maes/Houben, Düsseldorf in Stein und Bronze, S. 90–92.
[551] Das Tor, 19. Jg., Nr. 7, Juli 1953, S. 111.

26 Die 1953 eingeweihte Heine-Gedenkstätte auf dem Napoleonsberg

und der in Bern lehrende Literaturwissenschaftler Prof. Fritz Strich die Festreden.
Während Gockeln sich nachhaltig gegen die Verfemung Heines als Jude aussprach und die Hoffnung zum Ausdruck brachte, *„daß diese Stunde endlich die Übereinstimmung und auch den Frieden nach einem jahrzehntelangen Kampf um die gebührende Ehrung dieses Sohnes unserer Stadt bringen möge"*[552], stellte Strich den Dichter als Messias dar, der *„stellvertretend gleichsam die Schmerzen Europas auf sich genommen"* habe und beharrlich für die *„Gründung der menschlichen Gesellschaft auf den Säulen der Freiheit und der Gerechtigkeit"*[553] eingetreten sei. Dadurch, daß die Anwesenden bekundeten, die von Heine verkündete *„Vision einer menschheitlichen, einer Völker-Harmonie"* mit allen Kräften in die Tat umsetzen zu wollen, erhalte die Feierstunde eine geradezu universelle Tragweite:

---

[552] Ebd., S. 110.
[553] StAD XXIII 272: Heinrich-Heine-Denkmal; Festrede von Prof. Strich; nicht paginiert. Dort auch die folgenden Zitate.

> „Die Feier diese Stunde wird wie ein flammendes Zeichen wiedererwachender Humanität von der Welt gesehen und wie ein Glockenschlag des Friedens von ihr gehört werden."

Mit der Ehrung Heines, dem „mutigen Vorkämpfer"[554] für ein im Geiste der Demokratie geeintes Europa, und der Veranstaltung der „Holland"- sowie der „Pariser Woche", an die sich in den darauffolgenden Jahren die „Belgische Woche" (1956), die „Schweizer Woche" (1957), die „Schwedische Woche" (1958) und die „Österreich-Woche" (1959) anschlossen, wurde die Stadt Düsseldorf nicht nur ihrem Beinamen als „Tochter Europas" gerecht. Der eindrucksvoll bekundete Wille, mit den Städten und Ländern (West)Europas ein friedliches und freundschaftliches Verhältnis zu führen, schloß auch – wie insbesondere während der „Holland-Woche" artikuliert wurde – die Einsicht mit ein, nur über die Aufarbeitung der deutschen Vergangenheit glaubwürdig in der Öffentlichkeit auftreten zu können. Die bereits 1946 von Hanns Kralik beschworene und von André François-Poncet während der „Pariser Woche" wiederholte Notwendigkeit einer neuen geistigen Ordnung fand durch die Durchführung der völkerversöhnenden „Auslandswochen" ihre augenfälligste Verwirklichung. Von den Zeitgenossen wurde die Veranstaltung der „Pariser Woche", welche entsprechend einem von Bundeskanzler Konrad Adenauer an Oberbürgermeister Josef Gockeln gerichteten Telegramm „aus dem Rahmen des lokalen Anlasses (..) zu einem Ereignis von internationaler Bedeutung (herausgewachsen)"[555] war, als bedeutsames Zeichen einer neuen Epoche gewertet, als „Versöhnungsfest"[556], dessen Versuch, „eine beständige Atmosphäre gegenseitigen Vertrauens und friedlicher Nachbarschaft zu schaffen"[557], als gelungen bezeichnet wurde.

Vergleicht man jedoch die vor allem von den Repräsentanten des öffentlichen Lebens und der lokalen wie überregionalen Presse zum Ausdruck gebrachte Freude über den harmonischen Verlauf der „Hollandwoche" und der „Pariser Woche" mit der geradezu rauschhafte Züge annehmenden Begeisterung über die 1954 von der deutschen Nationalmannschaft gewonnene Fußballweltmeisterschaft, zeigt sich deutlich, daß die überwiegende Mehrheit der Düsseldorfer sich – wie der Rest der Nation – in erster Linie nicht als Europäer, sondern als Deutsche verstand.
Als krasser Außenseiter in die Schweiz gereist, hatte die Mannschaft des Bundestrainers Sepp Herberger eine sportliche Sensation vollbracht. Im Gegensatz zu vielen anderen europäischen Ländern, in denen bereits Profiligen eingeführt worden waren, stellte die deutsche Mannschaft ein reines Amateurteam dar. Ausgenommen von jeder öffentlichen Förderung, wurden der deutschen Elf weniger

---

[554] Das Tor, 19. Jg., Nr. 7, Juli 1953, S. 111.
[555] DN, 36. Jg., Nr. 92, 21. April 1955.
[556] DN, 36. Jg., Nr. 95, 25. April 1955.
[557] StAD IV 5622: Pariser Woche; Werbe- und Verkehrsamt Düsseldorf (Hrsg.), Paris rend visite à Düsseldorf, Düsseldorf 1955 (nach Beendigung der „Pariser Woche" veröffentlichte Broschüre), einleitende Worte von André François-Poncet, S. 16–18, hier: S. 16.

Chancen als der zwei Jahre zuvor bei den Olympischen Spielen in Helsinki angetretenen deutschen Mannschaft eingeräumt, die ohne eine einzige Goldmedaille nach Hause zurückgekehrt war.

Doch entgegen der Voraussagen der überwiegenden Zahl der Skeptiker steigerte sich die deutsche Mannschaft von Spiel zu Spiel und drang bis ins Finale vor. Dort traf man am 4. Juli 1954 um 17 Uhr im Berner Wankdorf-Stadion auf das Team von Ungarn, dem sich die Deutschen bereits in der Vorrunde geschlagen geben mußten. Die ungarische Mannschaft galt zu dieser Zeit als Wunderelf. Die Mannen um Ferenc Puskas, Zoltan Czibor, Nandor Hindegkuti und Jozsef Bozsik hatten seit vier Jahren nicht mehr verloren, waren 1952 Olympiasieger geworden und hatten im November 1953 durch den legendären 6:3-Sieg gegen England im Londoner Wembley-Stadion die Grundfesten des Fußballs erschüttert. Trotz dieser Überlegenheit des Gegners gelang es den Deutschen, das Spiel ausgeglichen zu gestalten und schließlich durch ein Tor von Helmut Rahn in der 84. Minute zu gewinnen. „Tooor! Tooor! Toooor!! Tooooor!!! Tor für Deutschland!", brüllte, jauchzte, ja wimmerte der Sportreporter Herbert Zimmermann in den Äther, nachdem der entscheidende Treffer gefallen war. Und wenig später: „Aus! Aus! Aus! – Deutschland ist Weltmeister!" – Das „Wunder von Bern" war Wirklichkeit geworden. Der Gewinn der Fußballweltmeisterschaft im Jahre 1954 ging als Mythos in die deutsche (Sport)Geschichte ein.

Unbeschreibliche Jubelszenen spielten sich aber nicht nur im Berner Stadion ab. Die deutsche Presse überschlug sich in Lobeshymnen. Hatte sich der Reporter Herbert Zimmermann anläßlich dessen, was sich vor seinen Augen auf dem Rasen abspielte, schon während des Spiels als „verrückt" bezeichnet, erklärte sich die „Rheinische Post" schlicht unfähig, die sportliche Sensation rational erklären zu können. Die am 5. Juli 1954 als Sonderheft erscheinende Ausgabe des „Kicker" titelte stellvertretend für die ganze Nation: *„Deutschland umarmt seine Weltmeister"* und ernannte alle 22 Spieler zu *„Nationalhelden"*[558]. Entsprechend solcher Ehrungen, denen sich auch die ausländische Presse nahezu uneingeschränkt anschloß, verwundert es nicht, wenn sich die Heimkehr der Fußballer zu einem wahren Triumphzug entwickelte.

Am 5. Juli traf die Mannschaft in der Nähe von Konstanz mit einem Sonderwagen der Bundesbahn wieder in Deutschland ein. Nahezu an jeder Station wurde der Zug an der Weiterfahrt gehindert. Tausende durchbrachen die Bahnsteigsperren, betraten die Gleise und erkletterten die Waggons, um durch die Fenster Geschenke und Blumen zu überreichen.[559] In allen Städten, in denen die Nationalmannschaft Station machte, wurde das vorgesehene Begrüßungsprogramm über den Haufen geworfen. In München wurden die Spieler von mehr als einer halben Million Menschen, die sich auf Dächern, Fenstersimsen, Leitern, Baugerüsten, Litfaßsäulen, Bäumen und Laternenpfählen drängten, empfangen:

---

[558] Zit. nach: Jupp Suttner, Für Deutschland am Ball, Porträt von Fritz Walter, Bad Homburg 1977, S. 54–60, hier: S. 55.
[559] Vgl. RP, 9. Jg., Nr. 154, 6. Juli 1954.

> *„Man sah junge Mädchen, die auf die Trittbretter der Wagen sprangen und einen blumenschwenkenden Fußballer küßten und Polizisten mit Tränen in den Augen."*[560]

Alle Schulen und städtischen Betriebe hatten am Nachmittag geschlossen, und selbst die bayerischen Ministerien erteilten jedem dienstfrei, *„der angab, Fritz Walter und seine Kameraden begrüßen zu wollen."* Ähnliche Szenen, bei denen es zu teilweise lebensgefährlichem Gedränge kam und zahlreiche Menschen verletzt wurden, ereigneten sich in Lindau, Nürnberg, Kempten und Kaiserslautern, von wo mit den Gebrüdern Fritz und Otmar Walter, Werner Kohlmeyer, Horst Eckel und Werner Liebrich der Kern der siegreichen Mannschaft stammte.

Trotz dieser Tumulte glaubten die Düsseldorfer Stadtväter noch am 7. Juli, den für den nächsten Tag vorgesehenen Empfang der drei Düsseldorfer Helden – Toni Turek, Masseur Erich Deuser und Sportarzt Dr. Karl Loogen – ohne größere Turbulenzen abwickeln zu können. In der Hoffnung, den „Fußballgott" Toni Turek ohne allzu große Teilnahme der Bevölkerung begrüßen zu können, verlegte man die Ankunft des Fortunen auf den abseits gelegenen Hof des Straßenbahndepots an der Siegburger Straße. Dort sollte Turek einen Achtspänner besteigen und durch die abgesperrten Straßen Oberbilks, Ellers, Friedrichstadts, Flingerns und der gesamten Innenstadt einen auf 2½ Stunden Länge festgesetzten Weg antreten. Zwar wurde den städtischen Bediensteten kein Urlaub gewährt, der Zeitplan des Zugverlaufes aber so berechnet, daß sie an der Begrüßung teilhaben konnten.[561]

Wie jedoch nicht anders zu erwarten war, hielten weder die Absperrgitter den Begeisterungsstürmen der Bevölkerung stand noch konnte der vorbereitete Zeitplan eingehalten werden. Mehr als 200.000 Menschen bereiteten dem Düsseldorfer Torwart einen triumphalen Empfang und ließen alle Sicherheitsmaßnahmen obsolet werden. Fast vier Stunden benötigte der Wagen, bis er sich seinen Weg zum Hoffelder Hof gebahnt hatte. Ohne städtische Anordnung hatten die Düsseldorfer die Straßen *„geschmückt wie zum Schützenfest. Überall sah man Fahnen und Girlanden. In den Fenstern hingen Trauben von Menschen, und an manchen Stellen gab es einen Konfettiregen wie am Rosenmontag."*[562] In den nicht enden wollenden „Toniih! Toniih!"-Rufen gingen die Begrüßungsworte Oberbürgermeister Gockelns völlig unter.

Diese konnte er jedoch einen Tag später wiederholen, als die Stadt die drei „Helden" offiziell im Düsseldorfer Landtag empfing. Oberbürgermeister Gockeln schilderte, mit welcher Begeisterung er die Ereignisse in der Schweiz verfolgt habe und stellte den Sieg der deutschen Mannschaft als *„sportgeschichtliche Leistung"*[563] heraus. Zwar sei der Gewinn der Fußballweltmeisterschaft der Lohn für die Kameradschaft der ganzen Mannschaft, doch sei die Stadt besonders stolz

---

[560] RP, 9. Jg., Nr. 155, 7. Juli 1954. Dort auch das folgende Zitat.
[561] Vgl. ebd.
[562] RP, 9. Jg., Nr. 157, 9. Juli 1954.
[563] RP, 9. Jg., Nr. 158, 10. Juli 1954. Dort auch das folgende Zitat.

27 Empfang Toni Tureks am 8. Juli 1954 in der Kirchstraße

auf *„ihren Toni"*, welcher der gesamten jungen Generation Düsseldorfs als Vorbild gelte. Waren die Fußballer bereits in allen Städten und von mehreren Firmen mit Geschenken, zu denen ein Kühlschrank, ein Fernseher, ein Rennrad sowie zahllose Ferienreisen und Spirituosen (!) gehörten, überhäuft worden, wollte auch die Stadt Düsseldorf nicht zurückstehen und überreichte Turek *„einen schönen Teppich"*, damit er sich zu Hause von den *„Strapazen der Popularität"* erholen und *„noch mehr Behaglichkeit in seine Wohnung"* bringen könne.

Die spontane Begeisterung, die den Sportlern in ganz Deutschland entgegenschlug und gemäß den Zeitungsberichten zumindest in Düsseldorf die festliche Stimmung aller bisher dagewesenen Schützenfeste und Rosenmontagszüge in den Schatten stellte – der 8. Juli 1954, der Tag des Empfanges von Toni Turek, ging als „Turek-Donnerstag" in die Stadtannalen ein – ließ auch die Politiker nicht unberührt. Bisher eher zurückhaltend gegenüber dem als „Proletensport" verschrieenen Fußball eingestellt, rissen sich bundesdeutsche Minister nach dem Gewinn des Finales darum, den zu Volkshelden avancierten Weltmeistern zu gratulieren. Unmittelbar nach Spielende erreichten die Mannschaft Glückwunschtelegramme von Bundeskanzler Adenauer und Bundespräsident Heuss. In München wurde den Spielern ein mit allen Ehren versehener Staatsempfang bereitet, in allen Heimatstädten erhielten die Fußballer Auszeichnungen, Pokale und Urkunden. Am 17. Juli 1954, dem Tag der Bundespräsidenten-Wahl, überreichte

28 Begeisterung ohne Grenzen: „Turek-Donnerstag" in Düsseldorf

das alte und neue Staatsoberhaupt Theodor Heuss der gesamten Mannschaft vor 85.000 Anwesenden im Berliner Olympiastadion das Silberne Lorbeerblatt.[564] Im Gegensatz jedoch zu Heuss, der anläßlich der Verleihung jede Grenzverwischung zwischen Fußball und Politik zurückwies, beschränkten sich längst nicht alle Kommentatoren darauf, den Gewinn der Fußballweltmeisterschaft ausschließlich als sportlichen Erfolg zu bewerten. Von nationalem Übermut emporgetragen, deutete der Präsident des Deutschen Fußballbundes (DFB), Peco Bauwens, den Endspielsieg gleich mehrmals als Ausdruck deutscher Stärke. Bereits zwei Tage nach dem historischen Ereignis widmete die „Rheinische Post"

---

[564] Vgl. Norbert Seitz, Von Bern bis Los Angeles. Die politische Geschichte der Fußball-Weltmeisterschaft, in: Aus Politik und Zeitgeschichte, Beilage zur Wochenzeitung Das Parlament, 44. Jg., Nr. 24, 17. Juni 1994, S. 3–12, hier: S. 3.

ihren auf der zweiten Seite erscheinenden Kommentar dem Thema „Fußball und Politik". Eigentlich als Absage an die eindeutig politisch motivierte Auslegung der Zeitung „Neues Deutschland", dem Zentralorgan der SED, gerichtet, der zufolge es den Deutschen nicht um die höchste Fußballerwürde, sondern allein darum gegangen sei, *„den Siegeszug der Amateure aus der ungarischen Volksrepublik zu stoppen, weil diese Elf aus dem Lager des Friedens kommt"*[565], maß der Verfasser des Artikels dem Gewinn der Fußballweltmeisterschaft selbst politische Bedeutsamkeit bei:

> *„Das ganze – ja tatsächlich das ganze – deutsche Volk ist von einer Gefühlswallung ergriffen, die als Siegesstimmung falsch gedeutet wäre, die aber der Ausdruck einer echten nationalen Solidarität ist. Diese Beobachtung (die jeder bei sich selbst anstellen mag) ist erstaunlich. Denn seit 1945 waren wir Deutsche solche Empfindungen nicht mehr gewöhnt. Selbst der berechtigte Stolz war uns so gründlich gebrochen, daß wir noch vor wenigen Tagen unseren Sportlern keine Chancen einzuräumen bereit waren. Auch was sich jetzt zeigt, ist kein Stolz im Sinne von Übermut, sondern das plötzliche Bewußtwerden, daß wir Deutsche doch noch da sind, hier und draußen in der Welt."*

Noch deutlicher als diese Zeilen dokumentiert ein Bericht über den Abschied der deutschen Mannschaft aus der Schweiz, welches Gewicht der Gewinn einer Sportveranstaltung für einen Großteil der deutschen Bevölkerung hatte:

> *„Erst waren sie [die Schweizer, F.W.] etwas erschreckt über unsere anhaltende Siegesserie. Die wiedererwachte deutsche Kraft, die ein vor knapp neun Jahren furchtbar zusammengebrochenes Volk jetzt auf dem Fußballfeld ausstrahlte, zwang sie zum Nachdenken."*

Das Erringen der höchsten Fußballerkrone stellte für viele Deutsche weit mehr als einen sportlichen Triumph dar. Der 4. Juli 1954 bedeutete gleichzeitig die Austilgung einer Schmach, die den Deutschen auf ganz anderen Feldern als dem Rasen zugefügt worden war. Der Sieg der westdeutschen Fußballnationalmannschaft wurde von vielen als Sieg des deutschen Volkes empfunden. Die völlige Identifizierung der gesamten deutschen Bevölkerung mit den elf Spielern eröffnete jedem einzelnen die Möglichkeit, sich im Glanz des Sieges zu sonnen und die scheinbar von den Alliierten, aber auch von deutschen Politikern eingeforderte Demutshaltung abzulegen. Weder die Gründung der Bundesrepublik noch die Erfolge auf wirtschaftlichem Gebiet riefen so viel Stolz hervor wie der Gewinn der Fußballweltmeisterschaft. Niemals zuvor und danach stellte sich derart einmütig das Gefühl ein, „wieder wer zu sein". Selbst die französische Fußballzeitschrift „L'Equipe" interpretierte den deutschen Sieg als Ausdruck der wiederge-

---

[565] RP, 9. Jg., Nr. 154, 6. Juli 1954. Dort auch die folgenden Zitate.

wonnenen deutschen Stärke: *„Die deutsche Wiedergeburt auf wirtschaftlichem Gebiet wirkt sich nun auch im Fußballerischen aus."*566 Als „ein bedeutsames Gründungsdatum für die sich formierende Gesellschaft in der Bundesrepublik"567 markierte der 4. Juli 1954 das Ende der Nachkriegszeit in Deutschland.

Resümee

Das spätestens mit dem Gewinn der Fußballweltmeisterschaft augenscheinlich eingetretene Ende der unmittelbaren Nachkriegszeit setzte für längere Zeit einen Schlußstrich unter die Beschäftigung mit der Vergangenheit. Diese Aufgabe war während der ersten zehn Jahre nach dem Krieg ohnehin sehr zaghaft und mit zunehmendem Unmut angegangen worden. Obwohl die 50er Jahre in Bezug auf die Konfrontation der deutschen Bevölkerung mit dem Nationalsozialismus keine, wie der Philosoph Hermann Lübbe es bezeichnete, „stille Zeit" darstellten,568 fand doch auch keine grundsätzliche, öffentlich geführte Auseinandersetzung mit der NS-Vergangenheit statt. Statt eine tabulose gesellschaftliche Diskussion über die zu ziehenden Konsequenzen aus den bewußten zwölf Jahren zu führen, blickten die Deutschen und – wie gezeigt werden konnte – die Düsseldorfer in ihrer Mehrheit nach vorn. „Denn wenn die Menschen jener Zeit einmal den Blick um einige Jahre zurück richteten, dann sahen sie sich selbst, ihre Begeisterung, ihre Ideale und ihre Verblendung, ihre Hoffnungen und ihre Enttäuschungen, ihre Machtfülle und ihre Ohnmacht."569

Diese Einstellung spiegelt sich in den zahlreich zwischen 1945 und 1955 in Düsseldorf veranstalteten Festlichkeiten und Feierstunden signifikant wider. Auf große Begeisterung und hohe Anteilnahme stießen vor allem die großen Düsseldorfer Volksfeste, in denen die physische und psychische Last des Alltags für ein paar Stunden oder Tage vergessen werden konnten. Insbesondere die Entwicklung der Schützenfeste, aber auch jene des Martinsfestes offenbart, daß sich die Bevölkerung nach vielen Jahren der lebensbedrohenden Gefechtshandlungen und – vor allem materiellen – Entbehrungen in erster Linie danach sehnte, unbeschwert vergnügt zu sein und das nach der Währungsreform wieder vorhandene Konsumgüterangebot wahrzunehmen. Aufgrund dieses Bewußtseins büßte die historisch überlieferte Essenz der Volksfeste ihren von den Repräsentanten der Schützen, Karnevalisten und Heimatvereinen postulierten Stellenwert zunehmend ein, was die Wortführer der Traditionsvereine dazu veranlaßte, eine romantisch verklärte, Jahrzehnte zurückliegende Vergangenheit zu idealisieren, sich aber von der Gegenwart abzuwenden.

---

566 Zit. nach: Seitz, Die politische Geschichte der Fußball-Weltmeisterschaft, S. 4.
567 Jürgen Busche, Der Mythos von 1954, in: Aus Politik und Zeitgeschichte, Beilage zur Wochenzeitung Das Parlament, 44. Jg., Nr. 24, 17. Juni 1994, S. 13–15, hier: S. 13.
568 Zit. nach: Reichel, Das NS-Bild und seine politische Funktion in den 50er Jahren, S. 680.
569 Garbe, Der Umgang mit dem Nationalsozialismus in der frühen Bundesrepublik, S. 715.

Von der jüngsten Vergangenheit wollte hingegen die Mehrheit der Düsseldorfer nur insofern etwas wissen, als sie sich anbot, die ihnen von den Siegermächten vorgeworfenen Versäumnisse, Verfehlungen und Verbrechen zu entschuldigen oder wenigstens zu relativieren. Das nationale Selbstbewußtsein sollte durch die Beschäftigung mit der NS-Zeit nicht untergraben werden. Nach einer kurzen Phase der öffentlichen Besinnung in den Jahren bis 1947, in der – wie bei der Trauerkundgebung im Düsseldorfer Opernhaus, der Einweihung der Gedenktafel für die Opfer der Reichpogromnacht, der „Antifaschistischen Woche", den ersten Maifeiern sowie den zahlreichen Gedenkfeiern der VVN, kommunistischen und christlichen Organisationen – eine deutliche Absage an den Krieg sowie das Eingeständnis von Schuld und Mitschuld bekundet wurde, setzte rasch das Stadium einer weitreichenden kollektiven Verdrängung ein. Bald standen nicht mehr die *von*, sondern die *an* Deutschen verübten Untaten im Zentrum des Gedenkens. Mit unterschiedlicher Intensität – und mit Ausnahme etwa der bei den „Wochen der Brüderlichkeit", den „Auslandswochen" und der Feierstunde aus Anlaß der Erinnerung an die Bestellung der ersten Düsseldorfer Gemeindevertretung nach dem Krieg gehaltenen Ansprachen – stellten die Repräsentanten der Stadt, Düsseldorfer Künstler, Vertriebene, Soldatenverbände und Journalisten die Unschuld und das Leid der Deutschen heraus, erinnerten an die unbeschadete Gültigkeit der deutschen Kultur und bekundeten – zumindest in der Öffentlichkeit – die demokratische Geisteshaltung des deutschen Volkes.

Wie jedoch die Beteiligung der Düsseldorfer Bevölkerung an den aus höchst unterschiedlichen Anlässen durchgeführten Gedenkstunden verdeutlicht, stießen nur solche Feiern auf größere Resonanz, in denen nicht auf die eigene Verantwortung für die Begebenheiten des „Dritten Reiches" hingewiesen und zur geistigen Neuordnung aufgerufen wurde. Zu den bestbesuchten Veranstaltungen der frühen 50er Jahre in Düsseldorf zählten die Festakte, Feierstunden und Kundgebungen der „Kriegsgefangenengedenkwoche", der Vertriebenentreffen und der „Nationalen Gedenktage", in denen anderen Völkern Unrechtshandlungen vorgeworfen und die (west)deutschen Bürger ob ihrer freiheitlichen Gesinnung belobigt wurden. Die größte Menschenmenge fand sich jedoch aus Anlaß der gewonnenen Fußballweltmeisterschaft zusammen, die ein bis dahin nicht gekanntes Gefühl des Nationalstolzes zum Ausdruck kommen ließ. Von vielen Deutschen wurde nicht der 8. Mai 1945, sondern der 4. Juli 1954 als Tag der Befreiung empfunden.

Chronik der Ereignisse

1945

26. April	Trauerfeier für Franz Jürgens, Theodor Andresen, Karl Kleppe, Josef Knab und Hermann Weill auf dem Nordfriedhof
2. August	Erste offizielle Versammlung des Heimatvereins „Alde Düsseldorfer" nach dem Zweiten Weltkrieg im Vereinslokal „Zinterklöske"
9. Oktober	Städtische Trauerfeier für die politischen und rassischen Opfer des NS-Regimes im Opernhaus
9. Oktober	Erste offizielle Versammlung der Heimatgesellschaft „Düsseldorfer Jonges" nach dem Zweiten Weltkrieg im Vereinslokal „Zum Schwarzen Anker"; dort: Trauerfeier für Leo Statz
16. Oktober	Morgenfeier zu Ehren Heinrich Heines im „Neuen Theater" auf der Friedrichstraße
20. Oktober – 4. November	Erste Martinslampenschau im Hetjens-Museum am Ehrenhof
10. November	Erstes Martinsfest nach dem Ende des Zweiten Weltkrieges
21. November	Gedenkkonzert und Trauerfeier für Karlrobert Kreiten im Opernhaus
25. November	Feierliche Wiederaufstellung des „Jan-Wellem"-Reiterstandbildes auf dem Marktplatz; Festzug durch die Stadt
2. Dezember	Feierliche Enthüllung des „Jan-Wellem"-Reiterstandbildes durch Oberbürgermeister Walter Kolb; Einmauerung einer von Hans Müller-Schlösser verfaßten Urkunde in den Denkmalssockel; Eröffnung des ersten Nachkriegs-Weihnachtsmarktes am alten Schloßturm

1946

20. Januar	Erstes Titularfest des St.-Sebastianus-Schützenvereins nach dem Ende des Zweiten Weltkrieges
24. Februar	Gedenkfeier für Leo Statz im „Neuen Theater"
16. April	Gedenkfeier für Franz Jürgens, Theodor Andresen, Karl Kleppe, Josef Knab und Hermann Weill im Europa-Palast
1. Mai	Erste Maikundgebungen nach dem Zweiten Weltkrieg
4. Mai	Erster Stephanien-Gedenktag des St.-Sebastianus-Schützenvereins nach dem Ende des Zweiten Weltkrieges
28. März	Gedenkfeier der Droste KG für den ehemaligen Mitarbeiter Heinrich Müller
2. April	Feierliche Wiederanbringung der 1932 von Adolf Nieder geschaffenen und von den „Düsseldorfer Jonges" vor dem Zugriff der Nationalsozialisten bewahrten Heinrich-Heine-Plakette am Geburtshaus des Dichters, Bolkerstraße 53
20. Juni	Erste Fronleichnamsprozessionen nach dem Zweiten Weltkrieg
30. Juni	Gedenkveranstaltung der Katholischen Jugend Düsseldorfs für Adalbert Probst
21.–23. Juli	Erstes Großes Schützen- und Volksfest des St.-Sebastianus-Schützenvereins auf dem Staufenplatz in Grafenberg
8. September	Gedenkfeier des „Kulturbundes zur demokratischen Erneuerung" für die Düsseldorfer Maler Julio Levin, Peter Ludwigs und Franz Monjau im Hetjens-Museum
November	Gedenkstunde der VVN für Johannes Maria Verweyen
9. November	Einweihung einer Gedenktafel in der Kasernenstraße zur Erinnerung an die Zerstörung der Düsseldorfer Synagoge am 9. November 1938
11. November	Die „Große Düsseldorfer Karnevalsgesellschaft" begeht als erster Verein das „Hoppeditz-Erwachen" im Europa-Palast

1947

20. Februar	Georg Spickhoffs 75. Geburtstag wird mit einem Fackelzug und einem städtischen Festakt begangen
25. Mai – 1. Juni	102. Niederrheinisches Musikfest in Düsseldorf
19.–27. Juli	Großes Schützen- und Volksfest auf dem Staufenplatz
7.–14. September	„Antifaschistische Woche"
23. September	Einweihung einer von den „Düsseldorfer Jonges" gestifteten Heinrich-Heine-Gedenktafel am Geburtshaus des Dichters, Bolkerstraße 53
11. November	Erstes „Hoppeditz-Erwachen" auf dem Marktplatz; Jupp Schäfers eröffnet die Session 1947/48
13. Dezember	Einweihung des „Heinrich-Heine-Platzes" aus Anlaß des 150. Geburtstages des Dichters; Feierstunde im „Neuen Theater"
14. Dezember	Morgenfeier für Heinrich Heine im Opernhaus

1948

27. Januar	Gedenkfeier der Katholischen Arbeitervereine Düsseldorfs für Otto Müller, Bernhard Letterhaus und Nikolaus Groß
29. Mai	Feierliche Einweihung der Oberkasseler Brücke
8. Juni	Die VVN veranstaltet eine „Feier der Befreiten"
18.–26. Juli	Großes Schützen- und Volksfest erstmalig auf den Rheinwiesen in Oberkassel
6. August	100 Jahre Künstlerverein „Malkasten"
6.–8. August	Offizielle Feierlichkeiten aus Anlaß des 100jährigen Jubiläums der deutschen Revolution von 1848
11. November	Erstes offizielles „Hoppeditz-Erwachen" in der Rheinhalle

1949

26. Februar	Erste Malkasten-Redoute nach dem Ende des Zweiten Weltkrieges in der Rheinhalle
28. Februar	„Närrische Parade" anstelle eines „richtigen" Rosenmontagszuges
12. Mai	Festakt der Synagogengemeinde Düsseldorf in den „Kammerspielen" anläßlich des ersten Jahrestages der Gründung des Staates Israel
16.–24. Juli	Großes Schützen- und Volksfest
19. August	Goldene Hochzeit Georg und Amalie Spickhoff
28. August	Goethefeier im Robert-Schumann-Saal aus Anlaß des 200. Geburtstages des Dichters

1950

20. Februar	Erster Rosenmontagszug nach dem Krieg unter dem Motto: „Häß Du en Ahnung! Alles Planung!"
27. Februar	Gedenkfeier aus Anlaß des 25. Todestages des ersten deutschen Reichspräsidenten Friedrich Ebert im Robert-Schumann-Saal
15.–23. Juli	Großes Schützen- und Volksfest
16. Juli	Feierstunde der ost- und westpreußischen Landsmannschaften in der Rheinhalle zur Erinnerung an die Volksabstimmungen am 11. Juli 1920 in Masuren und Westpreußen
19. August	30jähriges Stiftungsfest des Heimatvereins „Alde Düsseldorfer" in den Räumen des Düsseldorfer „Malkastens"
20. August	Erster offizieller Radschlägerwettbewerb auf dem Marktplatz

1951

19. Februar	Rosenmontag unter dem Motto: „Lachen ohne Grenzen"
18. März	Landestreffen der westpreußischen Landsmannschaften in den Ausstellungshallen am Ehrenhof
8. April	Heimattag der Pommern in den Ausstellungshallen am Ehrenhof
18.–22. Mai	106. Niederrheinisches Musikfest in Düsseldorf
14.–22. Juli	Großes Schützen- und Volksfest
12. September	„Nationaler Gedenktag" zur Erinnerung an die Wahl des ersten Bundespräsidenten Theodor Heuss am 12. September 1949
17. November	Feierliche Einweihung der Südbrücke

1952

5. Januar	Städtische Feierstunde im Plenarsaal des Landtages aus Anlaß des 100. Geburtstages von Altoberbürgermeister Wilhelm Marx
25. Februar	Rosenmontag unter dem Motto: „Ganz Düsseldorf schlägt Rad"
9.–15. März	Erste „Woche der Brüderlichkeit"
12. März	20jähriges Stiftungsfest der Heimatbewegung „Düsseldorfer Jonges" im Rheingoldsaal der Rheinterrassen
19.–27. Juli	Großes Schützen- und Volksfest
3. August	„Tag der Heimat"
6./7. September	„Tag der Danziger"
7. September	„Nationaler Gedenktag"
25. Oktober– 2. November	„Hollandwoche"

1953

16. Februar	Rosenmontag unter dem Motto: „Kongreß der Narretei"
1.–7. März	„Woche der Brüderlichkeit"
16. April	Feierliche Enthüllung der Bronze-Figur „Harmonie", eines Denkmals zu Ehren Heinrich Heines, auf dem Napoleonsberg im Hofgarten
6./7. Juni	Wiedersehensfeier und Gefallenenehrung der Angehörigen des ehemaligen Infanterie-Regiments Nr. 39
14. Juni	Gedenk- und Wiedersehensfeier der ehemaligen 5. Ulanen vor dem Ulanendenkmal am Rheinufer
11., 12. u. 26. Juli	Zweites Niederrheinisches Schützentreffen
5.–13. Juli	Großes Schützen- und Volksfest
2. August	„Tag der Heimat"
13. September	Einweihung eines Hochkreuzes auf dem Südfriedhof zur Erinnerung an die Gefallenen der beiden Weltkriege
19.–25. Oktober	Kriegsgefangenengedenkwoche
15. November	Gedenkfeier für die Opfer der beiden Weltkriege aus Anlaß des Volkstrauertages auf dem Nordfriedhof

1954

1. März	Rosenmontag unter dem Motto: „Schlaraffenland am Düsselstrand"
13.–19. März	„Woche der Brüderlichkeit"
20. März	Gedenkfeier der oberschlesischen Landsmannschaften im Plenarsaal des Düsseldorfer Landtags zur Erinnerung an die Volksabstimmung in Oberschlesien am 20. März 1921
8. Juli	Feierlicher Empfang der drei Fußballweltmeister Toni Turek, Masseur Erich Deuser und Sportarzt Dr. Karl Loogen („Turek-Donnerstag")

17. Juli	Einweihung des von den „Düsseldorfer Jonges" gestifteten Radschlägerbrunnens auf dem Burgplatz
17.–25. Juli	Großes Schützen- und Volksfest
14. November	Gedenkfeier für die Opfer der beiden Weltkriege aus Anlaß des Volkstrauertages auf dem Südfriedhof

1955

21. Februar	Rosenmontag unter dem Motto: „Weltgeschehen närrisch gesehen"
5.–11. März	„Woche der Brüderlichkeit"
13. März	Feier des 140. Geburtstages der ehemaligen 5. Ulanen in den Räumen der „Union Betriebe" auf der Witzelstraße
16. April	Gedenkfeier für Franz Jürgens, Theodor Andresen, Karl Kleppe, Josef Knab und Hermann Weill auf dem Nordfriedhof
24.–30. April	„Pariser Woche"
26. April	Heinrich-Heine-Feier im Malkasten
9. Mai	Feierstunde zum 150. Todestag Friedrich Schillers im Robert-Schumann-Saal
10. Juli	Feierstunde im Robert-Schumann-Saal zur Erinnerung an die Bestellung der ersten Gemeindevertretung nach dem Zweiten Weltkrieg
16.–24. Juli	Großes Schützen- und Volksfest
17./18. September	„Tag der Danziger"

Quellen und Literatur

Quellen

Stadtarchiv Düsseldorf
(Der vollständige Aktentitel wird jeweils bei der ersten Aufführung im Text genannt)

IV 809: Amt für Kulturelle Angelegenheiten (Amt 31): Verschiedenes

IV 810: Amt für Kulturelle Angelegenheiten (Amt 31): Verschiedenes

IV 820: Städtisches Orchester: Konzerte

IV 1491: Verbraucherstatistik 1945–1949

IV 1687: Ausstellungen Tagungen (Veranstaltungen, Feste und Besuche) 1946–1948

IV 1881: Amt für Kulturelle Angelegenheiten (Amt 31): Verschiedenes

IV 1882: Amt für Kulturelle Angelegenheiten (Amt 31): Verschiedenes

IV 2526: Niederrheinische Musikfeste

IV 3460: Schriftwechsel: Oberbürgermeister – Amt für Kulturelle Angelegenheiten (Amt 31)

IV 3467: Hollandwoche 1952

IV 3483: Erinnerungsfeier 1848/1948

IV 3484: Goethe-Feier 1949

IV 4890: Maßnahmen gegen Anhänger und Einrichtungen der ehemaligen NSDAP 1945/46

IV 5391: Kulturelle Werbung

IV 5398: Spätheimkehrer

IV 5622: Pariser Woche

IV 5801: Karneval September 1955 – Juli 1956

IV 13047: Mahnmal für die Opfer des Dritten Reiches (Juli 1946 – Juli 1954)

IV 13048: Mahnmal für die Opfer des Dritten Reiches (September 1954 – Januar 1957)

IV 13049: Mahnmal für die Opfer des Dritten Reiches (Dezember 1956 – Juli 1959)

XX 622: Festschrift anläßlich der Wiedersehensfeier und Gefallenenehrung aller 39er am 6. und 7. Juni 1953 in Düsseldorf

XXII W 18: Weidenhaupt, Wilhelm. Material zu einer Würdigung, maschinenschriftlich, 3 Seiten, zusammengestellt von Hugo Weidenhaupt

XXIII 192a: Zusammenstellung des Stadtarchivs über die Vorgänge am 16./17. April 1945

XXIII 192b: Schriftwechsel betreffend Jürgens-Gedenkstelle

XXIII 272: Heinrich-Heine-Denkmal

XXIII 282: Bund der Danziger

XXIII 291: Zusammentritt der ersten Stadtvertretung am 10. Juli 1945

XXIII 295: Jan-Wellem-Denkmal

XXIII 317: Heinrich Heine – Ehrung aus Anlaß des 150. Geburtstages des Dichters am 13. Dezember 1947

XXIII 362: Düsseldorfer Karneval 1949–1960

XXIII 529a: Schriftverkehr des Stadtarchivs

XXIII 591: Aufstellung über Schäden an historischen Bauwerken (etwa 1950), Zusammenstellung über Fliegerangriffe auf Düsseldorf

XXIII 641: Träger des Ritterkreuzes und des Deutschen Kreuzes in Gold

XXIII 883: Karneval 1934–1968

XXIII 889: Ulanenregiment Nr. 5

XXIII 1507: Kriegerdenkmal des Westfälischen Füsilierregiments Nr. 39

XXIV 1753: Brauchtum und Sagen 1937–1941 (Presseausschnitte)

XXIV 1878: Heimatvereine 1950/1951 (Presseausschnitte)

XXIV 1879: Heimatvereine 1951/1952 (Presseausschnitte)

XXIV 1880: Heimatvereine 1952/1953 (Presseausschnitte)

XXIV 1881: Heimatvereine 1953/1954 (Presseausschnitte)

Niederschriften über die Sitzungen des Vertrauensausschusses vom 10. Juli 1945 – 29. November 1945

Nachlaß Robert Lehr, Akte Nr. 35

Gedruckte Quellen

Dokumentation zur Geschichte der Stadt Düsseldorf, Quellensammlung, hrsg. vom Pädagogischen Institut der Landeshauptstadt Düsseldorf, Bd. 1: Nach dem Zweiten Weltkrieg 1945–1949, Düsseldorf 1981.

Düsseldorf baut auf. Jahresbericht der Stadtverwaltung Düsseldorf für 1945/46. Erstattet vom Oberstadtdirektor der Landeshauptstadt Düsseldorf, Düsseldorf 1946.

St. Sebastianus-Schützenverein 1925 eV Düsseldorf-Holthausen (Hrsg.), 25 Jahre St. Sebastianus-Schützenverein Düsseldorf-Holthausen eV. Festschrift mit Festfolge der 25jährigen Jubelfeier vom 2.–5. September 1950, Düsseldorf 1950.

St.-Sebastianus-Jäger-Corps Düsseldorf von 1844. Festschrift zum Schützenfest 1961, Düsseldorf 1961.

Tageszeitungen

Der Mittag, 27.–29. Jg. 1951–1953.

Die Freiheit. Das Blatt des schaffenden Volkes, 29.–31. Jg. 1946–1948.

Düsseldorfer Amtsblatt, 1.–3. Jg. 1946–1948.

Düsseldorfer Nachrichten, 22. Jg. 1939, 26. Jg. 1943, 31.–34. Jg. 1950–1953, 26. Jg. 1955.

Freies Volk, 3.–5. Jg. 1951–1953.

Neue Rheinische Zeitung für Düsseldorf – Bergisches Land – Niederrhein, 1./2. Jg. 1945/1946, 11. Jg. 1955.

Rhein-Echo, 4.–6. Jg. 1949–1951.

Rheinische Post. Zeitung für Christliche Kultur und Politik, 1.–10. Jg. 1946–1955.

Westdeutsche Nachrichten, 6. Jg. 1951.

Zeitschriften und Sammelwerke

Allgemeine Wochenzeitung der Juden in Deutschland, 18. Jg. 1963.

Das Tor. Düsseldorfer Heimatblätter, 1.–21. Jg. 1932–1955, 23. Jg. 1957, 25. Jg. 1959, 30. Jg. 1964, 34./35. Jg. 1968/1969, 50.–52. Jg. 1984–1986, 56.–58. Jg. 1990–1992.

Düsseldorfer Jahrbuch, Beiträge zur Geschichte des Niederrheins, hrsg. vom Düsseldorfer Geschichtsverein, Bd. 49, Düsseldorf 1959.

Düsseldorfer Wochenspiegel. Offizielles Wochenprogramm der Landeshauptstadt Düsseldorf, 2.–8. Jg. 1949–1955.

Jan-Wellem-Heimatblätter. Vereinszeitschrift des Heimatvereins „Alde Düsseldorfer", 1.–4. Jg. 1926–1929, 11.–14. Jg. 1948–1951.

Jüdisches Gemeindeblatt für die Britische Zone, 1. Jg. 1946.

Schützenzeitung. Mitteilungsblatt des St.-Sebastianus-Schützenvereins Düsseldorf 1316 (1435) e.V., 1.–7. Jg. 1949–1955, 11. Jg. 1959.

Literatur

'45 – '95. Vor 50 Jahren: Kriegsende in Düsseldorf. Beilage zum Düsseldorfer Amtsblatt vom 1. April 1995.

1946 Neuanfang: Leben in Düsseldorf. Katalog zur Ausstellung vom 2. März – 14. September 1986 im Stadtmuseum Düsseldorf, hrsg. vom Stadtmuseum Düsseldorf und der „Rheinischen Post" zum 40jährigen Bestehen der Landeshauptstadt Düsseldorf, des Landes NRW und der „Rheinischen Post", Düsseldorf 1986.

45 ff. Kriegsende: Kontinuität und Neubeginn (Broschüre), hrsg. von der Landeshauptstadt Düsseldorf und der Stiftung Kunst und Kultur des Landes Nordrhein-Westfalen, Düsseldorf 1995.

Arnold, Karl, Volkstum, Heimat und Staat, in: Das Tor, 21. Jg., Nr. 7, Juli 1955, S. 122–125.

Bauer, Josef, Erich Klausener, in: H. W. Erdbrügger (Hrsg.), Tradition und Gegenwart. Festschrift zur 125-Jahrfeier des Städtischen Humboldt-Gymnasiums Düsseldorf, Düsseldorf 1963, S. 158–166.

Bausinger, Hermann, „Ein Abwerfen der grossen Last…". Gedanken zur städtischen Festkultur, in: Paul Hugger (Hrsg.), Stadt und Fest. Zu Geschichte und Gegenwart europäischer Festkultur, Unterägeri/Stuttgart 1987, S. 251–267.

Bausinger, Hermann, Hintergründe der Fasnacht, in: Narrenfreiheit. Beiträge zur Fastnachtsforschung, Tübingen 1980, S. 13–27.

Benz, Wolfgang, Nachkriegsgesellschaft und Nationalsozialismus. Erinnerung, Amnesie, Abwehr, in: Dachauer Hefte. Studien und Dokumente zur Geschichte der nationalsozialistischen Konzentrationslager, 6. Jg. 1990, Heft 6: Erinnern oder Verweigern – Das schwierige Thema Nationalsozialismus, November 1990, S. 12–24.

Bernsdorf, Wilhelm (Hrsg.), Wörterbuch der Soziologie, Stuttgart 1969².

Bimmer, Andreas C., Besucher von Festen. Beiträge zur systematischen Erforschung, in: Konrad Köstlin, Hermann Bausinger (Hrsg.), Heimat und Identität. Probleme regionaler Kultur (= 22. Deutscher Volkskunde-Kongreß in Kiel vom 16. bis 21. Juni 1979), Neumünster 1980, S. 81–90.

Bülow, Friedrich, Heimat, in: Wilhelm Bernsdorf (Hrsg.), Wörterbuch der Soziologie, Stuttgart 1969², S. 415/16.

Busche, Jürgen, Der Mythos von 1954, in: Aus Politik und Zeitgeschichte, Beilage zur Wochenzeitung Das Parlament, 44. Jg., Nr. 24, 17. Juni 1994, S. 13–15.

Caillois, Roger, Théorie de la fête, in: La Nouvelle Revue Francaise, 27. Jg. 1939, Nr. 315, S. 863–882 (Teil 1) und 28. Jg. 1940, Nr. 316, S. 49–59 (Teil 2).

Cox, Harvey, Das Fest der Narren. Das Gelächter ist der Hoffnung letzte Waffe, Gütersloh 1977.

Dahm, August, Das Martinsfest in Düsseldorf, in: Das Tor, 1. Jg., Nr. 8, November 1932, S. 101–105.

Dahm, August, Das Martinsfest. Unter besonderer Berücksichtigung des Düsseldorfer Martinsfestes, Düsseldorf 1945.

Dahm, August, Düsseldorfer Carneval (Einige Vorkriegserinnerungen), in: Das Tor, 2. Jg., Nr. 2, Februar 1933, S. 7–13.

Der Fall Leo Statz. Im angeblichen „Namen des deutschen Volkes", in: Das Tor, 58. Jg., Nr. 3, März 1992, S. 40–42.

Deutscher Gewerkschaftsbund/Kreis Düsseldorf (Hrsg.), Verfolgung und Widerstand in Düsseldorf 1933 bis 1945. Ein Stadtführer, Düsseldorf 1989.

Dross, Fritz, Zum Rothen Ochsen auf der Citadelle. Geschichte eines Hauses, seiner Menschen und ihrer Umgebung, Magisterarbeit an der Heinrich-Heine-Universität Düsseldorf, Düsseldorf 1994.

Dümling, Albrecht, Merkwürdige Verstrickungen zweier „Unschuldiger" oder: Das Trauerspiel vom unpolitischen Deutschen, in: Friedrich Lambart (Hrsg.), Tod eines Pianisten. Karlrobert Kreiten und der Fall Werner Höfer, Berlin 1988, S. 8–11.

Düsseldorf zur Jahreswende 1945/46, hrsg. vom Verkehrsamt der Stadt Düsseldorf, Düsseldorf 1945.

Düsseldorf, die elegante, gastliche Stadt am Rhein, hrsg. vom Werbe- und Verkehrsamt der Stadt Düsseldorf, Düsseldorf 1950.

Düsseldorf. Eine Welt für sich – offen für die Welt, hrsg. vom Werbe- und Verkehrsamt der Stadt Düsseldorf, Düsseldorf 1959.

Düsseldorfer Friedensforum (Hrsg.), „Kriegsverherrlichend". Dokumentation zur Geschichte des 39er Denkmals, Düsseldorf 1988.

Ebel, Horst, Die wirtschaftliche Bedeutung des Karnevals, in: Das Tor, 6. Jg., Nr. 2, Februar 1937, S. 46–52.

Einer, der nicht wiederkam. Leo Statz zum Gedenken, in: Schützenzeitung, 7. Jg., Nr. 11, November 1955, S. 5/6.

Franke, Volker, „Auf der Flucht erschossen …!" Adalbert Probst – eines der frühen Opfer des Nazi-Terrors, in: Düsseldorfer Hefte, 29. Jg., 1984, Nr. 17, S. 16.

Franke, Volker, Der Mord an Adalbert Probst, in: Das Tor, 50. Jg., Nr. 10, Oktober 1984, S. 34.

Freud, Sigmund, Totem und Tabu. Einige Übereinstimmungen im Seelenleben der Wilden und der Neurotiker, Frankfurt/Main 1962³.

Garbe, Detlef, Äußerliche Abkehr, Erinnerungsverweigerung und „Vergangenheitsbewältigung": Der Umgang mit dem Nationalsozialismus in der frühen Bundesrepublik, in: Axel Schildt, Arnold Sywottek (Hrsg.), Modernisierung im Wiederaufbau. Die westdeutsche Gesellschaft der 50er Jahre, Bonn 1993, S. 693–716.

Gebhardt, Winfried, Fest, Feier und Alltag. Über die gesellschaftliche Wirklichkeit des Menschen und ihre Deutung, Frankfurt/Main 1987.

Görgen, Hans-Peter, Düsseldorf und der Nationalsozialismus, Düsseldorf 1969.

Greverus, Ina-Maria, Brauchen wir Feste?, in: Werk und Zeit, Heft 5, 1977, S. 19/20.

Haindl, Erika, Gibt es Altstadtfeste?, in: Werk und Zeit, Heft 5, 1977, S. 20/21.

Haß, Ulrike, Mahnmaltexte 1945 bis 1988. Annäherung an eine schwierige Textsorte, in: Dachauer Hefte. Studien und Dokumente zur Geschichte der nationalsozialistischen Konzentrationslager, 6. Jg. 1990, Heft 6: Erinnern oder Verweigern – Das schwierige Thema Nationalsozialismus, November 1990, S. 135–161.

Heilfurth, Gerhard, Fest und Feier, in: Wilhelm Bernsdorf (Hrsg.), Wörterbuch der Soziologie, Stuttgart 1969², S. 275–277.

Hensel, Walther, 3 x Kommunalpolitik 1926–1964. Ein Beitrag zur Zeitgeschichte, Köln/Berlin 1970.

Heppe, Karl Bernd, „Eene Penning!" Eine kleine Radschläger-Geschichte, hrsg. von der Stadtsparkasse Düsseldorf, Düsseldorf 1981.

Horkheimer, Max/Adorno, Theodor W., Dialektik der Aufklärung. Philosophische Fragmente, Frankfurt/Main 1971.

Houben, Alfons, Düsseldorfer Karnevalsgeschichte, Düsseldorf 1986.

Hugger, Paul (Hrsg.), Stadt und Fest. Zu Geschichte und Gegenwart europäischer Festkultur (= Festschrift der Philosophischen Fakultät I der Universität Zürich zum 2000-Jahr-Jubiläum der Stadt Zürich), Unterägeri/Stuttgart 1987.

Hugger, Paul, Das Fest – Perspektiven einer Forschungsgeschichte, in: Paul Hugger (Hrsg.), Stadt und Fest. Zu Geschichte und Gegenwart europäischer Festkultur, Unterägeri/Stuttgart 1987, S. 9–24.

Hüttenberger, Peter, Düsseldorf in der Zeit des Nationalsozialismus, in: Hugo Weidenhaupt (Hrsg.), Düsseldorf. Geschichte von den Ursprüngen bis ins 20. Jahrhundert, Bd. 3: Die Industrie- und Verwaltungsstadt (20. Jahrhundert), S. 421–657.

Hüttenberger, Peter, Düsseldorf unter britischer Besatzung, in: Hugo Weidenhaupt (Hrsg.), Düsseldorf. Geschichte von den Anfängen bis ins 20. Jahrhundert, Bd. 3: Die Industrie- und Verwaltungsstadt (20. Jahrhundert), Düsseldorf 1989, S. 659-721.

Hüttenberger, Peter, Sieger und Besiegte. Das tägliche Überleben und die Auseinandersetzung mit dem Nationalsozialismus, in: 1946 Neuanfang: Leben in Düsseldorf, Düsseldorf 1986, S. 34–38.

Hüttenberger, Peter, Zwischen Ende des NS-Regimes und demokratischem Neubeginn, in: 1946 Neuanfang: Leben in Düsseldorf, S. 365–372.

Jung, Matthias/Wengeler, Martin, Nation Europa und Europa der Nationen. Sprachliche Kontroversen in der Europapolitik, in: Georg Stötzel/Martin Wengeler (Hrsg.), Kontroverse Begriffe. Geschichte des öffentlichen Sprachgebrauchs in der Bundesrepublik Deutschland, Berlin/New York 1995, S. 93–128.

Kaltwasser, Gerda, Tausend Kalorien für Otto Normalverbraucher. Das tägliche Überleben im Hungerjahr 1946, in: 1946 Neuanfang: Leben in Düsseldorf, S. 41–48.

Kauhausen, Paul, Ein neuer Beitrag zur Geschichte des Jan Wellem-Denkmals, in: Das Tor, 21. Jg., Nr. 9, September 1955, S. 174–186.

Kauhausen, Paul, Georg Spickhoff, in: Das Tor, 15. Jg., Nr. 23, September 1949, S. 57–62.

Kerényi, Karl, Die Religion der Griechen und Römer, München/Zürich 1963.

Kerényi, Karl, Vom Wesen des Festes, in: Karl Kerényi, Antike Religion, München/Wien 1971, S. 43–67.

Kill, Reinhard, Überfrühling der Künste. Kultur und Unterhaltung in der Nachkriegszeit, in: 1946 Neuanfang: Leben in Düsseldorf, S. 257–263.

Kleinfeld, Hermann, St. Sebastianus-Schützenverein Düsseldorf 1316 e.V. Seine Geschichte von 1933 bis 1990, in: Stadtsparkasse Düsseldorf (Hrsg.), St. Sebastianus-Schützenverein Düsseldorf 1316 e.V. Eine Chronik zum 675jährigen Bestehen, Düsseldorf 1991, S. 58–119.

Klingner, Günter, In Not und Verzweiflung eine Flut von Verbrechen. Polizei und Kriminalität im Spiegel der Nachkriegszeit, in: 1946 Neuanfang: Leben in Düsseldorf, S. 59–64.

Koch, Walter, Leo Statz zum Gedächtnis, in: Das Tor, 34. Jg., Nr. 11, November 1968, S. 214–216.

Kogon, Eugen, Der SS-Staat. Das System der deutschen Konzentrationslager, München 1974².

Kreiten, Theo, Wen die Götter lieben…: Erinnerungen an Karlrobert Kreiten, Düsseldorf 1947.

Krüger, Wolfgang, Der Persilschein oder wie aus braun weiß wird. Die Entnazifizierung in NRW, in: 1946 Neuanfang: Leben in Düsseldorf, S. 90–96.

Lambart, Friedrich (Hrsg.), Tod eines Pianisten. Karlrobert Kreiten und der Fall Werner Höfer, Berlin 1988.

Lauterbach, Carl, Aus Trümmern der Geist der Humanität. Der „Kulturbund zur demokratischen Erneuerung" in Düsseldorf 1945–1947, in: 1946 Neuanfang: Leben in Düsseldorf, S. 264–269.

Lilge, Herbert (Hrsg.), Deutschland 1945–1963, Hannover 1967⁶.

Lipp, Wolfgang, Gesellschaft und Festkultur. Großstadtfeste der Moderne, in: Paul Hugger (Hrsg.), Stadt und Fest. Zu Geschichte und Gegenwart europäischer Festkultur, Unterägeri/Stuttgart 1987, S. 231–249.

Lücker, Theo, Düsseldorf – rund um die Karlstadt, Düsseldorf 1990.

Maes, Hans (Hrsg.)/Houben, Alfons (Mitautor), Düsseldorf in Stein und Bronze, Düsseldorf 1984.

Mahn- und Gedenkstätte Düsseldorf (Hrsg.), Verfolgung und Widerstand in Düsseldorf 1933–1945, Düsseldorf 1990.

Marquard, Odo, Moratorium des Alltags. Eine kleine Philosophie des Festes, in: Walter Haug/Rainer Warning (Hrsg.), Das Fest, München 1989, S. 684–691.

Martin, Gerhard M., Fest und Alltag. Bausteine zu einer Theorie des Festes, Stuttgart-Berlin-Köln-Mainz 1973.

Matthias, Gottlieb, „Laßt uns froh und munter sein ..." Kinderfreuden und Volksfeste in der Altstadt, in: Karl Bringmann/Karl Habermann/Hans Stöcker (Hrsg.), Düsseldorf. Die Stadt Modern, Düsseldorf 1965, S. 319–330.

Matzigkeit, Rafaela, Im Wechselspiel von Frohsinn und Verboten, in: Das Tor, 56. Jg., Februar 1990, S. 2–7.

Maurer, Michael, Feste und Feiern als historischer Forschungsgegenstand. Ernst Walter Zeeden zum 75. Geburtstag, in: Historische Zeitschrift, Bd. 253, 1991, S. 101–130.

Moltmann, Günter, Die Entwicklung Deutschlands von 1949 bis zu den Pariser Verträgen 1955, in: Herbert Lilge (Hrsg.), Deutschland 1945–1963, Hannover 1967[6], S. 71–147.

Morgenbrod, Horst, Die Liebe zur Heimat war ungebrochen. Das Wiedererwachen der Brauchtums- und Heimatvereine, in: 1946 Neuanfang: Leben in Düsseldorf, S. 343–351.

Müller-Schlösser, Hans, Die Stadt an der Düssel, Düsseldorf 1977[3].

Nicolini, Hans Heinrich, Düsseldorf, unsere Heimat, in: Das Tor, 7. Jg., Nr. 8, August 1938, S. 183–189.

Oehlschlägel, Reinhard, Modernität in der Stunde Null. Zur neuen Musik seit 1945, in: 45ff. Kriegsende: Kontinuität und Neubeginn (Broschüre), hrsg. von der Landeshauptstadt Düsseldorf und der Stiftung Kunst und Kultur des Landes Nordrhein-Westfalen, Düsseldorf 1995, S. 84–91.

Oyen, F. Willy, Bundesregierung ehrt heimatliches Brauchtum, in: Schützenzeitung, 6. Jg., Nr. 12, Dezember 1954, S. 8/9.

Pieper, Josef, Zustimmung zur Welt. Eine Theorie des Festes, München 1963.

Posny, Ursula, Jan Wellem überlebte in Gerresheim, in: Bei uns in Gerresheim und Vennhausen, Beilage der RP, 39. Jg., Nr. 199, 19. April 1984.

Predeek, Rudolf, Die rote Robe. Der Fall Leo Statz, Düsseldorf 1948.

Reichel, Peter, Zwischen Dämonisierung und Verharmlosung: Das NS-Bild und seine politische Funktion in den 50er Jahren. Eine Skizze, in: Axel Schildt/Arnold Sywottek (Hrsg.), Modernisierung im Wiederaufbau. Die westdeutsche Gesellschaft der 50er Jahre, Bonn 1993, S. 679–692.

Rexin, Manfred, Die Jahre 1945–1949, in: Herbert Lilge (Hrsg.), Deutschland 1945–1963, Hannover 1967[6], S. 3–67.

Rischbieter, Henning, Bühnenhunger, in: 45ff. Kriegsende: Kontinuität und Neubeginn (Broschüre), hrsg. von der Landeshauptstadt Düsseldorf und der Stiftung Kunst und Kultur des Landes Nordrhein-Westfalen, Düsseldorf 1995, S. 124–137.

Rusinek, Bernd-A., Kein Trost. Kein Vergessen. Juden in Düsseldorf, in: Mahn- und Gedenkstätte Düsseldorf (Hrsg.), Verfolgung und Widerstand in Düsseldorf 1933–1945, Düsseldorf 1990, S. 134–158.

Schildt, Axel/Sywottek, Arnold (Hrsg.), Modernisierung im Wiederaufbau. Die westdeutsche Gesellschaft der 50er Jahre, Bonn 1993.

Schmidt, Michael, „Heute gehört uns die Straße …" Der Inside-Report aus der Neonazi-Szene, erweiterte und aktualisierte Auflage Düsseldorf/Wien 1994.

Schürmann, Sonja, Düsseldorf. Eine moderne Landeshauptstadt mit 700jähriger Geschichte und Kultur, Köln 1988.

Schwedt, Herbert, Stadtfest und Stadtstruktur, in: Günter Wiegelmann (Hrsg.), Gemeinde im Wandel. Volkskundliche Gemeindetradition in Europa. Beiträge des 21. Deutschen Volkskundekongresses in Braunschweig (5.–9. September 1977), Münster 1979, S. 167–172.

Seitz, Norbert, Von Bern bis Los Angeles. Die politische Geschichte der Fußball-Weltmeisterschaft, in: Aus Politik und Zeitgeschichte, Beilage zur Wochenzeitung Das Parlament, 44. Jg., Nr. 24, 17. Juni 1994, S. 3–12.

Simm, Hans-Joachim (Hrsg.), Das Fest. Ein Lesebuch vom Feiern, München 1981.

Simm, Hans-Joachim (Hrsg.), Feiern und Feste. Ein Lesebuch, Frankfurt/Main 1988.

Spickhoff, Georg, 500 Jahre St.-Sebastianus-Schützenverein Düsseldorf 1435–1935, in: Düsseldorfer Schützenzeitung, 12. Jg., Nr. 136, Juli 1935, S. 5–40.

Spickhoff, Georg, Aus der Geschichte des Düsseldorfer Karnevals, Düsseldorf 1938.

Spickhoff, Georg, Stephanie, Prinzessin von Hohenzollern, in: Das Tor, 3. Jg., Nr. 9, September 1934, S. 180–197.

Spickhoff, Georg, Unser Karneval, in: Jan-Wellem-Heimatblätter, 4. Jg., Nr. 1, Januar 1929, S. 21–23.

Stadtsparkasse Düsseldorf (Hrsg.), 60 Jahre Heimatverein Düsseldorfer Jonges. Tradition – Brauchtum – Weltoffenheit, Düsseldorf 1992.

Stadtsparkasse Düsseldorf (Hrsg.), St. Sebastianus-Schützenverein Düsseldorf 1316 e.V. Eine Chronik zum 675jährigen Bestehen, Düsseldorf 1991.

Stötzel, Georg, Der Nazi-Komplex, in: Georg Stötzel/Martin Wengeler (Hrsg.), Kontroverse Begriffe. Geschichte des öffentlichen Sprachgebrauchs in der Bundesrepublik Deutschland, Berlin/New York 1995, S. 355–382.

Stötzel, Georg, Die frühe Nachkriegszeit, in: Georg Stötzel/Martin Wengeler (Hrsg.), Kontroverse Begriffe. Geschichte des öffentlichen Sprachgebrauchs in der Bundesrepublik Deutschland, Berlin/New York 1995, S. 19–34.

Stötzel, Georg/Wengeler, Martin (Hrsg.), Kontroverse Begriffe. Geschichte des öffentlichen Sprachgebrauchs in der Bundesrepublik Deutschland, Berlin/New York 1995.

Strache, Wolf, Düsseldorf. Metropole am Niederrhein, Stuttgart 1959.

Ströter, M., Düsseldorfer Martinsabend, in: Das Tor, 30. Jg., Nr. 11, November 1964, S. 202–205.

Suchy, Barbara, Zwischen den Zeiten. Die jüdische Gemeinde Düsseldorf von 1945–1948, in: 1946 Neuanfang: Leben in Düsseldorf, S. 330–340.

Süskind, Wilhelm Emanuel/Sternberger, Dolf/Storz, Gerhard, Aus dem Wörterbuch des Unmenschen, Hamburg 1957².

Suttner, Jupp, Für Deutschland am Ball, Bad Homburg 1977.

Wawrzyn, Lienhard, Feste. Die Zerstörung der Zumutungen des Alltags, in: Werk und Zeit, Heft 5, 1977, S. 36–39.

Weidenhaupt, Hugo, Aus Düsseldorfs Vergangenheit. Aufsätze aus vier Jahrzehnten, hrsg. von Clemens von Looz-Corswarem, Düsseldorf 1988.

Weidenhaupt, Hugo, Die Geschichte des Heimatvereins „Düsseldorfer Jonges" 1932–1982, in: Hugo Weidenhaupt, Aus Düsseldorfs Vergangenheit. Aufsätze aus vier Jahrzehnten, hrsg. von Clemens von Looz-Corswarem, Düsseldorf 1988, S. 261–280.

Weidenhaupt, Hugo, Die Geschichte des Heimatvereins „Düsseldorfer Jonges" bis zum Amtsantritt des Präsidenten Hermann H. Raths (1963), in: 60 Jahre Heimatverein Düsseldorfer Jonges. Tradition – Brauchtum – Weltoffenheit, hrsg. von der Stadtsparkasse Düsseldorf, Düsseldorf 1992, S. 7–23.

Weidenhaupt, Hugo, Die Stadtgeschichte Düsseldorfs in den 50er Jahren, in: Hugo Weidenhaupt, Aus Düsseldorfs Vergangenheit. Aufsätze aus vier Jahrzehnten, hrsg. von Clemens von Looz-Corswarem, Düsseldorf 1988, S. 298–204.

Weidenhaupt, Hugo, Kleine Geschichte der Stadt Düsseldorf, Düsseldorf 1976⁶.

Zimmermann, Christa-Maria, Das 39er Denkmal. Eine Dokumentation, hrsg. vom Kulturamt der Landeshauptstadt Düsseldorf, Düsseldorf 1978.

Zimmermann, Volker, In Schutt und Asche. Das Ende des Zweiten Weltkrieges in Düsseldorf, hrsg. von der Mahn- und Gedenkstätte Düsseldorf und dem Stadtarchiv Düsseldorf, Düsseldorf 1995.

Abkürzungen

CDU	Christlich Demokratische Union
DFB	Deutscher Fußballbund
DGB	Deutscher Gewerkschaftsbund
DJK	Deutsche Jugendkraft
DM	Deutsche Mark
DN	Düsseldorfer Nachrichten
FDP	Freie Demokratische Partei
Gestapo	Geheime Staatspolizei
HIAG	Hilfsgemeinschaft auf Gegenseitigkeit der Angehörigen der ehemaligen Waffen-SS
KPD	Kommunistische Partei Deutschlands
KZ	Konzentrationslager
NOWEA	Nordwestdeutsche Ausstellungsgesellschaft
NRZ	Neue Rheinische Zeitung
NS	Nationalsozialismus, nationalsozialistisch
NSRL	Nationalsozialistischer Reichsbund für Leibesübungen
OB	Oberbürgermeister
ODESSA	Organisation der ehemaligen SS-Angehörigen
OHL	Oberste Heeresleitung
OStD	Oberstadtdirektor
Pg	Parteigenosse
RM	Reichsmark
RP	Rheinische Post
SA	Sturmabteilung
SED	Sozialistische Einheitspartei Deutschlands
SPD	Sozialdemokratische Partei Deutschlands
SS	Schutzstaffel
StAD	Stadtarchiv Düsseldorf
StDir	Stadtdirektor
VGH	Volksgerichtshof
VHS	Volkshochschule
VVN	Vereinigung der Verfolgten des Naziregimes

Abbildungsnachweis

Bildersammlung des Stadtarchivs Düsseldorf: Abbildungen 1–5, 7–14, 16–18, 20–26

Bildarchiv der Heimatbewegung „Düsseldorfer Jonges": Abbildungen 6 und 15

Mahn- und Gedenkstätte Düsseldorf: Abbildung 19

Bildarchiv Fortuna Düsseldorf 1895 e.V.: Abbildungen 27 und 28

Namensindex

Adenauer, Konrad 67, 162, 177, 180
Aders, Günter 130
Allhoff 79
Amelunxen, Rudolf 143
Anacker, Heinrich 129
Andresen, Theodor 26, 101, 102, 104, 108
Arnold, Karl 15, 35, 36, 52, 53, 56, 85, 86, 87, 110, 111, 112, 115, 118, 124, 128, 131–134, 144, 163, 165, 173
Arrau, Claudio 121
Auerbach, Philipp 95, 113, 114, 126
Auleb 149
Außem, Rainer 90

Bach, Johann Sebastian 124
Baker, Josephine 66
Baurichter, Kurt 154, 156, 161, 162
Bauwens, Peco 181
Beckmann 154
Beethoven, Ludwig van 104, 124, 165
Berg, Alban 124
Bergsträsser, Ludwig 164, 165
Beucker, Ivo 175
Bismarck, Otto Fürst von 167
Böckler, Hans 128
Borcherdt, Hans Heinrich 165
Bové, Peter 57
Bozsik, Jozsef 178
Brahms, Johannes 124
Brumshagen, Karl 101, 105
Buchholz 118
Buchwald, Reinhard 128, 165
Busch, Wilhelm 59

Cantador, Lorenz 54, 131, 132
Carlebach 114
Caspers, Johann 142
Cysanz, Herbert 165
Czibor, Zoltan 178

Davidowski, Gerd 90
Dessauer, Friedrich 144
Deuser, Erich 28, 179
Dreifuß, Julius 109, 114
Dropmann, Hermann 151

Ebert, Friedrich 29, 164, 165
Eckel, Horst 179
Eggert 156
Elisabeth, Kaiserin von Österreich 125
Eulenberg, Hedda 123
Eulenberg, Herbert 85, 123, 126, 129

Florian, Friedrich Karl 101, 105, 107, 170, 171
François-Poncet, André 174, 175, 177
Frankenhauser, Alois 140
Fuchs, Peter Paul 12
Füllenbach, Wilhelm 15, 85, 108

Gerhardt 130
Gesell, Heinrich 101, 105
Glock, Georg 14, 15, 85, 92, 108, 109, 125, 131, 136, 154, 170
Gockeln, Josef 15, 53, 68, 85, 90, 100, 107, 131, 134, 136, 138, 141, 142, 145, 152, 158, 160–164, 166, 168–173, 175, 176, 177, 179
Goethe, Johann Wolfgang von 125, 129, 166
Göring, Hermann 60
Grimoni, Ernst 156
Groß, Nikolaus 100
Gründgens, Gustaf 17, 67, 166
Grupello, Gabriel 80
Gumppenberg, Hildegard Freifrau von 110

Händel, Georg Friedrich 104, 124
Hartenstein, Freiherr Stephan von 104
Hastrich 144

Haydn, Joseph 104
Hecker, Jacob 36
Heine, Heinrich 26, 29, 65, 84, 125–129, 168, 174–177
Helpach, Willi 131
Henrichs, Samuel 145
Hensel, Walther 15, 17, 35, 57, 70, 85, 108, 117, 124, 126, 127, 129, 134, 142, 143, 161, 165, 166, 168, 170
Herberger, Sepp 177
Hesse, Hermann 129
Heuss, Theodor 53, 160, 180, 181
Heye 141, 142
Hindegkuti, Nandor 178
Hindemith, Paul 124
Hindenburg, Paul von Beneckendorff und von 148
Hippel 130
Hirth, Friedrich 128
Hitler, Adolf 60, 96, 112, 121, 123, 129, 133, 137, 146, 167
Hollreiser, Heinrich 16, 124
Holz 144
Hoselmann, Willi 84, 134

Immermann, Karl Leberecht 26

Jansen, Theo 139
Jürgens, Franz 26, 101–108, 169

Kanehl, Albert 49, 50, 52, 54, 58, 60, 61, 68, 70, 71, 85
Kästner, Erich 129
Kauhausen, Paul 84, 104, 105, 106, 107, 108, 126, 147, 170
Kauhausen, Willi 92
Keyßner, Werner 51
Klausener, Erich 59
Klees, Paul 42, 43, 85
Klein 107
Kleppe, Karl 26, 101, 102, 108
Klophaus 148
Knab, Josef 26, 101, 102, 104, 108
Kohlmeyer, Werner 179
Kolb, Walter 12, 15, 73, 80, 95, 104
Kolbe, Georg 125–127
Korreng, August 101
Kottje, Friedrich 127, 168
Kralik, Hanns 129, 130, 177

Kreiten, Karlrobert 26, 121–124, 129
Kremer (Pater Superior) 133, 134
Kremer, Otto 70
Kreutzer, Ludwig 72, 73, 85
Küchler 136
Kühne 149
Kunz, Joseph 165
Küpper, Willy 72, 73

Lafay, Bernard 173
Langen, August 130
Langer, Richard 116
Langhoff, Wolfgang 17
Lauterbach, Carl 99
Lehr, Robert 67, 85, 86, 148, 151, 152
Letterhaus, Bernhard 100
Levin, Julio 28, 99
Liebknecht, Karl 98
Liebrich, Werner 179
Lindemann, Gustav 85
Linz 144
Loogen, Karl 28, 179
Lorentz, Kay 16
Lorentz, Lore 16
Loup, Kurt 166
Lübke, Heinrich 173
Ludendorff, Erich 147, 148
Ludwigs, Peter 28, 99
Luxemburg, Rosa 98

Maes, Hans 110
Mager 166
Maillol, Aristide 175
Marx, Karl 110
Marx, Wilhelm 140, 142
Matzel, Wilhelm 158
Meinecke, Friedrich 131
Menken, Erwin 136, 166
Meurer, Max 88
Model, Walter 101
Mommsen, Wilhelm 128, 131
Monjau, Franz 28, 99
Moshage 135
Müller (Ministerialdirigent) 118
Müller, Heinrich 28, 100
Müller, Karl 101
Müller, Otto 100
Müller-Schlösser, Hans 26, 57, 60, 93
Mussolini, Benito 59

Nieder, Adolf 84
Nölting, Erich 120
Nosbüsch 135

Odenthal, Aloys 101, 106, 107
Ott-Moneke, Ellen 121
Oyen, F. Willy 73

Pankok, Hulda 116
Probst, Adalbert 28, 100
Puskas, Ferenc 178

Räder, Kurt 110
Rahn, Helmut 178
Rausch, Reiner 15, 77
Renner, Ludwig 113
Reuter, Hermann 131
Roland, Anneliesel 61
Rosenberg, Ludwig 118, 145
Ross 80
Rübsam, Jupp 126, 127, 135–138, 147

Saalwächter, Ernst 118, 134
Schabrod, Karl 164
Schäfers, Jupp 57
Schiller, Friedrich 29, 125, 160, 165–168
Schirach, Baldur von 129
Scholz, Wilhelm von 128–130
Schräder 130
Schröder, Gerhard 173
Schumacher, Kurt 68
Schüring, Kurt 61
Schütz, Werner 117, 124, 127, 166
Schweig, Karl Franz 71
Sevenster, A. 172
Smeets, Hermann 102–104, 106
Sommer, Josef 34
Spickhoff, Amalie 53
Spickhoff, Georg 21, 34, 43, 44, 48–55, 58, 85, 142
Spranger, Eduard 128
Statz, Leo 26, 59–62, 83
Stenzel 119
Sternfeld 158

Sträter, Eduard 12, 95
Strauss, Richard 124
Strawinsky, Igor 124
Strich, Fritz 176
Stung 135
Szekessy 137

Tachill 148
Tamms, Friedrich 65
Teusch, Christine 66, 128, 132
Thälmann, Ernst 98
Thierbach, Walter 71
Thiess, Frank 128
Turek, Toni 28, 179–181

Ulitz 155
Ungerer 116
Unruh, Fritz von 166–169

Verweyen, Johannes Maria 28, 100
Voß 166

Walter, Fritz 179
Walter, Otmar 179
Waterkortte, Peter 95
Wegener 154
Weidenhaupt, Willi 35, 61, 82–85
Weill, Hermann 26, 101, 102, 104, 108
Weinberg 145
Weiss 149
Wentzcke 130
Wenzel 77, 132
Wessel, Horst 129
Wiechert, Ernst 128
Wiedenhofen, Karl August 101, 106–108
Wienhusen, Hans 60
Wiese (General a. D.) 149
Wiese, Benno von 128, 166
Wilhelm 145
Wilhelm II., Deutscher Kaiser 167
Witzleben 155

Zimmermann, Herbert 178
Zschorsch, Alfred 92

Veröffentlichungen aus dem Stadtarchiv Düsseldorf

1. **Das Stadtarchiv Düsseldorf. Geschichte und Bestandsübersicht**
   Von Clemens von Looz-Corswarem und Hugo Weidenhaupt
   Düsseldorf 1987
   ISBN 3-926490-00-4   (vergriffen)

2. **Else Rümmler, Von Straßen, Häusern und Menschen**
   Aufsätze zur Topographie und Geschichte der Stadt Düsseldorf
   Bearbeitet von Elisabeth Scheeben
   Düsseldorf 1992
   ISBN 3-926490-01-2   DM 28,–

3. **Dietmar Niemann, Die Revolution von 1848/49 in Düsseldorf**
   Geburtsstunde politischer Parteien und Bürgerinitiativen
   Düsseldorf 1993
   ISBN 3-926490-02-0   DM 38,–

4. **Düsseldorf 1945–1994**
   50 Jahre in Daten, Zahlen und Fakten, zusammengestellt von Andrea Trudewind
   Düsseldorf 1995
   ISBN 3-926490-03-9   DM 28,–

5. **Gesundheit in der Industriestadt**
   Medizin und Ärzte in Düsseldorf 1802–1933
   Ein Findbuch zu den Quellen
   Bearbeitet v. Wolfgang Woelk unter Mitarbeit von Ulrich Koppitz und Alfons Labisch. Erscheint Frühjahr 1996
   ISBN 3-926490-04-7   DM 36,–

6. **Frank Wintgens, Mit der Vergangenheit leben**
   Feste und Feiern in Düsseldorf 1945–1955
   Düsseldorf 1996
   ISBN 3-926490-05-5   DM 28,–

Sonstige Veröffentlichungen zur Stadtgeschichte in Verbindung mit dem Stadtarchiv Düsseldorf

1933–1945   Einzelschicksale und Erlebnisse   Bd. III:
Ein KZ-Außenlager in Düsseldorf-Stoffeln
Bearbeitet von Andreas Kussmann
(Hg. Bezirksverwaltungsstelle 3 und Stadtarchiv), Düsseldorf 1988   DM 5,–
Erhältlich bei der Bezirksverwaltungsstelle 3
und der Mahn- und Gedenkstätte

Düsseldorf, Donnerstag, den 10. November 1938
Texte – Berichte – Dokumente, zusammengestellt und bearbeitet
von Barbara Suchy. (Hg. von der Mahn- und Gedenkstätte und
Stadtarchiv), Düsseldorf 1989   DM 8,–
Erhältlich bei der Mahn- und Gedenkstätte und dem Stadtarchiv

Erlebtes und Erlittenes. Gerresheim unter dem Nationalsozialismus
Berichte – Dokumente – Erzählungen
(Hg. von Bezirksverwaltungsstelle 7, Mahn- und Gedenkstätte und
Stadtarchiv), Düsseldorf 1993 (2. Auflage 1995)   DM 16,–

Alexander-Albrecht Geister
Das fürsorgliche Düsseldorf
Festschrift. Hundert Jahre Pflegehaus Himmelgeister Straße
(Hg. von Stadtarchiv und Sozialamt), Düsseldorf 1992   DM 19,80
Erhältlich beim Sozialamt, Willi-Becker-Allee

Rheinische Friedhöfe, Band 5:
Der Golzheimer Friedhof zu Düsseldorf
(Veröff. der Westdeutschen Gesellschaft für Familienkunde Nr. 55)
Hg. von der Westdeutschen Gesellschaft für Familienkunde,
Köln 1990   DM 20,–
Erhältlich bei der Gesellschaft für Familienkunde e.V., Köln

Karl Bone
Düsseldorf und Umgebung. Städtebilder 1890. Nachdruck
Mit einem Vorwort von C. von Looz-Corswarem und Hugo Weidenhaupt,
Düsseldorf 1993, Grupello-Verlag Düsseldorf

Düsseldorf im Wandel der Zeiten
Von Freunden der Heimatgeschichte. Düsseldorf 1925. Nachdruck
Mit einem Vorwort von C. von Looz-Corswarem, Düsseldorf 1994,
Grupello-Verlag Düsseldorf

Volker Zimmermann
In Schutt und Asche. Das Ende des Zweiten Weltkriegs in Düsseldorf
Hg. von der Mahn- und Gedenkstätte Düsseldorf und dem Stadtarchiv
Düsseldorf, Düsseldorf 1995, Grupello-Verlag Düsseldorf

Clemens von Looz-Corswarem
Düsseldorf ehemals, gestern und heute
Die Stadt im Wandel der letzten 100 Jahre
Unter Mitarbeit von Hermann Kleinfeld und Hans Günter Eßer. Mit einem
Geleitwort von Hugo Weidenhaupt. Stuttgart 1989, Steinkopf Verlag Stuttgart

Clemens von Looz-Corswarem
Düsseldorf. Ein verlorenes Stadtbild
Unter Mitarbeit von Klaudia Wehofen. Gudensberg-Gleichen 1994, Wartberg
Verlag Gudensberg-Gleichen

Clemens von Looz-Corswarem
Düsseldorf. Bewegte Zeiten. Die 50er Jahre
In Fotografien von Dolf Siebert. Unter Mitarbeit von Andrea Trudewind.
Gudensberg-Gleichen 1995, Wartberg Verlag Gudensberg-Gleichen

Veröffentlichungen des Düsseldorfer Geschichtsvereins

Kommissionsverlag: Droste Verlag GmbH Düsseldorf
Schriftleitung im Stadtarchiv Düsseldorf

Düsseldorfer Jahrbuch
Beiträge zur Geschichte des Niederrheins
Zuletzt Band 66, 1995, 450 S. (für Mitglieder des Düsseldorfer Geschichtsvereins
kostenlos; Buchhandel DM 60,–)

Urkundenbuch des Stifts St. Lambertus/St. Marien in Düsseldorf
Bearbeitet von Wolf-Rüdiger Schleidgen
Band 1: Urkunden 1288–1500. Hg. vom Düsseldorfer Geschichtsverein,
Düsseldorf 1988 (Buchhandel DM 120,–)

Karl Bernd Heppe
Die Düsseldorfer Goldschmiedekunst von 1596 bis 1918
Hg. vom Düsseldorfer Geschichtsverein, Düsseldorf 1988
(Buchhandel DM 48,–)

Oliver Karnau
Der Düsseldorfer Hafen
Wirtschaftspolitik und Stadtausbau in Wilhelminischer Zeit
Hg. vom Düsseldorfer Geschichtsverein, Düsseldorf 1990
(Buchhandel DM 42,–)